Steffen Mau
Lebenschancen

Schriftenreihe   Band 1303

Steffen Mau

Lebenschancen

Wohin driftet die Mittelschicht?

bpb:
Bundeszentrale für politische Bildung

Steffen Mau, geboren 1968, ist Professor für politische Soziologie und die vergleichende Analyse von Gegenwartsgesellschaften an der Universität Bremen.

Diese Veröffentlichung stellt keine Meinungsäußerung der Bundeszentrale für politische Bildung dar. Für die inhaltlichen Aussagen trägt der Autor die Verantwortung.

Bonn 2012
Lizenzausgabe für die Bundeszentrale für politische Bildung
Adenauerallee 86, 53113 Bonn

© Suhrkamp Verlag Berlin 2012

Umschlaggestaltung: Michael Rechl, Kassel
Umschlagfoto: © ddp images

Satz: Hümmer GmbH, Waldbüttelbrunn
Druck: Druckhaus Nomos, Sinzheim

ISBN 978-3-8389-0303-3

www.bpb.de

Inhalt

Vorwort 7
1. Mittelschicht: Leben in der Komfortzone 13
2. Erschütterungen der Mitte 47
3. Statuspanik: Reale Gefahr oder falscher Alarm? 97
4. Die Mühen der Selbstbehauptung 132
5. Neue Kälte in der Mitte? 177
6. Für eine Politik der Lebenschancen 209

Literatur 251
Danksagung 271
Quellen und Daten 272
Ausführliches Inhaltsverzeichnis 273

Vorwort

Die Mittelschicht ist bis heute ein soziologisch weitgehend unerforschtes Terrain. Mittelschichtkundler finden sich vor allem unter den Literaten, die sich für die Brüche und Abgründe hinter den glänzenden Fassaden interessieren, weniger unter den Sozialforschern. Diese empfinden die saturierte Mitte oft als wenig aufregend. Die Mitte gilt als unbestimmt, wenn nicht gar undefinierbar. Auch die ideologischen Überhöhungen der Mitte stimmen viele Soziologen skeptisch. In der öffentlichen Debatte wird die Mittelschicht nämlich oft verhätschelt: Ihre Belange sollen im Zentrum politischer Bemühungen stehen, sie wird vor Wahlen umgarnt, Marktwirtschaftler sorgen sich um allerlei Lasten, die sie zu tragen hat, Familienpolitiker bemühen sich immer stärker um ihre »Qualitätskinder«, und Moralwächter beschwören ihre vermeintlichen Tugenden. Dabei ist die Mitte Objekt vieler Interessen und Zuschreibungen: Leistungsträger, besserverdienend, ausgleichendes Zentrum und Ruhepol, Stabilitätsanker und Wohlstandszone, Steuerzahler, Max und Erika Mustermann, gute Gesellschaft, Hort der bürgerlichen Werte, mediokre Masse, Träger des Gemeinwesens, Quell wirtschaftlicher Prosperität, Otto Normalverbraucher.

In der Soziologie ist das Thema »Mitte« erst mit neuen Gefährdungen derselben aktuell geworden. Nachrichten zur sozialen und mentalen Lage der Mitte gelten dabei oft als wichtige Wasserstandsmeldungen für die Lage der Gesellschaft insgesamt. Die Bundesrepublik verstand sich lange Zeit als mittelschichtfreundliches Wohlstandsland, geprägt von hohem Lebensstandard und einem dicht geknüpften Sicherheitsnetz. Aus dem Rückspiegel betrachtet, war sie, so könnte man sagen, trotz Massenarbeitslosigkeit ein soziales Idyll. Unter materiellem Mangel, Abstiegserfahrungen und sozialer Exklusion schienen nur wenige zu leiden, die Mittelschicht jedenfalls nicht. Die Mehrheit konnte sich in der Gewissheit wiegen, dass sie ihren Teil des Kuchens abbekommen würde. Zugang zu Lebenschancen, kollektiver Aufstieg und Wohlstand waren fester Bestandteil des Projekts eines gelingenden Lebens und nordeten bei vielen den inneren Kompass ein.

Schien die Mitte bislang gegen größere Erschütterungen abgeschirmt, ja immunisiert zu sein, häufen sich seit einigen Jahren die Indizien dafür, dass der Wind sich gedreht haben könnte. Wohlstandswachstum und Aufstiegsgarantie können immer weniger als Standardprogramm der Mittelschichtexistenz gelten. Zwar ist die Lage der Mitte auch von konjunkturellen Zyklen abhängig, es gibt jedoch eine Reihe langfristiger Trends der gesellschaftlichen Restrukturierung, welche die Mitte als weniger stabil und gesichert erscheinen lassen als bisher. Das gilt für die Bundesrepublik, stellt sich aber noch dramatischer dar, wenn man in die USA, nach Südeuropa oder in einige Länder Westeuropas schaut. In vielen Staaten mit Marktwirtschaft und demokratischer Verfassung kann man durchaus von einer Krise der Mitte sprechen, und auch hierzulande sieht sich die Mittelschicht zunehmend in einer Lage, die von Prekarisierungsrisiken und Aufstiegsblockaden gekennzeichnet ist. Nicht alle diese Veränderungen sind dramatisch (einige schon!), aber für eine sicherheitsverwöhnte und statusorientierte Mitte halten sie grundlegende Irritationen bereit. Die Selbstgewissheit der Mittelklassen nimmt ab, die Wohlstandsfrage kehrt zurück und mit ihr das Thema der Verteilungsgerechtigkeit. Diese Verschiebungen innerhalb der sozialen Ordnung betreffen nicht allein die Mitte, sie scheint allerdings besonders nervös darauf zu reagieren.

All diese Veränderungen vollziehen sich langsam und oft kaum spürbar. Es ist nicht so, dass eine große Welle auf den Strand zuläuft und die Sandburgen der Mittelschicht überflutet. Wir haben es vielmehr mit einer schleichenden Erosion zu tun. Die fast schon zu Mantras verkommenen Großtrends Globalisierung, Individualisierung, Liberalisierung und Privatisierung tragen ebenso zur Verunsicherung der Mitte bei wie das Bröckeln des sozialdemokratischen Grundkonsenses, der Westdeutschland lange Zeit prägte. Mit dem Aufstieg des neoliberalen Projekts, das auch von Teilen der Mittelschicht begrüßt wurde, gerieten zugleich Werte wie Solidarität und die Verpflichtung auf das Gemeinwohl ins Wanken. Die Einkommensschere öffnete sich, die Vermarktlichung sozialer Lagen nahm Fahrt auf, die Gesellschaft verwandelte sich immer mehr in eine Wettbewerbsgesellschaft. Die Mittelschicht war an der Verbreitung marktbasierter und individualisierter Formen des Sozialen nicht ganz unbeteiligt, geriet aber angesichts flexibilisierter Betriebsamkeit und kalter ökonomischer Leidenschaften zunehmend unter Druck. Statuspanik und Anpassungsstress haben zugenommen, dasselbe gilt für die Notwendigkeit, sich im gesellschaftlichen Positionsgefüge zu behaupten. Viele Menschen treibt die Sorge um, durch neue Gefährdungen in Nachteilslagen zu geraten, den gewohnten Wohlstand nicht halten oder den eigenen Kindern keinen Aufstieg ermöglichen zu können.

Die Politik steht in dieser Situation vor einem Trilemma: *Erstens* muss sie sparen, um die öffentlichen Haushalte zu sanieren und dem Diktat der globalen Finanzmärkte zu entsprechen; *zweitens* scheut sie höhere Belastungen für die mobilen Wohlhabenden; und *drittens* sieht sie sich immer häufiger mit unzufriedenen Angehörigen der Mittelschicht konfrontiert, die ihre Bedürfnisse nach Sicherheit und gerechter Beteiligung am Wohlstand artikulieren.

Wirksame Therapieansätze, um der wachsenden Verunsicherung zu begegnen, gibt es bislang kaum. Staatlich verordnete Gleichheit hat als Reformperspektive längst ausgedient. Die Antwort auf die Verunsicherung der Mittelschicht kann aber auch nicht darin bestehen, klientelistische Belohnungspolitiken aufzulegen. Wohltaten und Vollkaskoschutz für die Mitte – das wäre ein falsch verstandener Befriedungs- und Beruhigungsansatz, eine schlechte Medizin. Gegenüber sozialtherapeutischen Ansätzen, die Menschen auffordern, ihre »gelernte Hilflosigkeit« (Assar Lindbeck) zu überwinden, ist ebenfalls Skepsis geboten. Durch Appelle allein lässt sich die Freude am Risiko sicher nicht steigern. In dieser Gemengelage wird die Chancenverteilung zum wichtigsten Fixpunkt der Politik und der öffentlichen Debatte. Die entscheidenden Fragen lauten: Wie kann eine Gesellschaft, die immer mehr von Ungleichheit und Wettbewerb geprägt ist, dem individuellen Anspruch auf Lebenschancen noch gerecht werden? Und wie kann man die breite Mittelschicht für ein solches Unterfangen gewinnen?

Den Begriff der Lebenschancen hat Ralf Dahrendorf 1979 in seinem gleichnamigen Buch genauer definiert und ausgearbeitet. Während Dahrendorf mithilfe dieses Konzeptes geschichtsphilosophische Überlegungen mit Fragen nach dem Fortschritt von Gesellschaften verband, nutze ich ihn in zeitdiagnostischer Absicht. Ich frage, wie es um den Zugang zu Lebenschancen bestellt ist und wie er verbessert werden kann. Lebenschancen als Modell der individuellen Entfaltung und Entwicklung verstehe ich als ein Angebot für alle gesellschaftlichen Gruppen – die Mittelschicht, die an den Rand Gedrängten und die oberen Schichten. Wir brauchen Instrumente, um der Tatsache zu begegnen, dass Chancen zunehmend ungleich verteilt sind, und zudem Angebote für die Benachteiligten, Ausgebremsten und Gestrauchelten. Wer in Kontexten sozialer Benachteiligung aufwächst, soll in seinen Entfaltungsmöglichkeiten nicht über die Maßen beschnitten werden; wer abrutscht, braucht alle Unterstützung, um wieder aufzustehen.

Das politische Leitprinzip einer Maximierung von Lebenschancen kann für die Mittelschicht durchaus attraktiv sein. Es passt recht gut zu ihrem Leistungsethos, zur weitverbreiteten Wertschätzung für Anstrengung, Bildung und Qualifikation. Erst wenn Chancengerechtigkeit gewährleistet ist, ergibt es überhaupt einen Sinn, Leistung zum Maßstab vieler (natürlich nicht aller!) Dinge zu machen. Chancengerechtigkeit ist überdies Grundvoraussetzung für individuelle Motivation und Aufstiegswillen, für den Ehrgeiz, aus Talenten und Anlagen das Beste zu machen. Doch weil die Grundlagen für den sozialen Wettbewerb und das individuelle Vorankommen nun mal in Institutionen (Schulen, Arbeitsmärkten, sozialen Sicherungssystemen) gelegt werden, müssen diese so gestaltet sein, dass alle Menschen möglichst die gleichen Startbedingungen haben, dass soziale Härten kompensiert und dauerhafte Benachteiligungen ausgeschlossen werden. Wenn es gelingt, Mobilitätskanäle (wieder) zu öffnen und die politischen Angebote zu verbessern, lässt sich vielleicht auch die beunruhigte Mittelschicht mitnehmen. Solche Offerten schaffen schließlich Spielraum nach oben und sie schließen jene Deprivationsfallen, welche den Menschen drohen, die aus der Mitte herausfallen.

Dieses Buch bedient sich nicht der Form einer strengen wissenschaftlichen Monografie, ich will vielmehr versuchen, Befunde und Überlegungen zur Transformation der Mitte und zur Verbreitung neuer Unsicherheiten pointert zu bündeln und zuzuspitzen. Es geht mir um einen empirisch informierten und kontrollierten Blick auf die soziale und mentale Lage der Mittelschicht. Wenn man nach gängigen soziologischen Kriterien selbst zur Mittelschicht gehört, ist die Distanz zum Gegenstand nicht immer gegeben. Es gibt da diesen Hang zur Nabelschau, der mich auch beim Schreiben dieses Buches hin und wieder beschäftigt hat. Insgesamt, so hoffe ich, mache ich mich aber weder zum Advokaten der Mittelschicht noch zum soziologischen Kritiker. Vielmehr möchte ich die Veränderungen, die sich in dieser gesellschaftlichen Zwischenschicht abspielen, mit wissenschaftlicher Neugier erkunden. Das Buch entwickelt seine Argumente vor allem durch ein Nebeneinanderlegen unterschiedlicher Mosaiksteine. In einer Zeit hoher wissenschaftlicher Spezialisierung stagniert die Kommunikation zwischen einzelnen Wissensfeldern fast völlig: Diejenigen, die etwas zur Bildung sagen können, kennen sich mit Gerechtigkeitsfragen kaum aus,

Familiensoziologen nicht mit dem Arbeitsmarkt. Einem komplexen Beobachtungsobjekt wie der Mittelschicht ist daher kaum beizukommen, wenn man die verschiedenen Befunde nicht zusammenspielt und ordnet. Eine sozusagen panoramische Perspektive ermöglicht es, die Entwicklung wesentlich umfassender darzustellen, als es empirische Einzelstudien je könnten.

Der Leser wird merken, dass das Buch betont populär gehalten ist. Wo es mir im Sinne der Anschaulichkeit angebracht schien, habe ich stärker illustriert und mit dickerem Pinsel gemalt. Das Schlusskapitel stellt in gewisser Weise ein Wagnis dar: Ich versuche, die Idee der Lebenschancen als Antidot gegen blockierte Strukturen und neue Verwundbarkeiten ins Spiel und in die öffentliche Debatte zu bringen. Dass meinem Vorstoß bestimmte normative Vorstellungen darüber zugrunde liegen, wie Chancen und Ressourcen in einer Gesellschaft verteilt sein sollten, versteht sich von selbst. Auch wenn hier die Mittelschicht im Blickpunkt steht: Das Buch entwirft zugleich Reformperspektiven für die ganze Gesellschaft.

Berlin, im März 2012

1. Mittelschicht: Leben in der Komfortzone

Wer gehört eigentlich zur Mittelschicht? Ein *Tatort* benötigt nur einen Kameraschwenk, um uns in dieses Milieu zu entführen: Wir sehen ein Reihenhaus mit Vorgarten und Carport, davor ein paar Blumenkübel, Dahlien und Pfingstrosen, eine Fußmatte, auf der »Bitte Füße abtreten« steht – und sind im Bilde. In den Romanen Martin Walsers begegnet uns ein ganzes Mittelschichtkabinett: Susi Gern, Helmut und Sabine Halm, Gottlieb Zürn und die Kahns. Sie alle wandeln durch Wohlstandswelten und suchen dort ihr privates Glück.

Der Begriff der Mitte ist unscharf, ja geradezu schwammig. Die Mitte befindet sich irgendwo zwischen Oben und Unten, ist eher eine sozialstrukturelle Zone denn ein abgeschlossenes Kollektiv. Es handelt sich im Grunde um einen Sammelbegriff, den all jene zur Selbstverortung nutzen, die sich weder der Ober- noch der Unterschicht zuordnen wollen (oder können). Die Mitte, das ist der Komfortbereich, angesiedelt unterhalb des Übermaßes an Privilegien und des ungefährdeten Wohlstands und oberhalb des Segments der begrenzten Lebenschancen. Weder Elitenloge noch Nachteilslage, sondern eben die Mitte: mittlerer Lebensstandard, mittleres Einkommen, Berufe in der Mitte der Gesellschaft – vom Facharbeiter bis zum Studienrat.

Mittelstand und Mittelschicht

Der Begriff der Mitte, wie wir ihn heute verwenden, ist im Prinzip eine recht junge Erfindung. Lange Zeit glich die Gesellschaft eher einer Pyramide, und das Verhältnis zwischen Spitze und Sockel bestimmte die soziale Dynamik. Noch bis in die Mitte des 18. Jahrhunderts lebte die überwiegende Mehrheit der Menschen (je nach Schätzung zwischen 75 und 90 Prozent) in ländlichen, von der Landwirtschaft geprägten Regionen, man rechnete den weitaus größten Teil der dort ansässigen Bevölkerung den unteren Schichten zu. Lediglich in den Städten, wo Handel und Gewerbe blühten, lag der Anteil der »Bürger« (Handwerker, Kaufleute usw.) höher. Allerdings gab es auch hier große Gruppen »unterbürgerlicher Existenzen«, beispielsweise Gesellen, Bedienstete und Tagelöhner (vgl. dazu Bolte/Hradil 1988: 80 ff.). Von Mitte war in der späten Ständegesellschaft selten die Rede, im 18. und 19. Jahrhundert sprach man eher vom Mittelstand, erst ab dem 20. Jahrhundert von Mittelschicht. Mit dem Begriff des Mittelstands verbindet man auch heute noch spezifische produktive Funktionen in Industrie, Handwerk und Handel, während sich Mittelschicht stärker auf eine allgemeine Lebenslage bezieht.

In der marxschen Theorie war eine Mitte nicht vorgesehen – sie blieb ein blinder Fleck. Zwar finden sich bei Marx reichhaltige Beschreibungen unterschiedlicher sozialer (Zwischen-)Lagen, etwa der Kleinbürger, Händler und Gewerbetreibenden, aber seine Lehre ging von zwei Hauptklassen aus, die die gesellschaftliche Entwicklung dominieren (Marx 1867): von Kapitalisten und Lohnarbeitern. Erstere besitzen das Kapital und die Produktionsmittel, also die Maschinen und Werkstätten, während die zweite Klasse nur die eigene Arbeitskraft besitzt und diese an die Kapitalisten verkaufen muss. Im Zuge der kapitalistischen Entwicklung, so die marxsche Annahme, werden einzig diese zwei Großklassen überleben. So prognostizierte er, dass das Kleinbürgertum allmählich zerrieben und proletarisiert werde. Dies sei eine Folge der Mechanisierung und Industrialisierung der Wirtschaft, die den Schuster an der Ecke überflüssig mache. Industrielle Fertigung verdränge den kleinen Handwerker und zwinge ihn, sein Geschäft aufzugeben und sich der Klasse der Lohnarbeiter anzuschließen. Karl Marx und Friedrich Engels gingen überdies davon aus, dass diese beiden, zunächst nur objektiv durch die Stellung zu den Produktionsmitteln bestimmten Klassen, grundverschiedene Lebenswelten und Mentalitäten ausbilden würden. Engels schreibt in seinem Buch *Die Lage der arbeitenden Klasse in England* über diese Klassendichotomie:

> »Die Bourgeoisie hat mit allen andren Nationen der Erde mehr gemein als mit den Arbeitern, die dicht neben ihr wohnen. Die Arbeiter sprechen andre Dialekte, haben andre Ideen und Vorstellungen, andre Sitten und Sittenprinzipien, andre Religion und Politik als die Bourgeoisie.« (1972 [1845]: 351)

Wie wir heute wissen, überstieg die Faszinationskraft dieses Entwurfs zum Teil seinen Realitätsgehalt. Recht hatte Marx aber mit der Annahme, dass zukünftig ein wachsender Teil der Bevölkerung von bezahlter Lohnarbeit leben werde. Diese Tendenz hielt lange an, und noch heute ist die abhängige Beschäftigung vorherrschend, selbst wenn inzwischen eine forcierte Zunahme bei den freien Berufen und Soloselbstständigen zu verzeichnen ist. Marx' Prognose, die mittleren Schichten würden im Zuge der sich zuspitzenden Klassenwidersprüche nahezu aufgelöst, hat sich dagegen nicht bewahrheitet. Das Überleben und die Ausweitung der Mittelschicht werden daher oft als Widerlegung der marxschen Verelendungsthese angesehen. Schon Ende des 19. Jahrhunderts nahm die Arbeiterschaft zahlenmäßig nicht weiter zu, was für die klassischen Arbeiterparteien auf dem Weg zu politischer Macht durchaus zum Problem wurde. Sie mussten sich, wollten sie an Stärke gewinnen, auch an die Gewerbetreibenden, die Händler, die Selbstständigen in der Landwirtschaft, die neue Gruppe der Angestellten sowie die kleineren und mittleren Beamten wenden. Diese Gruppen wurden zum wichtigsten Reservoir der sich ausdehnenden Mitte. Theodor Geiger, der wichtigste Sozialstrukturforscher der Weimarer Republik, sprach in diesem Sinne von der neuen Zwischenschicht der »Weder-Kapitalisten-noch-Proletarier« (1930: 637).

Der klassische (alte) *Mittelstand* des späten 19. Jahrhunderts gründete seine Stellung auf den Besitz von Kapital, Produktionsmitteln und Immobilien, allerdings ohne dabei ein größeres Heer an Arbeitern zu beschäftigen. Handwerker, Freiberufler sowie kleine und mittlere Familienunternehmer sind die charakteristischen Vertreter dieser Gruppe. Im Gegensatz dazu ist die *Mittelschicht* breiter. Sie umfasst zusätzlich die im letzten Jahrhundert schnell anwachsende Gruppe der Angestellten. Ähnlich wie die Arbeiter sind diese zwar in eine Hierarchie eingebunden, ihr Arbeitsplatz ist allerdings das Büro, nicht die Werkhalle (Lederer 1912). Selbst haben sich die Angestellten von Anfang an oberhalb der Arbeiterschaft positioniert, zumal unqualifizierte und einfache Tätigkeiten damals in diesem Bereich noch weniger verbreitet waren. Die Angestellten orientierten sich an den besseren Kreisen und distanzierten sich vom Arbeitermilieu, hingen also irgendwo dazwischen, so dass sie gelegentlich gar als »wesenlose Nicht-Klasse« bezeichnet wurden (Berger/Offe 1984).

Eine erste Gesamtbeschreibung der sozialen Schichtung der deutschen Bevölkerung hat Theodor Geiger auf der Grundlage der Volkszählung des Jahres 1925 vorgenommen und in seiner Schrift *Die soziale Schichtung des deutschen Volkes* vorgelegt (1972 [1932]). Noch ohne Computer beugte sich Geiger über die umfangreichen Tabellen und addierte die Daten mit dem Rechenschieber, er sortierte die Gezählten nach bestimmten Kriterien, gewichtete und kombinierte unterschiedliche Charakteristika. Er orientierte sich dabei an »nach wahrnehmbaren Merkmalen ausgelesenen Existenzen, die für den Habitus prädestiniert sind« (1972 [1932]: 13). Geiger führte also objektive Merkmale wie die Stellung zu den Produktionsmitteln, die berufliche Position oder das Bildungsniveau mit subjektiven Faktoren wie Mentalitäten, Freizeitaktivitäten oder Geselligkeitsstilen zusammen, um die Ordnung und Lagerung der sozialen Schichten zu beschreiben.

Auf diese Weise identifizierte Geiger schließlich fünf Schichten: die Kapitalisten (0,9 Prozent), den alten Mittelstand (kleine und mittlere Selbstständige, 17,8 Prozent), den neuen Mittelstand (kleine und mittlere Beamte und Angestellte, 18 Prozent), die »Proletaroiden« (abgeglittene Angehörige des alten Mittelstandes sowie Tagwerker, 12,6 Prozent) und schließlich die große Gruppe der Arbeiterschaft (50,7 Prozent). Damals konnte Geiger noch behaupten, der neue Mittelstand der Gehaltsempfänger bleibe der Arbeiterschicht fremd, da letztere ihr wirtschaftliches Schicksal als kollektives verstehe, während der Angestellte versuche, »sich als Einzelner unter Verleugnung seines Standes Geltung zu verschaffen« (1987 [1932]: 488).

Die deutliche Abgrenzung zwischen (neuem) Mittelstand und Arbeiterschaft hat sich im Lauf der Jahrzehnte abgeschwächt. Einerseits sind viele Arbeiterberufe aufgewertet worden und lassen sich nicht mehr als einfache manuelle Tätigkeiten beschreiben. Gleichzeitig distanzierten sich viele qualifizierte Arbeiter von proletarischen und unterschichttypischen Lebensstilen. Durch verbesserte Arbeitsbedingungen und Einkommenschancen sowie die Teilhabe an der Konsum- und Wohlstandswelt hat sich die Stellung der qualifizierten Arbeiterschaft über die Zeit erheblich verbessert. Um den damit verbundenen mentalen Wandel zu erfassen, sprechen manche Autoren daher auch vom »Wohlstandsarbeiter« (Goldthorpe/Lockwood 1970), der sich stark über Einkommens- und Konsuminteressen definiert. Die klassenkämpferische Pose wird von der Selbststilisierung durch Konsum abgelöst. Geiger selbst hat schon kurz nach dem Zweiten Weltkrieg eine Steigerung des Lebensstandards der Arbeiter diagnostiziert, die sie an den Mittelstand bzw. die Mittelschicht heranführe:

> »Die marxistische Voraussage der Proletarisierung hat sich also nur bis zu einem gewissen Punkt erfüllt. Dann wendete sich der Strom. Heute ist von einer Proletarisierung des Mittelstands nicht mehr die Rede – und erhebliche Teile der Lohnarbeiterklasse sind obendrein zu mittelständischem Lebensstandard aufgestiegen.« (1949: 101 f.)

Andererseits haben sich die Angestelltentätigkeiten massiv ausgeweitet und zugleich gewandelt: Immer mehr Angestellte hatten nun ebenfalls einfache und repetitive Aufgaben zu erledigen, sie wurden gleichsam deklassiert. Sie waren nicht länger durch den Arbeitsplatz im Büro »geadelt«, sondern gehörten jetzt auch zum Fußvolk des Wirtschaftsprozesses. In seiner Studie über die Angestellten, die zu den Klassikern der dokumentarischen Literatur zählt, geht Siegfried Kracauer von einer fortschreitenden Proletarisierung der Angestellten aus:

> »Aus den ehemaligen ›Unteroffizieren des Kapitals‹ ist ein stattliches Heer geworden, das in seinen Reihen mehr und mehr Gemeine zählt, die untereinander austauschbar geworden sind. [...] Es hat sich eine industrielle Reservearmee der Angestellten gebildet. [...] Ferner ist die Existenzunsicherheit gewachsen und die Aussicht auf Unabhängigkeit nahezu vollständig verschwunden. Kann demnach der Glaube aufrecht erhalten werden, daß die Angestelltenschaft so etwas wie ein ›neuer Mittelstand‹ sei?« (1971 [1929]: 12 f.)

Diese Frage stellt sich heute angesichts der Ausweitung des Dienstleistungssektors im Bereich einfacher und zum Teil gering qualifizierter Tätigkeiten immer noch. Der Pförtner eines Krankenhauses oder die Bürokraft einer Autowerkstatt sind nicht automatisch der Mittelschicht zuzuordnen. Es hat also eine Ausdifferenzierung und teilweise sogar Abwertung der einstmals mit dem Luxus eines Schreibtisches in einem warmen Büro verbundenen Angestelltenexistenz stattgefunden. Einen Vorsprung an formaler Qualifikation gibt es nur noch im Hinblick auf mittlere und höhere Tätigkeiten. Viele Angestellte können daher nicht mehr von sich behaupten, »etwas Besseres« zu sein. Es gilt wohl: Beide Gruppen, die Arbeiter und die Angestellten, umarmen sich nicht, aber sie haben sich deutlich angenähert. Der heute gängige Terminus Arbeitnehmer, ein Globalbegriff für alle abhängig Beschäftigten, ist symptomatisch für die Aufweichung dieser Unterscheidung.

Massenwohlstand und die Expansion der Mitte

Der wichtigste Schub der Expansion des Gesellschaftssegments, welches wir heute als Mittelschicht oder Mitte bezeichnen, ereignete sich in der Nachkriegszeit. Mit dem Wachstum der Mitte sah die Gesellschaft nicht mehr aus wie eine Pyramide mit schmaler Spitze und breitem Fundament, sondern formte sich zu einer Zwiebel: schmale Spitze, sehr breite Mitte, stumpfe Spitze »unten«. So porträtierte der Soziologe Karl Martin Bolte (1966) jedenfalls die Bundesrepublik der sechziger Jahre. Noch heute dient die »Bolte-Zwiebel« als Anschauungsmaterial im Sozialkundeunterricht und prägt unsere Vorstellung einer gesellschaftlichen Rangordnung, in welcher die Mitte nach Zahl und Stellung eine dominante Rolle spielt. Das Wachstum in der Mitte ging vor allem auf ein Schrumpfen der unteren Soziallagen zurück. Im Gleichschritt mit Prozessen des gesellschaftlichen Wandels gelang vielen Menschen der soziale Aufstieg. Sie ließen ein Leben im Mangel hinter sich und erreichten einen materiell auskömmlichen, wenn auch oft bescheidenen Lebensstandard. Anschaulich lässt sich diese Veränderung am Beispiel der Klassen in deutschen Eisenbahnen nachvollziehen: Mitte des 19. Jahrhunderts wurde in Preußen das Vier-Klassen-System eingeführt: Die erste und die zweite Klasse – Salonwagen und Coupés – waren für die gehobenen Stände reserviert, die dritte Klasse mit Holzbänken und ohne Abteile für das Proletariat, die Stehplätze (zunächst noch ohne Dach) in der vierten Klasse für die untersten Schichten und die Armen. Das Modell hielt sich ca. 70 Jahre, dann wurde in den zwanziger Jahren zunächst die vierte Klasse abgeschafft, Mitte der Fünfziger – im Zuge des Wirtschaftswunders und des Anwachsens der Mitte – schließlich die dritte oder »Holzklasse«. Heute sitzt das Gros der Bahnreisenden in der zweiten Klasse. Polstermöbel, Klimaanlage und Steckdose sind dort längst Standard, die Zeiten harter Sitze und ungeheizter Waggons sind vorbei.

Das Wachstum der Mitte hat auch Helmut Schelsky mit seiner so berühmten wie umstrittenen These von der »nivellierten Mittelstandsgesellschaft« (1953) aufgegriffen. Schelsky ging davon aus, dass Vermögens- und Statusverluste durch Kriege und Inflation sowie die Qualifizierung der Arbeiterschaft, der Ausbau der sozialen Sicherungssysteme, erhöhte Mobilität und die größere Rolle von Konsum und Freizeit die Bedeutung der Klassenzugehörigkeit in der Bundesrepublik abschwächen würden. Das klang nach wohltuendem Ausgleich und einem satten Bauch der Mitte und war letztlich die Gegenthese zu einer Reihe populärer, marxistisch inspirierter Krisendiagnosen. Nicht Legitimationsprobleme, Spätkapitalismus oder antagonistische Klassenverhältnisse standen hier im Zentrum, sondern die Annahmen eines sich ausdehnenden Bereichs mittlerer Lagen und des Verschwindens des Klassenkonflikts. Mit der Dominanz der Mittelschicht entstehe ein neues »Sozialbewußtsein«, das die Spannung zwischen Oben und Unten abschwäche. Mittelständisches Sozialbewusstsein hieß für den Soziologen, »daß man sich in der Lage fühlt, in seinem Lebenszuschnitt an den materiellen und geistigen Gütern des Zivilisationskomforts teilzunehmen« (1953: 224). Diese Lesart nahm Abstand vom Modell der Polarisierung sozialer Klassen und postulierte die Entstehung einer nivellierten Gesellschaft, in der die Mittelschicht dominiert und Lebenslagen, Lebenschancen und Mentalitäten breiter Bevölkerungsgruppen immer weiter konvergieren.

Ganz wesentlich für die Ausweitung der Mitte war der Wohlstandsboom der Nachkriegszeit. Unmittelbar nach dem Ende des Zweiten Weltkriegs dominierte zunächst in ganz Europa eine recht bescheidene Lebensweise, die auf die Sicherung elementarer Grundbedürfnisse ausgerichtet war: Nahrungsmittel, ein Dach über dem Kopf, anständige Kleidung – das waren die Dinge, auf die es ankam. Einen großzügigeren und damit auch moderneren Lebensstil konnte man sich erst im Zuge des einsetzenden Wirtschaftsaufschwungs gönnen. Der zuvor allgegenwärtige Mangel wurde von einem breiten Konsumangebot abgelöst. Manche Autoren sprechen im Hinblick auf die Entwicklung der Einkommen, Vermögen und des Lebensstandards gar von einer »Wohlstandsexplosion«: Zwischen 1950 und 1989 stieg das Volkseinkommen in Deutschland 13-mal stärker als zwischen 1900 und 1950. In Preisen von 1989 entspricht dies einem Sprung von 8600 auf 36 000 D-Mark (Merkel/Wahl 1991). Caterina Valente sang das Motto dieser Jahre: »Es geht besser, besser, besser«. Im Vergleich zur Bundesrepublik war die DDR deutlich ärmer und auch nivellierter. 1989 war das reale Bruttoeinkommen pro Kopf im Westen ungefähr dreimal so hoch wie im Osten (Ritschl/Spoerer 1997), und noch heute gibt es ein starkes West-Ost-Gefälle des Wohlstands, das sich in ungleiche sozialstrukturelle Lagerungen übersetzt.

Mit dem Wirtschaftsaufschwung schien es möglich, den permanenten, regelmäßig wiederkehrenden Pannen des kapitalistischen Betriebs zu entkommen und statt einer Verelendung der Massen Wohlstand für die große Mehrheit zu produzieren. Massenwohlstand und Massenkonsum wurden dabei ein Geschwisterpaar. Der von den USA ausgehende Fordismus kombinierte die Fließbandproduktion mit der Verwandlung des Arbeiters in einen umworbenen Konsumenten. Die Verbreitung von Warenhäusern, die Technisierung der Haushalte, die Automobilisierung der Gesellschaft (vor allem der Verkaufserfolg der *Mittelklasse-Wagen*) – all diese Aspekte stehen für eine auf die Befriedigung der Konsumbedürfnisse der breiten Massen ausgerichtete Produktionsweise: »Die zentrale Botschaft des neuen Konsums lautete, ein hohes Maß an Sicherheit und Gleichheit auf Mittelschicht-Niveau schaffen zu können, ob man nun als Angestellter, Facharbeiter, als Beamter oder Handwerker sein Geld verdiente.« (Nolte/Hilpert 2007: 82)

Eine Konsumgesellschaft ist nicht einfach eine Gesellschaft der »Käufer«. Sie impliziert zugleich die Ausbildung neuer Lebensstile, Konsummuster und Geschmacksformen. Der amerikanisch-kanadische Ökonom John Kenneth Galbraith sprach von der *affluent society* (1958), um diesen neuen Gesellschaftstypus, der sich durch einen Überfluss an privaten Gütern auszeichnet, zu charakterisieren. Andere bezeichneten die Bundesrepublik als »pluraldifferenzierte Wohlstandsgesellschaft« (Bolte 1990). Die Identität von Arbeitern und anderen Arbeitnehmern speist sich dann nicht länger allein aus ihrer Stellung im Produktionsprozess, sondern verstärkt aus ihrer Rolle als Nachfrager von Waren. Die Ausweitung des Konsums hat dabei allerdings zugleich dazu geführt, dass die mit dem Erwerb und Gebrauch bestimmter Güter verbundenen Distinktionsgewinne kleiner wurden, zumindest wenn man den hochpreisigen Luxussektor einmal außer Acht lässt. Der Besitz eines eigenen Autos, Urlaubsreisen, die eigenen vier Wände usw. – dies alles war nun für die breite Masse der Bevölkerung erschwinglich, nicht zu reden von Bekleidung und anderen Waren des täglichen Bedarfs. Während die Menschen in Deutschland um 1900 noch drei Fünftel des für den Konsum verfügbaren Einkommens für Nahrungsmittel ausgaben, liegt dieser Wert heute bei gerade einmal 13 Prozent, eine Entwicklung, die Ressourcen für die Erfüllung anderer Konsumwünsche freisetzte. Natürlich gibt es noch immer die berühmten »feinen Unterschiede«, die sich am Geldbeutel festmachen, aber in der mittleren Zone der Sozialstruktur sind diese weniger markant und sozial folgenreich als in früheren Zeiten.

Die Nachkriegszeit war also geprägt von der Erfahrung des Immer-Mehr. Wie auf einer Rolltreppe blieben die Abstände zwischen den sozialen Gruppen zwar erhalten, alle fuhren jedoch ein oder sogar mehrere Stockwerke nach oben. Ulrich Beck greift an dieser Stelle auf ein anderes Fortbewegungsmittel zurück, er hat den Trend des kollektiven Mehr mit dem Begriff des »Fahrstuhleffekts« treffend beschrieben:

»Die Klassengesellschaft wird insgesamt eine Etage höher gefahren. [...] Gleichzeitig wird ein Prozeß der Individualisierung und

Diversifizierung von Lebenslagen und Lebensstilen in Gang gesetzt, der das Hierarchiemodell sozialer Klassen und Schichten unterläuft und in seinem Wirklichkeitsgehalt in Frage stellt.« (1986: 122)

Wie überrascht die bundesdeutsche Gesellschaft selbst von dieser Entwicklung war, kann man an der bis heute weitverbreiteten Formel vom »Wirtschaftswunder« ablesen. Aber: Ein Wunder kommt unerwartet und kann ebenso schnell wieder vorbei sein. Man kann sich seiner erfreuen, solange es anhält, sollte sich aber nicht zu sicher sein. Gerade angesichts der Dezimierung der Ersparnisse im Zuge der Hyperinflation nach dem Ersten Weltkrieg und der Währungsreform 1948, die vor allem Wertpapiere und Vermögen auf Bankkonten entwertete, waren viele Menschen skeptisch, ob die Wohlstandsgewinne tatsächlich von Dauer sein würden. Man setzte daher auf Inflationsbekämpfung und Geldwertstabilität, die bis heute wichtige Pfeiler der Politik darstellen.

Nach und nach begann die Gesellschaft jedoch, sich selbst als Wohlstandsgesellschaft zu verstehen (und zu gerieren). Man fasste Vertrauen, richtete sich in den Wohlstandskulissen ein. Auslandsreisen, noch dazu mit dem eigenen Kraftfahrzeug, gehörten bald zum Normalprogramm der breiten Massen. Familie Winkler aus Hannover, Mutter, Vater und zwei Töchter, fuhr mit ihrem Ford Taunus über den Brenner nach Rimini oder gar nach Griechenland und durfte Sonne und Strände genießen. Diese Reisen durch Europa schärften den vergleichenden Blick. Plötzlich kannte man die Welt aus eigener Anschauung, wusste, wie es sich woanders lebte. Das Gefühl der Besser- oder Schlechterstellung vermittelt sich schließlich vor allem durch den sozialen Vergleich. Viele Menschen stellten fest, dass Deutschland moderner und wohlhabender (geworden) war als andere europäische Länder. Nicht nur gemessen an der kleinen und ärmeren DDR, die der Westbesucher nicht selten mit nostalgischem Blick bereiste, und dem dahinter beginnenden Osten, sondern auch im Vergleich zum Süden Europas durfte man sich zu den Begüterten zählen.

Damit gingen auch Veränderungen im Wertehaushalt der Gesellschaft einher. Während es in Phasen der Knappheit zuallererst um die Befriedigung grundlegender Bedürfnisse (und manchmal sogar ums nackte Überleben) geht, werden in saturierten und wohlhabenden Gesellschaften postmaterielle Werte wichtiger. Der wachsende Wohlstand schafft einen Sockel, auf dem sich Wünsche nach Selbstverwirklichung, Anerkennung und schöpferischer Tätigkeit erst ausbilden können (Inglehart 1977). Mit Erich Fromm könnte man sagen: Es geht weniger um das Haben und mehr um das Sein. Allerdings vollzieht sich ein solcher Wertewandel nicht von heute auf morgen, sondern über mehrere Generationen hinweg. Er ist Teil der Sozialisation. Diejenigen, die die Not des Krieges und der Nachkriegsjahre erfahren hatten, empfanden den Wohlstand der Wirtschaftswunderzeit noch als großes Glück, die nachfolgenden Generationen als Selbstverständlichkeit.

Die gesicherte Mitte

Wohlstandsgewinne sind aber nur eine Seite der Medaille bei der Herausbildung einer modernen Mittelschicht. Die andere Seite ist eng mit der sich ausweitenden Rolle des Staates verknüpft. Hier sind es Bedürfnisse nach Sicherheit, Vorsorge und Bildung, welche sich an staatliches Handeln richten und die soziale Lage der Mittelschicht mitbestimmen. Ihnen zugeordnet sind institutionelle Arrangements, etwa die Systeme der sozialen Sicherheit oder das Bildungssystem. Im Fall des deutschen Sozialstaats wurde die Garantie der Sicherheit zur zentralen regulativen Idee (Kaufmann 2003). Bei dieser geht es vor allem darum, die Kräfte des Marktes einzuhegen und Unsicherheiten einzudämmen. Als Gegenpart zur rein marktbasierten Verteilung von Lebenschancen entstand ein staatlich organisiertes Umverteilungssystem, welches korrigierend in Marktverteilungen eingreift und Kompensationsleistungen erbringt. Die Gründe für seine Entstehung und institutionelle Ausgestaltung sind vielfältig und sowohl politischer als auch ökonomischer Natur. Wichtig ist in diesem Zusammenhang die Einsicht, dass Märkte nicht (oder nur unzureichend) in der Lage sind, die sozialen Grundlagen, von denen sie zehren, zu reproduzieren. Zugleich sind Umverteilungsinstitutionen auch Agenturen der Pazifizierung und Partizipation. Über Teilhabeangebote werden innergesellschaftliche Konflikte abgeschwächt und befriedet. Durch politische Interventionen (etwa durch das Arbeitsrecht oder die Mitbestimmung) sowie die Schaffung von Sicherungsinstitutionen jenseits des Marktes konnte zudem die »tiefgreifende Unsicherheit der Einzelexistenz« beendet werden (Aichinger 1958: 68).

Im Falle des deutschen Sozialstaatsmodells gab es von Anfang an eine enge Verknüpfung zwischen dem Status diverser Gruppen auf dem Arbeitsmarkt und ihrer Stellung im System sozialer Sicherheit. Diejenigen, die auf dem Markt eine gute Position einnehmen, dürfen auch erwarten, dass sie im Falle des Eintritts eines Lebensrisikos gut abgesichert sind. Besonders wichtig war dabei die Rentenreform von 1957, die den Status der Rentner sichern sollte. Die Rente wurde von einer Grundsicherung zum Lohnersatz umgebaut und die individuelle Einkommensposition über die Erwerbsbiografie hinweg zum wichtigsten Faktor bei der Bemessung der (zukünftigen) Rente. Zugleich wurde der Unterschied zwischen Lohn- und Rentenempfängern wesentlich verringert und die Teilhabe der Ruheständler am allgemeinen wirtschaftlichen Aufschwung ermöglicht.

In den Selbstbeschreibungen der Mittelschicht spielen staatliche Subventionen und Hilfeleistungen kaum eine Rolle. Nur so erklären sich Aussagen wie die folgende des Leiters der Wirtschaftsredaktion der *Süddeutschen Zeitung*: »Allen soll gegeben werden, wenigstens ein bisschen. Allen – nur nicht uns. Wir sind die Mittelschicht. Was anderen gegeben ist, fehlt uns.« (Beise 2009: 12) Selbst wenn es zum Selbstbild einer eigenverantwortlichen Mittelschicht nicht so recht passen mag: Die Menschen in diesem Segment der Gesellschaft profitieren ganz wesentlich von staatlichen Transfers und Interventionen. Sie kommen ohne den Staat nicht aus. Ohne Tarifgesetzgebung, Steuerrecht und Umverteilung wäre es weit weniger einfach, Schicksalsschläge zu bewältigen. Auch Teile der Mittelschichten sind im Grunde »Versorgungsklassen« (Lepsius 1979: 179). Das ganze Segment der Mittelschichtrentner hängt am Tropf staatlicher Transfers. Auch Familien mit Kindern und verheiratete Paare profitieren spürbar von Kinderfreibeträgen, Kindergeld oder Ehegattensplitting. In vielen Ländern wäre die Mitte nicht einmal halb so groß, wenn man nur das Markteinkommen berücksichtigen würde (Dallinger 2011; Pressman 2009). Genau genommen müsste man sagen, dass es in jeder Mittelschichtbiografie Phasen gibt, in denen man auf staatliche Transferleistungen angewiesen ist (Kindheit, Krankheit, Arbeitslosigkeit und Alter), und andere, in denen man darauf verzichten kann. Wer nicht nur die Erwerbsjahre eines Menschen berücksichtigt, sieht schnell, in welchem Ausmaß der Verbleib in der Mitte auch davon abhängt, wie stark der Staat das Geld innerhalb des Lebensverlaufs umverteilt.

Der Staat organisiert und kanalisiert aber nicht nur Transfers, er ist auch ein wichtiger Arbeitgeber und (ko)finanziert im Bereich der sozialen Dienstleistungen ein ganzes Beschäftigungssegment, in welchem typische Mittelschichtberufe angesiedelt sind. Zur Mittelschicht gehören nicht nur viele Staatsdiener in den öffentlichen Verwaltungen, sondern auch Beschäftigte im Gesundheits-, Bildungs- und Sozialwesen, welche gesetzlich vorgeschriebene Aufgaben erbringen und öffentlich finanziert werden. Im Bereich sozialer Dienstleistungen verschmelzen Markt, Staat und Zivilgesellschaft, viele im Hinblick auf Trägerschaft und Organisation hybride oder halböffentliche Anbieter tummeln sich hier. Zahlreiche Professionen und Tätigkeitsfelder, die wir mit der Mittelschicht verbinden, wachsen also im Schatten des modernen Interventionsstaates (de Swaan 1988). Immerhin 14 Prozent aller Beschäftigten in Deutschland sind direkt beim Staat (Bund, Länder, Kommunen) angestellt. Trotz des sehr umfassenden Wandels des öffentlichen Sektors im letzten Jahrzehnt handelt es sich dabei, zumindest für das Gros der Beschäftigten, um ein recht sicheres Beschäftigungssegment. Ebenfalls sehr groß ist die Gruppe, welche direkt oder indirekt von staatlichen Ausgaben abhängig ist, man denke nur an niedergelassene Ärzte und ihre Angestellten, den öffentlich finanzierten, aber privaten Bildungsbereich oder die Forschungsförderung. Ganz allgemein gilt: Ein schlanker Staat geht oft mit einer schlanken Mittelschicht einher, ein ausgebauter Staat mit großer fiskalischer Kraft und einem breiten Aufgabenspektrum dagegen mit einer tendenziell größeren.

Die Vermessung der Mitte

Wir haben nun schon zahlreiche Überlegungen zur Entwicklung und Positionierung der Mittelschicht angestellt, aber immer noch keine genaue Vermessung der Mitte vorgenommen. Wer gehört dazu, wie groß ist die Mittelschicht, welche Kriterien bestimmen die Zugehörigkeit zu dieser Gruppe? Während der Begriff der sozialen Schicht in der öffentlichen Kommunikation einen festen Platz hat, muss er sich in der wissenschaftlichen Diskussion gegen Konkurrenten wie Klassen oder soziale Lagen durchsetzen. Der Schichtbegriff bezieht sich auf Formen der vertikalen Ungleichheit, auf Hierarchien, ungleiche Lebensbedingungen und -chancen sowie auf dauerhafte Muster der sozialen Selektivität (Geißler 1996). Der Begriff Schicht und die Vorstellung einer »geschichteten« Gesellschaft sind nachweislich in den Köpfen der Menschen tief verankert. Wenn man sie danach fragt, rechnen sich fast alle einer bestimmten Schicht zu (Noll/Weick

2011), sie nehmen sich also als Teil einer Sozialstruktur mit einem erkennbaren Oben und einem erkennbaren Unten wahr. Obwohl der Begriff der Mittelschicht sehr eingängig und populär ist, ist es gar nicht so einfach, die einzelnen Schichten präzise voneinander abzugrenzen. Tatsächlich gibt es bis heute keine allgemein gültige und weithin akzeptierte Definition der Mitte. Wenn wir mit den üblichen Stereotypen arbeiten – er Oberstudienrat, sie Augenoptikerin, zwei Kinder, Haus mit Garten in Bremen-Schwachhausen –, ist die Sache schnell klar. Nehmen wir jedoch ein ungewöhnlicheres Beispiel, wird es gleich schwieriger: Wo verorten wir den gut verdienenden Parkettleger, der mit einer Vietnamesin ohne Ausbildung verheiratet ist? Oder den taxifahrenden Germanisten, dessen Freundin eine Anwaltskanzlei in Berlin-Schöneberg betreibt? Hier wird es schon unübersichtlicher. Außerdem ist die Mitte nicht stabil, es gibt Auf- und Abstiege. Manche Menschen schaffen den Anschluss an die Oberlagen, andere rutschen ab. Susi Gern aus Martin Walsers *Der Lebenslauf der Liebe* ist so ein Fall: Zu Beginn des Romans ist sie noch mit einem erfolgreichen Wirtschaftsanwalt verheiratet, der sich dann allerdings mehr und mehr seinen Gespielinnen zuwendet. Am Ende stehen die Pleite und der Umzug vom Penthouse in die vom Sozialamt bezahlte Einzimmerwohnung. Joseph Schumpeter, der große Ökonom, der es immerhin bis zum österreichischen Finanzminister brachte, hat Klassen und Schichten einmal mit Hotels und Omnibussen verglichen: Sie sind immer voll, aber immer mit unterschiedlichen Leuten. Das ist mit Sicherheit eine übertriebene Darstellung der sozialen Mobilität, so viel Bewegung wäre eine Anomalie und ließe die Ausformung einer geschichteten Sozialstruktur gar nicht zu. Die Annahme der Ultrastabilität wäre aber genauso weit von der Realität entfernt wie die Vorstellung eines anhaltenden Personenumschlags. Tatsächlich ist die Mitte der Gesellschaft relativ stabil: Es gibt Auf- und Abstiege, allerdings immer nur in Maßen.

Wenn die Menschen auf der Straße von der Mittelschicht sprechen, dann haben sie einen gewissen materiellen Lebensstandard vor Augen. Man kann sich etwas leisten, aber eben nicht alles. Größere Anschaffungen müssen geplant und überdacht werden, kleinere lassen sich aus dem laufenden Einkommen finanzieren. Einige Ökonomen haben auch eine stabile und gut bezahlte Arbeitsstelle als »typisch Mittelschicht« definiert (Banerjee/Duflo 2008). In den USA, wo man nach wie vor von der *middle class* spricht, verbindet man diesen Begriff viel weniger mit der Vorstellung eines stabilen, klar abgegrenzten Stands. Als Mittelklasse gilt dort vor allem die große Gruppe der Einkommensbezieher, die sich an den Leitbildern des Konsums und des Wohlstands orientiert. Nach einer Definition der sogenannten »Middle Class Task Force«, die die Obama-Regierung im Jahr 2009 eingesetzt hat, um sich um die Belange der Mitte zu kümmern, gehört zur *middle class*, wer ein Auto hat, nach Wohneigentum, Urlaubsreisen, Altersvorsorge sowie Krankenversicherung strebt und Anstrengungen unternimmt, um den Kindern eine Hochschulausbildung zu ermöglichen (Middle Class Task Force 2010). Eine Definition, die tatsächlich nahe am Alltagsverständnis entlang operiert und wohl auch auf deutschen Straßen Kopfnicken hervorrufen würde.

Der gesellschaftliche Kernbereich der Mittelschicht umfasst, wie schon angedeutet, zweifelsohne den alten Mittelstand (also Handwerker, Händler, Gewerbetreibende und Landwirte) sowie ein neues Segment der höher qualifizierten Angestellten, Beamten und Freiberuflern. Als wichtige Merkmale für die letztgenannte Gruppe gelten häufig eine qualifizierte Tätigkeit, vergleichsweise hohes berufliches Prestige, eine mittlere oder gehobene berufliche oder akademische Qualifikation, sicherer Status und gutes Einkommen (Werding/Müller 2007: 140). Auch das Kriterium der nicht manuellen Tätigkeiten und der Beschäftigung im Dienstleistungssektor wird vielfach zur Abgrenzung genutzt, womit Arbeiter und Beschäftigte ohne qualifizierende

Berufsausbildung im produzierenden Sektor *per definitionem* von der Mittelschicht ausgeschlossen bleiben (ebd.). In dieser eher engen Definition können vor allem akademische Berufe wie Ärzte, Rechtsanwälte, Ingenieure, Apotheker, Lehrer, Journalisten, Wissenschaftler, mittlere und höhere Beamte sowie qualifizierte Angestellte in den Bereichen Handel, Geldwirtschaft, Versicherungen, Verwaltung, Information, öffentliche Dienstleistungen etc. zur Mittelschicht gezählt werden (Hradil/Schmidt 2007: 169). Ihr massives Wachstum ist vor allem auf den Übergang von der Industrie- zur Dienstleistungsgesellschaft und die damit einhergehende Aufwertung von Wissen und Bildung zurückzuführen. Paul Nolte und Dagmar Hilpert (2007) heben hervor, dass typische Mittelschichtberufe sich durch ein recht hohes Maß an Eigenverantwortung, Selbstständigkeit und Zeitautonomie auszeichnen. Menschen, die in solchen Berufen arbeiten, sind nicht einfach Befehlsempfänger in einem hierarchischen System, sie verfügen über größere Spielräume und Möglichkeiten der Selbststeuerung. Erfüllung im Beruf erfahren sie nicht ausschließlich durch materielle Zuwendungen, sondern auch aufgrund des Arbeitsumfelds sowie der Identifikation mit den Inhalten ihrer Arbeit.

Man sieht, weshalb die Diskussion um die Abgrenzung der Mittelschicht sich ohne Weiteres mit aktuellen Debatten um die »Leistungsträger« der Gesellschaft und die sogenannte »neue Bürgerlichkeit« verknüpfen lässt. Durch diese Brille betrachtet, ist die Mitte vor allem der Ort der besser Qualifizierten, der beruflich Arrivierten, der gut Gebildeten, der selbstbestimmt Handelnden. Der Menschen, die für Leistungskraft und Innovation stehen. Verfechter der These von der neuen Bürgerlichkeit, Paul Nolte etwa oder Udo di Fabio, unterstellen zudem einen in der Mittelschicht verbreiteten Wertehorizont, der von Sekundärtugenden wie Fleiß und Höflichkeit, von Religiosität, Verantwortungsbewusstsein, Selbstständigkeit, Bildung, Familie und emotionaler Kontrolle geprägt ist. Ergänzen könnte man noch einen Kanon kultivierter Umgangsformen (»den guten Ton«), öffentliches und zivilgesellschaftliches Engagement und ein Interesse an Hochkultur – »man« besucht eher Opernaufführungen oder Galerien als Musicals oder Vergnügungsparks. Ob zur Mitte nun tatsächlich vor allem diejenigen gehören, die ihr Leben subjektiv an einem Wertehorizont ausrichten, der sich »aus dem Erbe der Bürgerlichkeit ableitet« (Nolte/Hilpert 2007: 33), kann mit guten Gründen bezweifelt werden. Solche Thesen haben zwar breite publizistische Aufmerksamkeit erringen können, sind aber nicht empirisch gesättigt. Es ist wohl vor allem die Sehnsucht nach einer gehobenen, gut gebildeten und einem bürgerlichen Kanon verpflichteten Mittelschicht, welche in diesen Debatten Ausdruck findet. Nimmt man diese Zuschreibungen ernst, wäre die Mitte doch nicht viel mehr als ein modernisiertes Bürgertum der alten Art, ein Amalgam aus liberalem Wirtschaftsbürgertum einerseits und akademischem Bildungsbürgertum andererseits, zudem mit distinkter Kultur und Lebensführung. De facto kann man nur ein Fünftel der Bevölkerung einem solchen Begriff des Bürgertums zuordnen (Hradil/Schmidt 2007: 172), also weit weniger, als wir im Sinn haben, wenn wir von der Mittelschicht oder gar der Mittelschichtgesellschaft reden.

Aus meiner Sicht bleibt dieser Blick auf die moderne Mittelschicht unvollständig, weil er größere Gruppen von Arbeitnehmern außen vor lässt. Ich habe es schon deutlich gemacht: Es gibt eine um die abhängige Erwerbsarbeit herum gruppierte »arbeitnehmerische Mitte« (Vogel 2009), die nicht notwendigerweise akademisch gebildet ist, sondern durch berufliche Ausbildung zur Mittelschicht aufschließt, also zum Beispiel Facharbeiter, mittlere Angestellte und Menschen in technischen Berufen. Sie erzielen mittlere Einkommen und erreichen damit einen durchschnittlichen Lebensstandard. Zum Teil arbeiten sie in der Industrie, teilweise aber auch im Dienstleistungssektor. Sie haben eine formalisierte Ausbildung durchlaufen und können diese auf dem Arbeitsmarkt verwerten. Sie stehen im Hinblick auf Konsum, Wohnen und Freizeitaktivitäten irgendwo in der Mitte und können nicht einfach den unteren Schichten zugeschlagen werden. Dass bürgerliche Werte inzwischen auch von diesen Gruppen vertreten werden, kann man schwerlich bestreiten. Immerhin haben sich viele Arbeitermilieus erkennbar entproletarisiert, und auch der Welt der Angestellten ist die Miefigkeit, die wir aus den Werken Kafkas kennen, abhanden gekommen. Dass die Arbeitnehmerschaft jedoch insgesamt bürgerlich geworden ist oder umfassend von diesen Werten angeleitet wird, darf bezweifelt werden. Herfried Münkler hat deshalb mit Recht hervorgehoben, die Vorstellung einer gesellschaftlichen Mitte als abgeschlossener sozialer und politischer Einheit sei irreführend. Die Mitte ist ein Ensemble von Schichten, Soziallagen und Milieus, »in denen es kein einheitliches Ethos mit entsprechenden Werten und Normen mehr gibt, sondern materialistische und postmaterialistische, pflichtorientierte und hedonistische Grundeinstellungen nebeneinander existieren« (Münkler 2010: 43). Die Mittelschicht weist also keinen einheitlichen und klar abgrenzbaren »sozialen Kollektivhabitus« auf (Lessenich 2009: 268), obwohl er ihr in vielen Debatten mitunter zugeschrieben wird. Man liegt vermutlich dennoch nicht falsch, wenn man ein verbreitetes »Gefühl« der Mitte unterstellt (Beise 2009: 30), eine Vorstellung der Zugehörigkeit zur und Teilhabe an der Gesellschaft als Ganzem – nicht mehr, aber auch nicht weniger.

Wir wissen aus vielen Umfragen um die Anziehungskraft der Mitte: Bitten Soziologen die Menschen, sich selbst einzuordnen, so zeigen sich immer wieder die Sehnsucht nach einer Positionierung in der Mitte und eine Ablehnung der Extreme. Selbst Personen mit eher niedrigem Einkommen sowie ungelernte Arbeiter rechnen sich dazu, gesellschaftliche Eliten ebenso. In Westdeutschland ließen sich 2006 etwa 60 Prozent der Menschen der »gefühlten Mittelschicht« zuordnen, zehn Prozent der Oberschicht, knapp 30 Prozent der Arbeiterschicht und nur zwei Prozent der Unterschicht. In Ostdeutschland, vermutlich auch aufgrund der jahrelangen, zumindest verbalen »Hofierung der Arbeiterklasse«, ist die Zuordnung zur Schicht der Arbeiter noch weitaus verbreiteter: 2006 rechneten sich etwa 46 Prozent der Befragten dieser Gruppe und ein etwa gleich großer Anteil der Mittelschicht zu. 1991 hatten sich noch 57 Prozent der Befragten als der Arbeiterschicht zugehörig erklärt. Lediglich vier von 100 Ostdeutschen rechnen sich subjektiv zur Oberschicht, fünf Prozent verorten sich in der Unterschicht (alle Angaben aus: Statistisches Bundesamt 2008: 178).

Es gibt zwar einen klaren Zusammenhang zwischen der subjektiven Zuordnung und objektiven Variablen wie Bildung, Beruf und Einkommen, allerdings finden sich doch viele Personen, die sich, gemessen an objektiven Kriterien, »falsch« einstufen. Das gilt vor allem für Menschen mit hohen Einkommen, die sich dennoch der Mittelschicht zurechnen (Noll/Weick 2011: 3). Dass die explizite Zuordnung zur Mitte auch als falsche Fraternisierung entlarvt werden kann, musste der britische Premierminister David Cameron im Sommer 2010 erfahren, als er sich und seine Frau bei einer Rede in Manchester zur Mittelschicht rechnete – obwohl er das noble Eliteinternat Eton besucht und in Oxford studiert hatte, trotz seiner Mitgliedschaft in der für ihre wohlhabenden Mitglieder bekannten Studentenverbindung Bullingdon Club und trotz eines geschätzten Vermögens von 30 Millionen Pfund.

Wenn Ökonomen die Mittelschicht vermessen, ist ihr wichtigster Indikator das Einkommen. Das ist vielfach kritisiert worden, weil neben dem Einkommen eben auch berufs- und bildungsbezogene Variablen eine Rolle spielen. Zur Beschreibung einer mittleren Lebenslage (und eines mittleren Lebensstandards) taugt die relative Position in der Einkommenshierarchie freilich allemal. Den Analysen des Deutschen Instituts für Wirtschaftsforschung (DIW) in Berlin liegt in der Regel das »äquivalenzgewichtete Haushaltsnettoeinkommen« zugrunde. Hierbei wird jeder Person im Haushalt ein Wert zugeordnet, welcher berücksichtigt, dass größere Haushalte vergleichsweise günstiger wirtschaften als kleinere. Diese Werte werden aufaddiert. Das gesamte Haushaltseinkommen wird dann durch die Summe geteilt. Der berechnete Wert ermöglicht die Vergleichbarkeit von Einkommen über verschiedene Haushaltsgrößen und -typen hinweg. Dass auf den Haushalt abgestellt und dann nach der Personenanzahl gewichtet wird, ist eine wichtige Konvention. Eine einzelne Person kann mit einem Jahreseinkommen von 40 000 Euro sehr gut auskommen, ein fünfköpfiger Haushalt schon weniger. Als Mittelschicht werden nun alle gezählt, deren Einkommen zwischen 70 und 150 Prozent des Medians des »äquivalenzgewichteten Haushaltsnettoeinkommens« liegt. (Der Median gibt nicht das durchschnittliche Einkommen in einem Land an, er markiert vielmehr genau jene Position, die die Einkommenshierarchie in eine obere und eine untere Hälfte teilt.) Nach dieser Definition der Mitte wären das zwischen 1050 und 2350 Euro für einen Einpersonenhaushalt. Rechnet man das auf einen vierköpfigen Familienhaushalt mit zwei minderjährigen Kindern um, so kommt man auf zwischen 2250 und 4950 Euro monatlich (Daten des Sozio-ökonomischen Panels, 2009; Grabka 2011). Andere Autoren setzen die Grenzen enger (75 bis 125 Prozent), einige rechnen Personen erst dann zur Oberschicht, wenn ihr Einkommen 200 oder gar 300 Prozent über dem Medianeinkommen liegt.

Im Prinzip werden diese Kennziffern vor allem dann interessant, wenn es um den Vergleich zwischen verschiedenen Ländern oder die Entwicklung in einem Land über die Zeit geht. Legt man die Spanne von 70 bis 150 Prozent zugrunde, so lebten in den achtziger Jahren 64 Prozent der Westdeutschen in Mittelschichthaushalten; im Zuge der Wiedervereinigung verringerte sich dieser Wert, bevor er Ende der neunziger Jahre das frühere Niveau von 64 Prozent (das entsprach 52 Millionen Menschen) wieder erreichte. Seitdem ist die Mittelschicht erneut um fünf

Prozent auf 59 Prozent geschrumpft (Grabka 2011). In wohlhabenden bzw. armen Haushalten leben hingegen derzeit jeweils knapp über 20 Prozent der Deutschen. Während die »Oberschicht« dabei zahlenmäßig recht stabil ist, hat sich der Anteil der »Armen« tendenziell vergrößert. Bei den Menschen mit Migrationshintergrund liegt der Anteil der Mittelschichtler bei knapp über 50 Prozent, während 36 Prozent im Einkommensbereich darunter angesiedelt sind (Daten des SOEP nach Markus Grabka, DIW). Der Ost-West-Vergleich zeigt, dass die Mittelschicht zwar in beiden Landesteilen in etwa gleich groß ist, allerdings leben in den neuen Bundesländern lediglich acht Prozent der Menschen in Haushalten oberhalb der 150-Prozent-Grenze, während 30 Prozent in die Kategorie unterhalb der 70-Prozent-Grenze fallen (Daten des SOEP nach Markus Grabka, DIW).

Die DDR war, und Ostdeutschland ist es in gewissem Sinne bis heute, ein Land der kleinen Leute (Engler 1992). Die unterschiedlichen Statusgruppen lebten zudem enger zusammen. In dem 18-geschossigen Hochhaus in einem Rostocker Neubaugebiet, in dem ich aufgewachsen bin, war es selbstverständlich, dass Ärztinnen neben Facharbeitern und Sekretärinnen neben leitenden Angestellten eines volkseigenen Betriebs wohnten. Die Wohnungen waren nicht allzu groß, einfach ausgestattet, verfügten jedoch über Fernwärme und fließend warmes Wasser. Meine Spielkameraden kamen aus demselben Wohnumfeld, die Eltern hatten jedoch ganz verschiedene Berufe. Große Unterschiede im Wohlstand haben wir damals nicht wahrgenommen. Andere Differenzierungen (Westverwandtschaft oder nicht, mehr oder weniger Bildung, Parteikader oder nicht) spielten schon eher eine Rolle. Es gab eine Nivellierung der Soziallagen auf niedrigem Niveau, die sich nach und nach aufgelöst hat. Zwar gibt es Wohlstandsgewinne auch im Osten der Bundesrepublik, allerdings verbleibt ein großer Anteil der Ostdeutschen in den unteren Einkommenssegmenten, und nur ein vergleichsweise geringer Teil von ihnen gehört zu den Top-Einkommensbeziehern. Über 200 Prozent des bedarfsgewichteten Medianeinkommens verdienen gerade mal 2,2 Prozent, im Westen sind es neun. Legt man einen kritischen Maßstab an, dann kam der kollektive Beitritt der Ostdeutschen einer sozialen Unterschichtung der Bundesrepublik gleich. Ganz ähnlich wie die Migranten, die sich zwischen 1955 und 1973 (dem Jahr des Anwerbestopps) unter den Westdeutschen einordnen mussten, wurden nach 1990 die Ostdeutschen auf die unteren Ränge der sozialen Hierarchie verwiesen.

Versteht man die Sozialstruktur relational, also im Sinne einer Beziehung zwischen gesellschaftlichen Gruppen, dann hat sich die relative Stellung der westdeutschen Mittelschicht im Zuge der Wiedervereinigung sogar verbessert. Bildlich gesprochen, schob sich ein Sockel unter die westdeutsche Mitte. Plötzlich gab es eine (weitere) Gruppe, auf die sie hinunterschauen konnte und deren Angehörige sich nicht selten selbst als Bürger zweiter Klasse verstanden. Die Ostdeutschen, die eine sehr homogene Sozialstruktur gewohnt waren, empfanden die Mittelschicht zunächst als fremden Ort. Nur wenige konnten sich auf bürgerliche Traditionen berufen, wie sie sich anhand der Lektüre von Uwe Tellkamps Roman *Der Turm* besichtigen lassen. Nicht zuletzt aus diesem Grund diagnostizierten Michael Hofmann und Dieter Rink ein grundsätzliches »Problem der Mitte« in den neuen Bundesländern: »Eine Mittelschichtgesellschaft westdeutscher Prägung wird in Ostdeutschland nicht entstehen.« (1999: 164, 167) Die Ostdeutschen machten im Zuge der Wiedervereinigung also eine paradoxe Erfahrung: Einerseits stiegen ihre Einkommen, andererseits erlebten sie eine massenhafte berufliche Deklassierung, die soziale Ungleichheit nahm rasant zu und sie fanden sich auf den unteren Rängen der gesamtdeutschen Sozialstruktur wieder.

Doch zurück zur topografischen Vermessung der Mitte mit den Instrumenten der Sozialforschung. Wie schon angedeutet:

Aus soziologischer Sicht sind Bildung und Beruf neben dem Einkommen zwei weitere Aspekte, mit denen wir die Mittelschicht definieren können. Viele unserer Vorstellungen zur Schichtung einer Gesellschaft sind in einer imaginären Hierarchie der Berufe verankert, wir taxieren und positionieren. Viele assoziieren mit Mittelschicht vor allem solche Berufe, die ein (Fach-) Hochschulstudium voraussetzen und einen hohen Grad an Professionalisierung aufweisen. Ein etwas weiteres Verständnis der Mittelschicht, wie ich es bevorzuge, würde auch qualifizierte Facharbeiter und andere Ausbildungsberufe wie Krankenschwestern bzw. -pfleger, Bankkauffrauen und -männer, Hotelfachleute oder Chemikanten einbeziehen, wenn sie sich im Hinblick auf Einkommen und Konsummöglichkeiten im mittleren Segment bewegen. Schwierig wird es, wenn es um die Zuordnung von Tätigkeiten ohne stark institutionalisierte Ausbildung geht, etwa um Stewardessen oder Immobilienmakler. Die Position hängt hier von der Lebenslage insgesamt ab. Ein gut etablierter Immobilienmakler in Köln, der sich selbst ein Filetstück auf dem Wohnungsmarkt reserviert hat, gehört nach herrschender Meinung wohl (mindestens) zur Mittelschicht, aber was ist mit einer Flugbegleiterin, die nur ab und an bei einer Billig-Airline jobbt?

Um es noch einmal zu betonen: Die Rede von der Mittelschicht verweist, trotz aller Versuche der Abgrenzung, auf eine nicht ganz exakt zu definierende Großkategorie. Schon Georg Simmel hat darauf aufmerksam gemacht, dass die Mitte zwar eine Grenze nach oben und eine nach unten hat, es aber einen immerwährenden Austausch gibt, wodurch die Grenzen verwischt werden und unscharf bleiben (Simmel 1992 [1908]). Was die Größe der Mittelschicht und die Vielzahl der dazu gezählten Bevölkerungssegmente angeht, kann man durchaus die Frage aufwerfen, ob es überhaupt sinnvoll ist, »sich über ›die‹ Mittelschicht insgesamt Gedanken zu machen« (Wagner 2011: 514). Um dem zu begegnen, tendieren Forscher dazu, innerhalb der Mittelschicht immer stärker zu differenzieren. Es ist schon länger Usus, zwischen oberer oder gehobener, mittlerer und unterer Mittelschicht zu unterscheiden, so dass man streng genommen immer von »Mittelschichten« sprechen müsste. In der angelsächsischen Tradition der Ungleichheitsforschung, die den Begriff der sozialen Klassen nie abgelegt hat, identifiziert man inzwischen Mikroklassen. Im Gegensatz zu den *big classes*, die ein sehr grobes Kategorienschema darstellen, geht man hier auf die Ebene beruflicher Positionen. Die Frage, ob sich dahinter dann jeweils ähnliche Lebenslagen verbergen, kann freilich nicht ohne Weiteres beantwortet werden. Auch diese Subunterscheidungen sind also nur Krücken, bei denen es darum geht, der mitunter recht diffusen Rede von *der* Mittelschicht oder *den middle classes* etwas entgegenzusetzen. Man sieht: Die soziale Landschaft in »der Mitte« wird umso unübersichtlicher, je genauer man hinschaut. Alle Karten, die wir zeichnen, sind immer nur Abstraktionen, selbst wenn die Mittelschicht als Begriff und Zuordnungsschublade in den Köpfen der Menschen omnipräsent ist.

Die Mitte als gesellschaftlicher Entwicklungsmotor?

Unabhängig von diesen methodischen Fragen sind das Volumen und das Wachstum der Mitte wichtige Indikatoren für die Beurteilung gesellschaftlicher Entwicklungen: Für Fragen der sozialen, politischen und wirtschaftlichen Dynamik macht es einen Unterschied, ob eine Gesellschaft eine große oder kleine Mittelschicht hat, ob die entsprechende Großgruppe wächst oder schrumpft. Historiker und Wirtschaftsgeografen haben die Entstehung einer breiten Mittelschicht mit Bildung, Wohlstand und Massenkonsum als spezifisches Charakteristikum (west)europäischer Gesellschaften herausgestellt (Kaelble 2007). Die Daten zeigen für diese Region ein starkes Anwachsen der Mittelschicht in der Zeit nach dem Zweiten Weltkrieg, so dass ab Mitte der achtziger Jahre in fast allen Ländern über 50 Prozent der Menschen in dieser Kategorie verortet werden können (Allum 1995). Nirgendwo sonst in der Welt hat sich die Mitte derart verbreitert, in keiner anderen Region gingen Wohlstandsmehrung und breite gesellschaftliche Teilhabe eine so enge Verbindung ein. Weder in den USA, wo das Netz der sozialen Sicherung deutlich weitmaschiger ist und Ungleichheiten stärker toleriert werden, noch in Brasilien oder Argentinien, wo oligarchische Strukturen eine Verbreiterung der Mittelschicht lange Zeit verhinderten, in China, wo die verarmte Landbevölkerung den Menschen in den aufstrebenden Städten und den Profiteuren des Wirtschaftswachstums gegenübersteht, oder in Russland, wo der neue Reichtum aus dem Kasino- und Rohstoffkapitalismus bislang kaum nach unten durchsickert. Was die Konstellation im Nachkriegs(west)europa so einmalig macht, sind die Zähmung des Kapitalismus durch politische Regulierung, soziale Umverteilung, Risikokompensation und der große Wohlstandsbauch der Mittelschicht. Der schwedische Soziologe Göran Therborn hat (West-)Europa deshalb einmal als »Skandinavien der Welt« bezeichnet (1997). Dennoch gibt es auch hier gravierende Unterschiede: Die größte Mittelschicht finden wir in den skandinavischen Ländern, Deutschland, die Niederlande und die Schweiz liegen in der Mitte, Großbritannien nimmt einen der hinteren Plätze ein (Pressman 2007).

Eine starke und erfolgreiche Mittelschicht gilt vielen sowohl als Garant für die Stabilität der Demokratie wie auch als Motor der wirtschaftlichen Entwicklung. Von Aristoteles stammt das wohl bekannteste Plädoyer für eine Gesellschaft und einen Staat der Mitte und der Mittleren:

> »Der Staat soll also möglichst aus Gleichen und Ebenbürtigen bestehen, und dies ist bei den Mittleren am meisten der Fall. So wird jener Staat die beste Verfassung haben, der so aufgebaut ist, wie ein Staat nach unserer Feststellung der Natur gemäß aufgebaut sein soll. Diese Schicht der Bürger hat ja auch im Staate am meisten Si-

cherheit, denn sie begehren nicht nach fremdem Besitz, wie die Armen, noch begehren andere nach dem ihrigen, wie es die Armen den Reichen gegenüber tun. Und da ihnen keiner nachstellt und sie keinem nachstellen, leben sie ohne Gefahr. Mit Recht hat also Phokylides gewünscht: ›Das Mittlere ist bei weitem das Beste, ein Mittlerer möchte ich im Staate sein.‹« (2003: 152/1295 b)

Auch heute sind politische Eliten (zumindest in Sonntagsreden) stets um das Wohl der Mitte besorgt. US-Vizepräsident Joe Biden, der die bereits erwähnte Middle Class Task Force leitet, sagte etwa: »Eine starke Mittelklasse bedeutet ein starkes Amerika. Man kann das eine nicht ohne das andere haben.« Europäische Politiker bekennen sich ähnlich emphatisch zur Mittelschicht. So soll Tony Blair seinen Landsleuten gelobt haben: »Ich will euch alle in die Mittelklasse führen.« Gerhard Schröder trug etwas weniger dick auf: »Wer nicht für eine Mittelschicht sorgt, die sich auch etwas leisten kann, der handelt nicht nur sozial ungerecht, der handelt auch wirtschaftlich unvernünftig.«

Die Forschung hat viele Belege dafür geliefert, dass es einen positiven Zusammenhang zwischen der Größe der Mittelschicht und der demokratischen Entwicklung eines Landes gibt (Barro 1999): Je größer die Mittelschicht, desto stabiler die Demokratie. Ökonomen gehen zudem davon aus, dass Gesellschaften mit einer breiten Mitte ein höheres Wachstum und höhere Einkommen aufweisen. Der Wirtschaftshistoriker David Landes erklärt die Industrielle Revolution im England des 18. und 19. Jahrhunderts unter anderem mit der Existenz der »great English middle class« (1998). Eine prosperierende Mitte ist also nicht nur eine Folge wirtschaftlichen Wachstums, sondern auch ihre Voraussetzung (Easterly 2001). Heute kann man diesen Zusammenhang statistisch sehr gut belegen, theoretisch hatten ihn jedoch bereits die Klassiker der Soziologie und der Nationalökonomie postuliert. In seinem Hauptwerk *An Essay on the Principle of Population* entwickelte der Wirtschaftswissenschaftler Thomas Robert Malthus bereits am Übergang vom 18. zum 19. Jahrhundert die These, dass die Wohlfahrt der gesamten Gesellschaft und das Glück aller letztlich am Zustand der Mitte hängen:

> »Wenn wir die verschiedenen Staaten Europas betrachten, so werden wir einen sehr beträchtlichen Unterschied gewahr in dem relativen Verhältnis der oberen, mittleren und unteren Klassen der Gesellschaft. Die Folgen dieses verschiedenen Verhältnisses scheinen uns zu berechtigen, unsere Hoffnung einer Zunahme des allgemeinen Glücks der menschlichen Gesellschaft vornehmlich auf die Aussicht zu begründen, dass die mittleren Volksklassen relativ wachsen mögen [...]. Wenn die Zahl der zur niederen Klasse gehörigen solcherart vermindert, der zur mittleren Klasse zu rechnenden vermehrt wäre, so hätte jeder Arbeiter gerechte Hoffnung, durch Fleiß und Betriebsamkeit in eine bessere Lage sich aufzuschwingen, die Lotterie der menschlichen Gesellschaft würde aus mehreren Gewinnern und nur wenigeren Nieten bestehn und die ganze Summe gesellschaftlichen Glücks würde offenbar nicht wenig vermehrt werden.« (1807: 303 f.)

Bei Malthus ist es also die berechtigte Hoffnung auf individuellen Aufstieg, die den Leistungswillen frei- und eine kollektive Dynamik in Gang setzt, von der möglicherweise auch andere Gruppen profitieren. In Max Webers *Protestantischer Ethik* (1920) geht es dann weniger um die Motivation, als vielmehr um Fragen der allgemeinen Lebensführung. Weber präsentiert die Vorstellung eines spezifisch modernen, vom Protestantismus beeinflussten Wirtschaftsethos, das die kapitalistische Entwicklung erst möglich gemacht und später beflügelt habe. Im Auge hat Weber dabei in erster Linie den gewerblichen Mittelstand. Für diesen hätten weniger das kompromisslose Gewinnstreben und die unmittelbare Befriedigung von Konsumwünschen im Mittelpunkt gestanden als vielmehr eine »Pflicht zur Genügsamkeit«, Fleiß und die Orientierung an langfristigen wirtschaftlichen Erfolgen. Daher habe man erwirtschaftete Gewinne nicht einfach sofort ausgegeben, sondern akkumuliert und reinvestiert. In der Folge Webers wird der Mittelschicht bis heute die Bereitschaft zum »Gratifikationsaufschub« nachgesagt. Dieser Begriff bezeichnet in der Psychologie die Fähigkeit, zugunsten (unter Umständen deutlich größerer) langfristiger Erfolge auf Freuden und Belohnungen in der unmittelbaren Gegenwart zu verzichten. Ausdauer, Dranbleiben, langfristiges Planen werden höher bewertet als unmittelbare Zerstreuung und schneller Konsum.

Ein weiterer Aufhänger, um die volkswirtschaftliche Bedeutung der Mittelschicht zu verstehen, ist die Rolle der Bildung. Mittelschichtlern unterstellt man häufig hohe Bildungsaspirationen. Für sich und ihre Kinder streben sie höhere Bildungsabschlüsse an, da diese eine Grundvoraussetzung dafür darstellen, um den Status erhalten oder gar verbessern zu können. In einer gebildeten Mittelschichtfamilie ist es so gut wie ausgeschlossen, dass die Eltern den Kindern vom Besuch einer Universität abraten, sofern diese in der Schule zumindest halbwegs gute Leistungen erbringen. Vielmehr setzen die Eltern alles daran, dass die Grundschullehrer eine Gymnasialempfehlung aussprechen und dass die Kinder später mit einem Hochschulabschluss ins Berufsleben starten. Diese Bildungsorientierung ist heute allerdings nicht länger auf die akademische Mittelschicht beschränkt, sondern auch im Milieu der Facharbeiter, mittleren Angestellten und der technischen Berufe weitverbreitet. Bildung ist für die meisten Mittelschichteltern allerdings nicht nur der Schlüssel zu einem attraktiven Beruf mit hohem Einkommen, sondern auch ein Wert an sich. Die Bildungsorientierung gehört insofern zum Habitus der Mitte. Mittelschichteltern (vor allem akademisch gebildete) wollen für ihre Sprösslinge nicht nur ökonomische »Bildungsrenditen« erzielen, es geht ihnen zugleich um soziale und kulturelle Kompetenzen und Teilhabechancen. Für die Gesellschaft insgesamt bedeutet das: Je breiter die Mitte, desto größer ist insgesamt die Orientierung auf die Aneignung und Steigerung von Wissen und Kompetenzen. Ein Land wie Deutschland, das nur über bescheidene natürliche Ressourcen verfügt, ist auf eine qualifizierte Bevölkerung angewiesen, da allein diese für anhaltend hohe Produktivität bürgt.

Schließlich spielt die Mitte auch eine spezifische Rolle beim Konsum. Über die Angehörigen dieser Schicht heißt es oft, sie seien bereit, für bessere Qualität auch mehr zu zahlen. Sie stehen insofern für das Gegenteil von »Geiz ist geil«. Sie verfügen über den nötigen finanziellen Spielraum für langlebige Produkte mit ansprechendem Design, hochwertiger Ausstattung und Verarbeitung und haben ein ausgeprägtes Markenbewusstsein. Werner Sombarts Studie *Liebe, Luxus und Kapitalismus* (1992 [1913]) enthält die originelle These, die Entstehung des modernen Kapitalismus zwischen dem 16. und dem 18. Jahrhundert hänge mit der Herausbildung eines Marktes für Luxusgüter zusammen, die vor allem von einkommensstarken Gesellschaftsschichten gekauft worden seien. Luxuskonsum, getragen von einem entstehenden »bürgerlichen Reichtum«, wird als marktbildende und dem Handel sowie der Produktion förderliche Kraft angesehen. Der rasante Aufstieg Chinas und Indiens scheint diese Überlegung zu bestätigen: Auch dort entsteht eine neue, kaufkräftige Mittelschicht, die Flachbildfernseher, Autos und Kühlschränke nachfragt und damit die wirtschaftliche Dynamik bestimmt. Aus ökonomischer Wachstumsperspektive ist Qualitätskonsum in der Breite zudem wichtig, weil nur dann die einheimische Produktion hochwertiger Güter angeregt wird, die auf dem Weltmarkt erfolgreich sein können. Wenn die Bevölkerung im Durchschnitt sehr arm ist, werden hingegen eher billige und minderwertige Waren produziert, die sich im Ausland kaum verkaufen lassen, was wiederum die Rückständigkeit eines Landes zementieren kann (Murphy et al. 1989).

Diese Ausführungen zum Konsum der Mittelschicht widersprechen in gewisser Weise Max Webers Überlegungen zum Arbeitsethos und zur Fähigkeit zum Gratifikationsaufschub. In manchen westlichen Ländern, allen voran in den USA, haben Teile der Mittelschicht tatsächlich den Konsum auf Pump zu ihrem Lebensstil gemacht und damit eine Spekulationsblase ausgelöst. Die Sparquote sank, die Kreditkarten- und Immobilienschulden nahmen drastisch zu. Hier deutet sich eine grundsätzliche Ambivalenz im Verhältnis zwischen Mittelschicht und modernem Kapitalismus an. Pflichterfüllung kann zwar mit dem Wunsch nach Genuss konfligieren, allerdings wird beides gebraucht: Der fleißige, pünktliche und folgsame Arbeitnehmer ebenso wie der hedonistische und freizeitorientierte Konsument. Der amerikanische Soziologe Daniel Bell hat schon in den siebziger Jahren die These vertreten, mit dem Aufkommen des Massenkonsums würden die grundlegenden Werte des Kapitalismus, also die protestantischen Tugenden, untergraben und durch neue Motivationen und Ideale ersetzt. Bell: »Vorankommen heißt heute nicht mehr – wie das noch im 19. Jahrhundert der Fall war – Aufstieg auf einer sozialen Stufenleiter, sondern Übernahme eines bestimmten Lebensstils [...], der einen als Mitglied einer Konsumgemeinschaft ausweist.« (1990 [1976]: 86) Eine Mittelschicht, die nur arbeitet (und nicht konsumiert), scheint ebenso problematisch wie eine Mittelschicht, die nur konsumiert (und nicht arbeitet).

Allerdings hat sich Bells Prophezeiung bis heute nicht bewahrheitet, das Arbeitsethos ist der Mittelschicht keineswegs abhanden gekommen. Stattdessen können wir Folgendes beobachten: Wenn wir mehr verdienen und es uns somit im Prinzip leisten könnten, weniger zu arbeiten, um unser Konsumniveau zu halten, nutzen wir die Einkommenszuwächse gerade nicht, um mehr Freizeit zu konsumieren, im Gegenteil. Je höher das Gehalt, desto mehr arbeiten die Menschen. In höheren Positionen gibt es weniger Gelegenheiten, reduziert zu arbeiten. Andererseits steigen auch die Opportunitätskosten der Freizeit, und es wird immer »teurer«, nicht Vollzeit zu arbeiten (Conley 2009: 94). Das heißt: Wenn wir mehr verdienen, wird zugleich der (theoretische) Einkommensverlust größer, den wir hinnehmen müssten, wenn wir weniger arbeiten würden. So kommt es, dass auch in der Mitte trotz steigender Einkommen und wachsender Konsum- und Freizeitmöglichkeiten die Orientierung auf Arbeit und Erwerb anhält. Konsum und Arbeit müssen also nicht in unterschiedliche Richtungen weisen. Die Mitte tendiert eher dazu, mehr zu arbeiten *und* mehr zu konsumieren, nimmt dafür allerdings Einbußen bei der Freizeit in Kauf.

Die Stabilitätszone der Mitte

Die Mittelschicht war lange Zeit kein großes Thema in den politischen Diskussionen der Bundesrepublik, immerhin galt sie ja vielen als zuverlässige und »robuste *Stabilitätszone* der Gesellschaft« (Vogel 2009: 39). Die Angehörigen dieser Schicht waren verlässliche Bürger, Wähler, Arbeitnehmer und Konsumenten. Auch in der Mitte selbst hatte sich eine Mentalität der wohligen Sicherheit ausgebreitet. Vom Markt generierter Wohlstand und staatlich garantierte Sicherheit schienen sich auf kongeniale Weise zu ergänzen. Nicht, dass es gar keine sozialen Gefährdungen mehr gegeben hätte, die individuelle Lebenswege erschüttern konnten. Doch die kollektive Aufstiegserfahrung überstrahlte die verbleibende Restunsicherheit. Erreichbare Verbesserungen für alle und begründete Aufstiegshoffnungen waren die zentralen Legitimationsformeln dieser Zeit. Das hatte auch Rückwirkungen auf den alten Klassenkonflikt, dessen Quell über lange Zeit die Verarmung der Massen gewesen war. Stattdessen entstand nun eine »Mehrheitsklasse derer […], die dazugehören und daher hoffen können, viele ihrer Lebensabsichten ohne grundlegende Veränderungen bestehender Strukturen zu verwirklichen« (Dahrendorf 1992: 169).

Diese gesicherte Mehrheitsklasse war von vielen Dingen entlastet, die den Beziehern kleiner Einkommen oder den Menschen im Abseits Sorgen bereiten. Über eine angemessene Sicherung im Alter, die Zahlung der nächsten Miete, steigende Heizkosten, das Geld für den Nachhilfeunterricht der Kinder – darüber musste sich die Mittelschicht in der Bundesrepublik nicht länger den Kopf zerbrechen. Die Arbeitsverhältnisse waren standardisiert und tarifrechtlich abgesichert, die schulische, berufliche und universitäre Ausbildung garantierte praktisch den sozialen Aufstieg, der steigende Pegel der wirtschaftlichen Erträge trug viele Menschen sanft mit nach oben. Und wo der Markt allein das Auskommen nicht sicherte, sprang einem der sorgende Staat zur Seite und kompensierte soziale Risiken. Statussorgen gab es in der Mittelschicht allenfalls an den Rändern und in Übergangszonen. Die Mehrzahl der Menschen blickte optimistisch in die Zukunft. Irgendwie fühlte sich (fast) die ganze Bundesrepublik wie nach einem ausgiebigen Sonntagsmahl: satt, saturiert und zufrieden.

2. Erschütterungen der Mitte

Winfried Händel (Name geändert) zieht seine Rechnungsordner aus dem Regal und hört gar nicht mehr auf zu erzählen. Die Ordner enthalten, säuberlich dokumentiert, alle Stationen seines »Niedergangs«, wie er seine Abstiegskarriere nennt: Rechnungen, Schreiben seines ehemaligen Arbeitgebers, die Korrespondenz mit der Arbeitsagentur. Der eloquente Mann Mitte fünfzig aus Monheim am Rhein hatte sein Leben viele Jahre lang im Griff und war als Softwareentwickler erfolgreich. Er verdiente gutes Geld, kaufte für die vierköpfige Familie ein großzügiges Eigenheim und hat viel von der Welt gesehen. Jährlich zwei Fernreisen mit der Familie und Wandertouren mit alten Freunden waren der Standard. Vor seinem Haus parkte ein Audi A8. Als die Firma 2006 nach Berlin umzog und sich im Zuge dessen verkleinerte, widerfuhr ihm das Schicksal vieler, die aus der Normalexistenz herausfallen und nicht wieder auf die Beine kommen. Der Versuch, sich freiberuflich durchzusetzen, scheiterte und mündete in Verschuldung. Für einen neuen Job erwies er sich als zu alt: Weder hatte er die erforderlichen Spezialisierungen, um mit den jungen Programmierern konkurrieren zu können, noch die Zusatzqualifikationen und Erfahrungen, die für eine Stelle im Management erforderlich sind. Mit dem Arbeitslosengeld kam die Familie noch zurecht, aber mit der Grundsicherung wurde es eng. Reisen mussten gestrichen, die Ersparnisse aufgebraucht, das Auto abgeschafft, die Kinder vom Musikunterricht und vom Reiten abgemeldet werden. Frau Händel sah sich nach einer Teilzeitbeschäftigung um, doch das erwies sich als schwierig. Dann wurde die Familie von der Arbeitsagentur aufgefordert, sich eine angemessene Wohnung zu suchen und das große und teure Haus aufzugeben. Sie zogen in ein kleineres Dorf in der Nähe, die Kinder mussten die Schule wechseln. Eines Tages fand sich Winfried Händel beim Verteilen von Reklameprospekten wieder. »Ich hätte nie geglaubt, wie schnell das alles gehen kann«, sagt er heute.

Seit geraumer Zeit ist von der Erosion der Mitte die Rede. Statt vom saturierten Wohlstand spricht man nun von neuen Risiken und Wohlstand auf Abruf. Statt von Sicherheit von Unsicherheit. Statt von kollektivem Aufstieg von Statuspanik und beschränkten Lebenschancen. Es scheint fast so, als komme der Mittelschicht genau jene Selbstgewissheit abhanden, die sie sich im Laufe der vergangenen Jahrzehnte angeeignet hat. Die Selbstverständlichkeit, mit der man Erwartungen an die eigenen Lebenschancen sowie die der eigenen Kinder richten durfte, ist verschwunden. Der im Sommer 2010 verstorbene britische Historiker Tony Judt hat das Westeuropa der Nachkriegszeit in einem Interview einmal als »Sicherheitssektor« bezeichnet (FAZ vom 1. Dezember 2006, S. 46), als einzigartige Konstellation, basierend auf der Idee der ewigen Sicherheit, des endlosen Wohlstands und dauerhaft eingehegter Ungleichheiten. Es war wie ein Leben unter einem Schutzschild, weitgehend immun gegenüber den Härten der restlichen Welt. Jetzt ist dieses Programm an ein Ende gelangt, es scheint fast so, als hätten wir die Sicherheitszone verlassen. Die Mittelschicht, die wir kannten, verändert sich: ihr Sicherheitsgefühl, die ihr eigenen Erwartungen an Stabilität und Wohlstandsmehrung. Zwar hängen Wohl und Wehe der Mittelschicht an der wirtschaftlichen Entwicklung, doch selbst mehr Wachstum, höhere Einkommen und neue Jobs vermögen das Wohlstandsgefühl der achtziger Jahre nicht wiederaufleben zu lassen. Die Mitte ist verunsichert ob dessen, was da kommen mag.

Der kurze Traum des dauerhaften Aufstiegs

Warum ist unserer Gesellschaft, und insbesondere der Mittelschicht, der optimistische Grundton verloren gegangen? Die Ursachen sind vielfältig. So haben wir erlebt, wie der Glaube an die Steuerbarkeit der gesellschaftlichen Entwicklung und der Fortschrittsoptimismus ganz allgemein entzaubert wurden. Die Gesellschaft ließ sich nicht einfach beherrschen wie ein kybernetisches System, trotz der Vervielfachung des Wissens und der Erhebung immer neuer Indikatoren. Wir wissen zwar immer mehr über die Einzelteile des gesellschaftlichen Organismus, aber immer weniger darüber, wie diese im Großen und Ganzen zusammenhängen. Schon lange vor der Wirtschafts- und Finanzkrise konnte man überdies an vielen Orten die »Grenzen des Wachstums« beobachten. Das betraf nicht nur Fragen von Ökonomie und Ökologie, sondern auch die Grenzen der Bildungsexpansion oder des Wohlfahrtsstaates. Anschlussfragen traten auf den Plan: Warum stagniert trotz wirtschaftlichen Wachstums die Lebensqualität? Warum führt die Bildungsexpansion nicht zum Abbau von Bildungsungleichheit? Warum werden viele Privatleute immer reicher, während Bund, Ländern und Kommunen das Geld ausgeht? Warum bestehen Probleme der Deprivation und Mangellagen trotz umfangreicher staatlicher Transferprogramme fort? Wie konnte es dazu kommen, dass Finanzmärkte der Politik diktieren, was sie zu tun und zu lassen hat?

Die Skepsis bezüglich der Frage, inwieweit wir den Wohlstands- und Wachstumspfad auch in Zukunft in gewohnter Weise beschreiten können, wächst. Viele Autoren attestierten dem Kapitalismus zwar schon vor 30 oder 40 Jahren eine immanente Krisenanfälligkeit, doch dieser Diskurs erscheint im Rückblick als Jammern auf hohem Niveau, als akademische Begleitmusik, orchestriert von frühen, überwiegend linken Zweiflern. Die wachsende Diskrepanz zwischen Wachstum und Wohlstand hat Burkart Lutz in seinem 1984 veröffentlichten Buch *Der kurze*

Traum immerwährender Prosperität umfassend analysiert. Er prognostizierte eine zunehmende Entkopplung von ökonomischem Wachstum und gesellschaftlicher Wohlstandsdynamik. In der Folge würde es immer schwieriger werden, das kollektive Aufstiegsversprechen vom »Wohlstand für alle« einzulösen.

Zunächst hat sich das Tempo der wirtschaftlichen Entwicklung seit der Ölkrise Mitte der siebziger Jahre verlangsamt. Die Frage nach der Teilhabe am gesellschaftlichen Wohlstand ließ sich daher nicht länger einfach mit »Mehr für alle« beantworten. Zudem liefen Wachstum und allgemeiner Wohlstand zunehmend auseinander. Nicht nur lag das durchschnittliche Wachstum in Deutschland von 1970 bis 2010 unterhalb dem vergleichbarer westlicher Länder, auch die Lohnentwicklung hinkte zunehmend den ökonomischen Wachstumsraten hinterher. Über längere Phasen hinweg (2001, 2004-2009) mussten die Arbeitnehmer sogar sinkende Reallöhne hinnehmen – dies ist beispiellos in der Geschichte der Bundesrepublik. Nach Angaben von Markus Grabka vom Deutschen Institut für Wirtschaftsforschung (DIW) ist das preisbereinigte Nettoeinkommen der Arbeitnehmer von 2000 bis 2009 um 4,5 Prozent gesunken, in den unteren Einkommensgruppen sogar noch stärker. Ob Lohnzuwächse in jüngeren Jahren und die Lohnrunde 2012 wirksame und dauerhafte Gegentrends auslösen, ist noch weitgehend offen. Eine Studie der Unternehmensberatung McKinsey (2008) geht davon aus, dass ohne deutliches Wachstum (über drei Prozent) die Bevölkerungsgruppe mit mittleren Einkommen schrumpft und weiterhin von der allgemeinen wirtschaftlichen Entwicklung abgekoppelt bleibt, weil die mittleren Einkommen geringer wachsen als das Bruttoinlandsprodukt pro Kopf. Dazu kommen die von der öffentlichen Hand angehäuften Schulden, die langfristig wie Wohlstandsbremsen wirken und noch über Generationen hinweg zu größeren Belastungen der Mittelschichthaushalte führen werden, selbst wenn der Staat zum Teil bei den eigenen Bürgern verschuldet ist. Bei den wichtigen Wohlstands- und

Wohlfahrtsproduzenten Markt und Staat knirscht also der Sand im Getriebe, das »Glücksversprechen immerwährender Wohlstandsvermehrung« (Miegel 2010: 60) können sie kaum noch glaubwürdig vertreten. Der Fahrstuhl scheint irgendwo festzusitzen, der Wohlstands- und Aufstiegsautomatismus funktioniert nicht mehr.

Die Ungleichheitsschere öffnet sich

Es geht allerdings nicht nur um die Größe des Kuchens (also das Wachstum), sondern immer auch darum, wer wie viel davon abbekommt. Das heikle Thema der Verteilung ist ideologisch aufgeladen und hoch emotionalisiert. Denjenigen, die eine ausgewogene Verteilung befürworten, wird nicht selten vorgeworfen, solche Forderungen seien neidbesetzt und würden diejenigen bestrafen, die als Leistungsträger für die Gesellschaft unverzichtbar sind. Etwas nüchterner kann man über diese Dinge diskutieren, wenn man auf Verteilungstrends schaut und nach ihren Ursachen fragt. Der Ökonomie-Nobelpreisträger Simon Kuznets (1955) nahm noch in den fünfziger Jahren an, es gebe eine historische Entwicklung hin zu weniger Ungleichheit. Er konnte zeigen, dass die Einkommen in vorindustriellen, agrarisch geprägten Gesellschaften relativ gleich verteilt waren. Im Zuge der Industrialisierung und der Abwanderung der Menschen in die Städte wuchs die Ungleichheit dann an. Sie verringert sich allerdings wieder, wenn die meisten Beschäftigten in industriellen Sektoren mit relativ hohen Löhnen tätig sind. Wirtschaftswissenschaftler sprechen hier von der umgekehrten U-Funktion. Seit den achtziger, spätestens seit den neunziger Jahren ist diese Tendenz allerdings zum Stillstand gekommen. Mehr noch: Sie kehrte sich sogar um, was oft als »Great U-Turn« bezeichnet wird (Harrison/Bluestone 1988). In vielen westlichen Ländern steigt die Einkommensungleichheit seither spürbar an. Die englischsprachigen OECD-Länder wie die USA und Großbritannien sind schon seit den siebziger Jahren von einem Trend zu mehr Ungleichheit erfasst, spätestens seit den neunziger Jahren hat diese Entwicklung aber auch auf Länder mit einer traditionell eher ausgeglichenen Verteilungsstruktur übergegriffen, so etwa auf Dänemark, Schweden oder Deutschland (OECD 2008; OECD 2011). Zwar gibt es wissenschaftliche Kontroversen über Stärke und genauen Verlauf der Entwicklung, doch dass sich die Schere der Einkommensungleichheit seit den achtziger Jahren geöffnet hat, ist ein gesicherter Befund. Wir beobachten dabei, dass die Ungleichheit sowohl in traditionell ungleichen wie auch in eher gleichen Gesellschaften steigt, dass die Entwicklung hin zu mehr Ungleichheit trotz Beschäftigungswachstum anhält und dass dieses Ungleichheitswachstum sowohl in Phasen der Rezession wie auch des Booms festzustellen ist.

Gerade im internationalen Vergleich sticht die Situation in Deutschland dabei hervor. In der großen OECD-Studie *Mehr Ungleichheit trotz Wachstum?* (eleganter ist der englische Titel *Growing Unequal?*) heißt es:

> »Seit dem Jahr 2000 haben in Deutschland Einkommensungleichheit und Armut stärker zugenommen als in jedem anderen OECD-Land. Der Anstieg zwischen 2000 und 2005 übertraf jenen in den gesamten vorherigen 15 Jahren (1985-2000). Die steigende Ungleichheit ist arbeitsmarktinduziert. Einerseits nahm die Spreizung der Löhne und Gehälter seit 1995 drastisch zu – notabene nach einer langen Periode der Stabilität. Andererseits erhöhte sich die Anzahl der Haushalte ohne jedes Erwerbseinkommen auf 19 % – den höchsten Wert innerhalb der OECD. Ebenso ist der Anstieg der Ungleichheit auf Änderungen in der Haushaltsstruktur zurückzuführen, wie etwa die Zunahme von Single-Haushalten und Alleinerziehenden.« (2008: 1)

Der Gini-Koeffizient, das wichtigste Maß zur Messung von Einkommensungleichheit, lag hierzulande 2005 um sieben bis acht Prozent höher als Mitte der achtziger Jahre. Zwischen 2005 und

2009 gab es noch einmal einen deutlichen Anstieg (Goebel et al. 2009, SOEP Monitor 2010). Diese Polarisierung lässt sich zum einen darauf zurückführen, dass die Besserverdienenden sich von der Mitte abgesetzt haben, zum anderen darauf, dass die unteren Einkommensgruppen abgehängt wurden. Die Relation der Einkommenssumme derjenigen im oberen Einkommensfünftel zu denjenigen im unteren Fünftel ist zwischen 1999 und 2009 von 3,6 auf 4,3 gestiegen (ISG 2011: 17). Die Politik hat diese Entwicklung nicht gebremst, im Gegenteil. Die höheren (und ganz hohen) Einkommen wurden steuerlich massiv entlastet (der Spitzensteuersatz sank beispielsweise in mehreren Stufen von 56 Prozent im Jahr 1990 auf 42 Prozent). Die Mehrwertsteuer, die die kleinen Einkommen besonders belastet, wurde dagegen erhöht. Für die USA, wo die Polarisierung noch wesentlich dramatischer zugenommen hat, sprechen Jacob Hacker und Paul Pierson (2010) von einer politisch gewollten Öffnung der Ungleichheitsschere und einer daraus folgenden »Hyperkonzentration« der Einkommen im Top-Segment (also bei dem berühmten einen Prozent, welches inzwischen ein Viertel des gesamten nationalen Einkommens bezieht und seinen Einkommensanteil damit in 25 Jahren mehr als verdoppeln konnte). Das erklärt auch den auf den ersten Blick paradoxen Befund, dass Bezieher besonders hoher Gehälter nach wie vor den größten Teil der Einkommenssteuer zahlen, obwohl ihr Steuersatz drastisch gefallen ist – ihre Entgelte sind einfach derart steil in die Höhe geschossen. Andere Gruppen stagnieren dagegen auf niedrigem Niveau.

Die wachsende Ungleichheit hängt aber auch mit veränderten Bildungs- und Partnerschaftsmustern zusammen. Gemessen an den fünfziger oder sechziger Jahren erwerben immer mehr Frauen die Hochschulreife, sie studieren, und ihre Erwerbsbeteiligung nimmt zu. Zusammen mit der sogenannten »Homogamie-Neigung« (Menschen suchen sich häufig Partnerinnen und Partner mit vergleichbarem Bildungshorizont oder Beruf) führt das dazu, dass die Ungleichheit zwischen einzelnen Haushalten weiter akzentuiert wird (Blossfeld 2007, Schröder 2011). Im Rahmen der klassischen »Hausfrauenehe« lebten in der Regel ein besser verdienender Mann und eine Frau ohne eigenes Einkommen zusammen. Teilte man dieses durch die Anzahl der Haushaltsmitglieder, relativierte sich das hohe Gehalt des Mannes. Wenn nun allerdings eine hoch qualifizierte Frau mit einem attraktiven Job einen ebenfalls gut verdienenden Mann heiratet, sieht die Sache natürlich ganz anders aus. Kurz: Wenn Gutverdiener und Geringverdiener jeweils unter sich bleiben, öffnet sich die Ungleichheitsschere.

Die wichtigsten Ursachen für das Anwachsen der Ungleichheit sind jedoch die Entwicklung des Arbeitsmarkts und die zunehmende Lohnspreizung. Nach einer langen Phase relativer Stabilität der Lohnabstände gibt es nun wachsende Disparitäten, wobei neben der Stagnation der Mitte die Aspekte der Armut trotz Vollbeschäftigung (»working poor«) und die »Abkopplung der ›happy few‹ am oberen Ende der Ressourcenverteilung« (Diewald 2010: 218) zu den zentralen Problemen gezählt werden können. Sowohl innerhalb als auch zwischen den Berufsgruppen nehmen die Unterschiede zu (Giesecke/Verwiebe 2009: 540). In diesem Zusammenhang ist ein zunehmendes Auseinanderdriften der Regionen von Relevanz, was als »Regionalisierung sozialer Ungleichheit« bezeichnet werden kann. Die Formel gleicher Lohn für gleiche Leistung stimmt nicht mehr, weil die Höhe des Lohns stark an den jeweiligen regionalen Kontext gekoppelt ist. Für einen Job als Babysitter oder Hausmeister bekommt man im Ruhrgebiet oder in Vorpommern deutlich weniger Salär als im wohlhabenden Hochtaunuskreis.

Vielfach herrscht die Meinung vor, das Auseinanderlaufen der Löhne ließe sich allein auf Unterschiede im Humankapital zurückführen. Dass Ausbildung und Berufserfahrung sich in der Lohnhöhe niederschlagen sollen, ist gesellschaftlicher Konsens. Der Anreiz, länger die Schulbank zu drücken oder einen höheren Bildungsabschluss zu machen, besteht für viele ja gerade darin, dass sich damit höhere Marktrenditen erzielen lassen. Ein Universitätsabschluss in der OECD-Welt bringt statistisch ein um 180 000 Dollar höheres Lebenseinkommen, in manchen Ländern sind es gar über 300 000 Dollar. Mit der Bildung steigen auch die Produktivität und damit die gezahlten Löhne. Die Lohndynamik der jüngeren Jahre wird deshalb in der Regel mit einem wachsenden Gefälle zwischen qualifizierter und gering qualifizierter Arbeit, technologischem Wandel, dem Schrumpfen industrieller Kernbereiche, der Ausbreitung des Dienstleistungssektors und verschärftem globalen Wettbewerb erklärt.

Zwar ist die Produktivität für Einkommensunterschiede durchaus relevant, sie erklärt die wachsenden Lohnabstände allerdings nur unvollständig: Es gibt keinen ausschließlich markt- oder produktivitätsbasierten Lohnfindungsmechanismus, der das Gehalt von Bankern wie Josef Ackermann festlegt. Es wäre auch kaum möglich, Steigerungen der Wirtschaftskraft oder des Börsenwerts eines Unternehmens individuell zuzurechnen. Die Polarisierung der Einkommen geht unter anderem gerade auf eine tendenzielle Entkopplung von Entlohnung und Produktivität zurück (Giesecke/Verwiebe 2009; Groß 2009), wobei die Gruppen der Investmentbanker und Spitzenmanager herausstechen. Sie verhandeln ihre Gehälter außertariflich, nehmen großzügige Boni, Zuschläge und Pensionsansprüche in Anspruch, lassen sich Kündigungen vergolden usw. Da sie ihre Bezüge ausschließlich mit ihresgleichen aushandeln, haben wir es hier mit einem Spiel zu tun, bei dem sich Angehörige einer Gruppe gegenseitig die größten Kuchenstücke in den Mund schieben. Nicht allein der Markt regiert, sondern auch die Kartelle der Macht und das Dickicht der guten Beziehungen.

Am extremsten ist diese Entwicklung in den Führungsetagen der Unternehmen. Vorstände können ihre Gehälter weitestgehend selbst bestimmen. 2010 verdiente der Vorstandsvorsitzende eines DAX-Unternehmens im Durchschnitt 4,27 Millionen Euro im Jahr, so weisen es die Geschäftsberichte aus. Das Verhältnis der Pro-Kopf-Gehälter von Vorständen und Mitarbeitern ist von 1987 bis 2007 im Durchschnitt vom 14- auf das 49-fache gestiegen. Die Vorstandsvorsitzenden wiederum erreichen in zahlreichen Fällen zwei oder gar drei Mal mehr als der Vorstandskollege mit dem zweithöchsten Entgelt. So verdienen einzelne Führungskräfte heute über 100 Mal mehr als ein durchschnittlicher Mitarbeiter ihres Unternehmens (vgl. Schwalbach 2009). Interessanterweise wird dabei ein wichtiger Teil der Gratifikationen vor der Öffentlichkeit versteckt: die immensen Pensionszusagen. Diese machen zwar einen bedeutenden Anteil an der Gesamtvergütung aus, bleiben bei allen Diskussionen um die Transparenz der Managergehälter jedoch in der Regel außen vor.

Angesichts solcher Zahlen ist man oft geneigt, den altbackenen Begriff des Anstands zu reanimieren. Frappierende Beispiele gibt es in Hülle und Fülle: Wenn Utz Claassen nach wenigen Jahren in der Führungsetage von EnBW und mit einem Jahressalär von über vier Millionen Euro bis zum 63. Lebensjahr ein jährliches Übergangsgeld in Höhe von 400 000 Euro für sich reklamiert oder nach nur 74 Tagen (und geschätzten 15 Tagen im Büro) bei Solar Millenium wieder hinwirft, obwohl er nach Angaben der Firma eine »Antrittsprämie« von über neun Millionen Euro erhalten hat, ist etwas faul. Wenn man bedenkt, dass er außerdem noch ein Buch veröffentlicht hat, in welchem er die Deutschen auffordert, den Gürtel enger zu schnallen und härter zu arbeiten, kann man nur noch staunen. Für weite Teile der Mittelschicht handelt es sich hier um gravierende Verstöße gegen ihre Vorstellungen von Leistung und Gegenleistung, von ehrlicher Arbeit und fairer Entlohnung (Schrenker/Wegener 2007).

Das sehen natürlich nicht alle so, und die Gewinner verweisen häufig ganz lapidar auf die Kräfte des Marktes. Ungleichheit sei gleichsam naturwüchsig, sie ergebe sich nun einmal aus dem

Mechanismus von Angebot und Nachfrage. Zudem stellen sie die wohltuenden Wirkungen der Ungleichheit heraus. Ein Standardargument lautet: Wenn man die produktiven Spitzenleute belohnt, profitieren letztlich alle davon, weil die Märkte dann effizienter arbeiten. Mit anderen Worten: Wenn man sie gewinnen lässt, gewinnen am Ende alle. Wenn größere Ungleichheit bedeutet, dass der Kuchen schnell und sichtbar größer wird, so dass auch die mittleren und unteren Einkommensgruppen etwas davon haben, dann empfinden wir dieses Argument zunächst als durchaus akzeptabel. Leider greift der skizzierte Zusammenhang nicht immer, und dass er gerade in der aktuellen Situation an Plausibilität einbüßt, liegt auf der Hand. Wenn es oben Zuwächse von 20 bis 30 Prozent gibt, während in der Mitte und unten Verluste hingenommen werden müssen, hat die Ungleichheit offenkundig nicht die segensreichen Wirkungen, die man ihr unterstellt.

Der amerikanische Politikwissenschaftler Lane Kenworthy (2011) hat dieses Argument einmal am Beispiel von Baseball-Mannschaften durchgespielt. Was passiert, wenn einige wenige Stars Millionen abräumen? Steigt dann auch das Einkommen der Teamkollegen, weil die Einnahmen aus Fernsehrechten, Ticketverkäufen oder Merchandising wachsen und davon auch etwas in ihre Taschen fließt? Können sie in der Soziusposition von den Einkommen der Spitzenspieler profitieren, weil der Verein insgesamt höhere Gewinne macht? Kenworthy hat die Gehälter aller Spieler der Major League Baseball für die Jahre 1989 bis 2007 analysiert und dabei jeweils die Einkommen der drei bestbezahlten Spieler eines Teams mit denen der fünf Kollegen in der Mitte der Gehaltstabelle verglichen. Resultat: In den vergangenen 20 Jahren ist sehr viel Geld in die Liga geflossen, so dass sich die Bezahlung der Spieler insgesamt verbessert hat. Selbst die fünf Spieler in der Mitte der Skala verdienten im Schnitt eine Million mehr als 1989. Die Zuwächse bei den Stars haben sich allerdings nicht in bessere Einkommen für den Rest übersetzt.

Die hochbezahlten Topspieler nehmen mehr vom Kuchen, als sie zu seinem Größerwerden beitragen. Ein Beispiel: Auf die drei prominentesten Spieler der San Francisco Giants entfielen 1989 22 Prozent des gesamten Topfs, der für Gehälter zur Verfügung stand; bis 2007 stieg ihr Anteil auf sage und schreibe 40 Prozent, während die Spieler in der Mitte allenfalls mäßige Zugewinne erzielten. Besser erging es der Mitte in Teams, deren Stars zwar mehr verdienten, aber eben nicht so viel mehr, dass ihre Kameraden sie aus den Augen verloren. Man kann diese Überlegungen aufs Showgeschäft oder den Kunstbetrieb übertragen: Superdeals für Harald Schmidt oder Stefan Raab nutzen den Moderatoren eines lokalen Radiosenders genauso wenig wie 11,2 Millionen Dollar für Gerhard Richters »Düsenjäger« darbenden Künstlern in Berlin.

Auf solchen Märkten gewinnen immer nur wenige, selbst wenn die ursprünglichen Qualitäts- oder Leistungsunterschiede eher gering sein mögen. Die Topverdiener gewinnen dabei allerding viel, sehr viel. Der britische Soziologe Anthony Giddens illustriert diesen Mechanismus mit folgendem Beispiel:

> »Ein Top-Tennisspieler mag nur geringfügig talentierter sein als seine Konkurrenten, aber dieser winzige Vorteil verschafft ihm unverhältnismäßig höhere Einnahmen. Ein Spieler auf einem der ersten Plätze der Weltrangliste kann Millionen verdienen; ein anderer, ihm fast ebenbürtiger, der hundert Plätze weiter unten steht, hat vielleicht Mühe, mit dem Tennisspielen überhaupt einen bescheidenen Lebensunterhalt zu finanzieren.« (2000: 131)

Für die Mittelschicht heißt das, dass sie vom Geldregen in den Führungsetagen wenig hat. Für die USA sprechen Hacker und Pierson (2010) von einer »Winner-takes-all-Gesellschaft«, die es erlaubt, dass die Spitzen die Gewinne abräumen, während für die Mitte kaum etwas übrig bleibt. Langfristig entsteht dadurch eine Schicht abgehobener und sehr mächtiger Superreicher. Problematisch sind solche Winner-takes-all-Märkte insbesondere, weil sie langfristig den offenen Wettbewerb unterhöhlen und der Entstehung monopolistischer Strukturen Vorschub leisten. Sie tragen gleichfalls dazu bei, dass enorme Unterschiede in der politischen Machtverteilung entstehen und einige wenige Personen überproportional viel Einfluss gewinnen können. Unter anderem aus diesem Grund können sich viele Menschen immer weniger mit einer ungleichen Gesellschaft anfreunden, in der wenige exorbitant viel verdienen und sich die anderen den Rest teilen müssen (Frank/Cook 1996).

Die schrumpfende Mitte

Parallel zu dieser Polarisierung vollzieht sich ein weiterer besorgniserregender Prozess: Die Gruppe der Empfänger mittlerer Einkommen wird kleiner. Markus Grabka vom DIW sieht einen eindeutigen Trend der Mittelschichtschrumpfung, der unter anderem durch das Öffnen der Ungleichheitsschere verursacht ist. Auf Grundlage des sozio-ökonomischen Panels, einer Langzeitbefragung, die seit 1984 mit rund 11 000 deutschen Haushalten durchgeführt wird, lässt sich berechnen, wie sich das Volumen der Mitte genau verändert hat. Legt man die oben bereits angesprochenen Grenzen von 70 und 150 Prozent des (nach Haushaltsmitgliedern gewichteten) Medianeinkommens zugrunde, gehörten in den achtziger Jahren relativ stabil etwa 64 Prozent der Westdeutschen zur Mitte, im wiedervereinigten Deutschland waren es im Jahr 1992 ca. 62 Prozent oder knapp 50 Millionen Menschen. Bis zur Jahrtausendwende stieg diese Zahl leicht an, seitdem wird die Mitte kleiner (Grabka/Frick 2008). Neuere Zahlen zeigen: Von 1999 auf 2009 schrumpfte der Anteil der Mittelschicht an der Gesamtbevölkerung von 64 auf 59 Prozent, wir reden dabei von 4,5 Millionen Personen bzw. neun Prozent der Menschen, die zehn Jahre zuvor noch zur Mitte gehörten. Besonders betroffen waren von dieser Entwicklung die Angehörigen der unteren Mittelschicht (70 bis 90 Prozent des Medianeinkommens) (Grabka 2011). In der Unterschicht gab es dagegen eine Zunahme von 18 auf 22 Prozent; die obere Einkommensschicht wuchs bis zur Krise leicht und wurde dann wieder etwas kleiner.

Wenn wir andere Mittelschichtindikatoren wie Bildung oder beruflichen Status betrachten, fällt die Bewertung weniger eindeutig aus. Mit einem Mehr an Bildung und qualifizierten beruflichen Tätigkeiten wirkt es fast so, als würde der Mittelschichtbauch immer noch wachsen. Immerhin werden die »gebildeten« Schichten allein aufgrund des demografischen Wandels deutlich größer: Ältere Menschen weisen oft eine eher niedrige formale Bildung auf, während die nachwachsenden Generationen häufig eine typische Mittelschichtausbildung durchlaufen haben (ISG 2011: 18 ff.). Das alles klingt prinzipiell nach »mehr Mitte«, nicht nach Schrumpfung, möchte man meinen. Bei einer solchen Interpretation ist jedoch Vorsicht geboten, da sich die genaue Position in der Statushierarchie erst aus einem Zusammenspiel mehrerer Faktoren ergibt. Ein Mehr an Bildung bedeutet zunächst auf der kollektiven Ebene ein Mehr an Bildungstiteln und -zertifikaten, dadurch werden diese aber zugleich tendenziell entwertet. Ein Hochschulabschluss beispielsweise ist heute zwar immer noch eine notwendige, aber längst keine hinreichende Bedingung mehr, wenn es darum geht, in die obere Mittelschicht vorzustoßen. Das bedeutet zugleich, dass sich der Anteil der Hochgebildeten auch in den unteren Einkommensklassen erhöht (ebd.). Und natürlich können Menschen mit geringer Bildung nach wie vor in die Mittelschicht aufsteigen, wenn sie berufliche Erfolge vorzuweisen haben. So wissen wir beispielsweise aus Befragungen zur subjektiven Schichteinstufung, dass sich in der Gruppe der Menschen, die höchstens über einen Hauptschulabschluss verfügen, immerhin 47 Prozent der Mittelschicht zurechnen, während 15 Prozent der Personen mit Abitur oder Fachhochschulreife angeben, zur Arbeiter- oder Unterschicht zu gehören (Noll/Weick 2011).

Auf- und Abwertungen beobachten wir auch im Feld der Berufe: Je mehr qualifizierte Tätigkeiten es gibt, desto weniger können diese automatisch einen gehobenen Status vermitteln. Parallel werden neue Tätigkeitsfelder (etwa das Investmentbanking) aufgewertet, während andere Berufe geradezu massenhaft deklassiert werden. Journalisten sind hier ein gutes Beispiel. Es gibt natürlich immer noch Leitartikler, Edelfedern und prominente politische Journalisten, die von ihrer Arbeit sehr gut leben können und hohes Ansehen genießen; ihnen steht aber ein wachsendes Heer freier Journalisten gegenüber, deren Arbeitsbedingungen und Entlohnung sich sukzessive verschlechtern (Gottschall 1999). Mit einem Zeilenhonorar zwischen 80 Cent und einem Euro kann man es kaum zu Wohlstand bringen; tatsächlich kommt nur eine Minderheit der freien Journalisten über einen Jahresnettoverdienst von 30 000 Euro hinaus. Daher ist bereits vom neuen »Medienprekariat« die Rede: schlecht bezahlt, auf unsicheren Märkten, ohne langfristige Planbarkeit und Perspektive.

Die abstrakten Kategorien von Bildung und Beruf sind heute also nur bedingt aussagekräftig, wenn es um die Erfassung der tatsächlichen Lebensbedingungen geht. Zudem handelt es sich dabei um Merkmale von Individuen, über die Situation eines Haushalts insgesamt verraten sie wenig. Insofern ist es trotz aller methodischen Bedenken und Verengungen sinnvoller, sich das Haushaltseinkommen anzusehen, wenn man die Lage einer Familie, eines Haushalts oder eben der Mittelschicht insgesamt beschreiben und einschätzen möchte. Kritiker der These vom Schrumpfen der Mittelschicht monieren, dass dieser Trend nicht besonders stark sei (Enste et al. 2011, ISG 2011). Und in der Tat: Von einer exorbitanten Verkleinerung der Mittelschicht kann derzeit noch nicht die Rede sein. Einige wenige Prozentpunkte in einem Jahrzehnt, was ist das schon? Dennoch: Dass die Mittelschicht überhaupt schrumpft, ist ein vollkommen neues Phänomen, welches einen Bruch mit dem lange gültigen Wachstums- und Wohlstandsmodell darstellt. Die Vermeidung allzu großer

Einkommensunterschiede und die kollektive Teilhabe an den wirtschaftlichen Gewinnen waren lange Zeit die Garanten einer stabilen Mittelschicht. Nun scheint die Entwicklung in eine andere Richtung zu weisen, mit mehr Ungleichheit und größerer Polarisierung.

Ein weiterer Trend gibt Anlass zur Sorge: Die Mittelschicht wird zunehmend von staatlichen Leistungen abhängig. Ohne den Staat wäre sie über die Zeit noch stärker geschrumpft. Betrachtet man die Größe der Mitte nach den Markteinkommen (also die Einkommen ohne die Berücksichtigung von Steuern und Transfers), so ist der Mittelschichtschwund noch markanter. Eine Studie im Auftrag des Bundesministeriums für Arbeit und Soziales kam zu dem Ergebnis, dass die Gruppe in der Kategorie der mittleren Einkommen (70 bis 150 Prozent des äquivalenzgewichteten Medianeinkommens vor Steuern und Sozialtransfers) seit 1993 von 39 auf 31 Prozent abgenommen hat. Bezogen auf die vormalige Größe der Mittelschicht ist das ein Abschmelzen um mehr als 20 Prozent (ISG 2011: 17). Das heißt im Umkehrschluss, dass die Schrumpfung der Mittelschicht von Marktprozessen angetrieben wird und dass die Mitte ohne die Umverteilungs- und Kompensationsleistungen des Staates heute noch kleiner wäre, und zwar deutlich. Es bedeutet weiterhin, dass die Mittelschicht insgesamt transferabhängiger geworden ist. Zugleich wird die Mittelschicht stark zur Finanzierung des Sozialstaates herangezogen, sie ist nicht nur Nutznießer. Fachleute sprechen vom »Mittelstandsbauch« der Steuertarife, auch kalte Progression genannt. 1958 musste man den Spitzensteuersatz etwa ab dem 20-fachen des Durchschnittseinkommens entrichten, heute greift er bereits beim etwa Eineinhalbfachen des durchschnittlichen Verdiensts (Stern 2011). Für einen Teil der Mitte heißt das: Sie gelten als »Spitze«, ohne sich selbst so zu fühlen. Zugleich verschiebt sich ihre relative Position im Steuergefüge, verursacht vor allem durch die Anhebung des Grundfreibetrags und die deutliche Absenkung des Spitzensteuersatzes (ebd.). Damit sinkt der Nettoeinkommensabstand zu den ärmeren Gruppen, und der zu den Besserverdienenden steigt.

Der Trend eines Abbröckelns der Mitte lässt sich in vielen OECD-Ländern beobachten (Pressman 2007; Brandolini 2010). Dort finden ganz ähnliche Diskussionen statt wie hierzulande, die Situation ist allerdings oft deutliche dramatischer: In Italien spricht man vom *Malessere del ceto medio* (so im 2009 erschienenen Buch von Arnaldo Bagnasco), im englischsprachigen Raum von der *Shrinking Middle Class* (Collado 2010), in Frankreich von *Les Classes moyennes à la dérive* (Chauvel 2006). Vor allem in den USA verschärft sich das Problem: Viele Angehörige der Mittelschicht sind verschuldet, die Einkommen stagnieren, immer mehr Menschen sind von Arbeitslosigkeit bedroht. Amerikanische Wissenschaftler haben herausgefunden, dass sich das Risiko, innerhalb von zwei Jahren einen Einkommensverlust um 50 Prozent hinnehmen zu müssen, für eine typische Familie seit den siebziger Jahren mehr als verdoppelt hat (Hacker 2006). In den Ländern Südeuropas (und auch in Israel) gelten vor allem junge, qualifizierte Menschen, die sich in letzter Zeit immer wieder öffentlich zu Wort gemeldet haben, als verlorene Generation: überqualifiziert, unterbezahlt, oft arbeitslos. Es verwundert nicht, dass viele der Proteste der letzten Monate und Jahre von Angehörigen der gefährdeten Mittelschichten ausgingen, die ihre Lebenschancen schwinden sehen. Sie thematisieren die eingetrübten Aussichten auf dem Arbeitsmarkt, steigende Lebenshaltungskosten (inklusive der Kosten für Miete und Energie), die wachsende Kluft zwischen Arm und Reich, allgemeine Zukunftsängste, Kosten der Bildung, ihre Unzufriedenheit mit den Regierenden, mangelnde soziale und politische Teilhabe und den Rückbau des Sicherungsnetzes. Im Zuge der Banken- und Schuldenkrise ist zudem eine Bewegung entstanden, die sich gegen Überhitzungen und Fehlentwicklungen des Finanzsystems und die Rettung der Banken wendet. Dass im Bankensektor Profite privatisiert und Risiken sozialisiert werden, empfinden viele, denen zeitgleich eine Privatisierung von Lebensrisiken zugemutet wird, als geradezu grotesk. Hinzukommt, dass die Märkte, die die Verschuldung der öffentlichen Haushalte zum Anlass für Bonitätsabstufungen einzelner Länder nehmen, die Politik dazu drängen, weitere Schutzschirme aufzubauen, also zusätzliche Verschuldungsrisiken einzugehen. Für die (zukünftigen) Mittelschichten bedeutet dies, dass sie über Generationen hinweg an der Abtragung der so entstandenen Schulden beteiligt sein werden. Zugleich werden die Staaten in eine dauerhafte Austeritätspolitik hineingezwungen, welche die Ressourcen, die für eine umfassende Daseinsvorsorge und wohlfahrtsstaatliche Absicherung zur Verfügung stehen, begrenzt.

Während in vielen Ländern der westlichen Welt die Mittelschicht stagniert oder gar schrumpft, nimmt sie in den sogenannten BRIC-Staaten Brasilien, Russland, Indien und China rapide zu, ein Trend, der für das globale wirtschaftliche Wachstum mitverantwortlich ist. Auch was ihr zahlenmäßiges Volumen angeht, schicken sich die Mittelschichten dieser Länder an, den Westen zu überholen. Laut einer Studie der Investmentbank Goldman Sachs, die Menschen mit einem Jahreseinkommen zwischen 6000 und 30 000 Dollar zur Mitte rechnet, werden in Asien und Lateinamerika bald mehr Angehörige dieser globalen Gruppe leben als in den G7-Ländern (Wilson/Dragusanu 2008). Weltweit wächst die Mittelschicht demnach derzeit um etwa 80 Millionen Menschen im Jahr, 2030 werden rund 50 Prozent der Weltbevölkerung zu dieser Kategorie gehören (heute 29 Prozent), wobei sich der regionale Schwerpunkt dramatisch verschieben dürfte. Sollte sich diese Prognose bewahrheiten, wird China auch in dieser Hinsicht zum wichtigsten »Reich der Mitte«: 2030 wird das Land 18 Prozent der globalen Mittelschicht stellen (heute sind es noch vier Prozent), Deutschland nur noch zwei (heute sechs Prozent). Gemessen an der Gesamtbevölkerung des Riesenreichs sind 18 Prozent zwar immer noch recht wenig, sicher ist allerdings, dass die europäischen Mittelschichten dynamische

Konkurrenten bekommen werden. Die Strände der Côte d'Azur und die Ski-Ressorts der Rocky Mountains werden dann von Touristen aus anderen Kontinenten dominiert werden. Spitzenuniversitäten, Konsummärkte, Kulturinstitutionen wie Museen und Theater sowie das Verkehrs- und Transportwesen werden sich zunehmend auf diese neue Klientel ausrichten. Allerdings ist heute noch völlig unklar, ob die aufstrebenden Länder ein Rezept für die Aufgabe haben, Wachstum, sozialen Ausgleich und politische Partizipation auszutarieren und größere soziale Verwerfungen zu vermeiden.

Anderswo Wachstum, hier Stagnation: Es sieht so aus, als habe die Expansion der Mittelschicht in Europa ihren Zenit überschritten. Es kann gut sein, dass wir die einstmals ausgerufene (real vermutlich nie existierende) »nivellierte Mittelstandsgesellschaft« (Schelsky 1953) hinter uns lassen werden. Doch wohin verschwinden die Angehörigen der deutschen Mittelschicht? Mobilitätsanalysen zeigen, dass Ab- bzw. Aufstiege an den Polen der Einkommenshierarchie eher selten sind (vgl. Grabka/Frick 2008). Die einkommensstarken Gruppen sitzen fest im Sattel, Menschen in Deprivationslagen scheinbar unbeweglich in der Armutsfalle. In der Mitte hat die Stabilität jedoch abgenommen, wobei die Abwärtsmobilität überwiegt. Angehörige der Mittelschicht fallen eher nach unten, als dass sie aufsteigen. Allerdings muss man auch hier differenzieren: Die Entwicklung betrifft weniger die Beamten und qualifizierten Angestellten, sondern eher einfache Facharbeiter und Angestellte im Dienstleistungssektor (Groh-Samberg/Hertel 2010). Die obere und mittlere Mittelschicht sind deutlich weniger von Prekarisierung oder erhöhten Abstiegsrisiken betroffen als die untere Mittelschicht.

Die Wahrscheinlichkeit, zur Mittelschicht zu gehören oder dort zu verbleiben, hängt auch von der Lebensform oder Lebensphase ab, wobei Singles oder Paare ohne Kinder deutlich besser dastehen als Haushalte mit Kindern. Die Rentnerhaushalte sind insgesamt verhältnismäßig gut gestellt. Viele der aktuellen Rentner und Pensionäre gehören zur »goldenen Generation« der Bundesrepublik. Sie bekommen noch gute Leistungen aus der Rentenkasse, ihre Eigenheime sind in der Regel abbezahlt, vielleicht konnten sie nebenbei sogar ein kleines Vermögen akkumulieren. In der »Empty nest«-Phase nimmt ihr statistischer Wohlstand dann noch einmal zu. Deswegen verwundert es auch nicht, dass sich unter den Einkommensaufsteigern, also den Personen, die in die Gruppe derjenigen wandern, die über mehr als 150 Prozent des Medianeinkommens verfügen, auch viele ältere Paarhaushalte befinden.

Wenn freie Zeit und Geld zusammentreffen (und die Gesundheit mitspielt), kommt dabei meistens eine Leidenschaft fürs Reisen heraus. Mittelstandsrentner sieht man überall: mit lässig über die Schulter geworfenem Burlington-Pullover in der Sansibar auf Sylt, mit Trekkingsandalen und Funktionsklamotten in Meran, mit dem Kegelklub im ICE-Sprinter auf der Reise von Frankfurt nach Berlin. Doch auch die Population der Wohlstandsrentner wird tendenziell abnehmen: Erwerbsbiografien weisen immer mehr Brüche auf, der Staat zieht sich aus der Einkommenssicherung zurück, das Risiko der Altersarmut wächst. Relativ wohlhabende Rentner werden bald einer wachsenden Zahl älterer Menschen gegenüberstehen, die nahe am Existenzminimum leben.

Im Vergleich zur Gruppe der wohlhabenden Rentner stellt sich die Situation von Haushalten mit Kindern deutlich schlechter dar. Alleinerziehende waren schon immer eine »Problemgruppe«, weil sie nur begrenzt auf dem Arbeitsmarkt aktiv sein können. Ohne gut ausgebaute und flexible Infrastrukturen der Kinderbetreuung sind sie kaum in der Lage, sich eine Position in der gesicherten Mitte zu erobern. Doch auch »klassische« Familien sind nicht gegen Armut gefeit. Hier hängt vieles davon ab, ob beide Elternteile in Vollzeit erwerbstätig sein können. Haben beide einen Job, sinkt in der Regel das Armutsrisiko. Angesichts stagnierender Einkommen und der prekären Situation auf dem Arbeitsmarkt fallen jedoch gerade junge Familien immer häufiger aus der Mittelschichtschublade heraus. Die Zeiten, in denen ein (in der Regel dem Mann zufließendes) Einkommen ganz selbstverständlich für alle ausreichend Wohlstand versprach, sind passé. Mit jedem weiteren Kind sinkt das Pro-Kopf-Einkommen im Haushalt deutlich ab, zudem wirkt Nachwuchs sich oft wie eine Karrierebremse aus. In der Forschung spricht man von einer »Infantilisierung der Armut« (Hauser 1997: 76), weil das Armutsrisiko für Haushalte mit Kindern und Jugendlichen steigt. Es überrascht daher nicht, dass der Anteil der Familienhaushalte an der Einkommensmittelschicht über die Zeit kleiner wird (Grabka/Frick 2008). Dass sie abgehängt wurden, spüren Familien vor allem, wenn sie sich Wohnungen kaufen oder Häuser bauen wollen. In ländlichen Regionen und kleineren Städten mag das noch möglich sein, doch in Metropolregionen wie München oder Hamburg, wo sich die Quadratmeterpreise selbst in B-Lagen leicht auf 4000 oder 5000 Euro hochschrauben, ist das mit einem mittleren Einkommen kaum noch zu schaffen: Wenn für renovierungsbedürftige Einfamilienhäuser über 500 000 Euro auf den Tisch gelegt werden müssen, steigen Durchschnittsverdiener aus. Wer nicht von Eltern oder Verwandten großzügig unterstützt wird, hat hier kaum eine Chance. Solchen Menschen stellt sich dann bald die Frage, wer sich Investitionen in dieser Preisklasse überhaupt noch leisten kann.

Refeudalisierung sozialer Ungleichheit?

In einer Meritokratie (griechisch für Herrschaft der Fähigsten) gilt, dass Positionen, Güter und Belohnungen nach individueller Leistung vergeben werden sollen. IQ plus Talent plus Fleiß – so lautet die zentrale Formel für die Verteilung von Gratifikationen. Chancen sollen breit gestreut, Aufstiege für alle möglich sein. Doch wer entscheidet darüber, wer als fleißig, talentiert oder leistungsfähig gelten soll? In den westlichen Gesellschaften der Gegenwart wird diese Funktion vor allem an den Markt delegiert. Hier wird festgelegt, welche Leistungen knapp sind und daher belohnt werden sollen, hier wird die Produktivität von Personen »gemessen«, hier werden individuelle Anstrengungen und Investitionen (z. B. in Bildung) honoriert. So jedenfalls das Ideal eines effizienten, den allgemeinen Wohlstand befördernden Marktes, an dem sich viele seiner Verfechter orientieren.

Aber ist der Markt wirklich gerecht? Sind Leistung und Erfolg heutzutage wirklich so eng verkoppelt? Liest man die Studien des Soziologen Sighard Neckel, sind ernsthafte Zweifel angebracht. Neckel kann zeigen, dass der Markt sich in einer Weise verändert hat, die das Prinzip der Leistungsgerechtigkeit nach und nach unterminiert (2001b). Heute würden nicht länger allein die Menschen belohnt, die sich anstrengen und viel arbeiten; vielmehr komme es zunehmend darauf an, sich bietende Gelegenheiten clever zu nutzen. Solche Chancen können flüchtig sein, man denke beispielsweise an die Castingshows, die jungen Leuten quasi über Nacht zu (vergänglicher) Prominenz verhelfen. Ein anderer, struktureller Mechanismus, der hier eine Rolle spielt, ist die soziale Schließung. Darunter verstehen Soziologen seit Max Weber einen Prozess, im Zuge dessen Gruppen ihre Vorteile zu maximieren suchen, indem sie den Zugang zu Positionen und Privilegien auf einen begrenzten Kreis von Auserwählten beschränken. Soziale Schließung heißt: Monopolisierung von Chancen auf Erfolg; sie hebelt die Leistungsgerechtigkeit aus und sorgt dafür, dass Einzelne im Wettbewerb um begehrte Güter und Positionen einen entscheidenden Startvorteil haben.

Trotz solcher Einwände scheint der »Mythos Markt« jedoch gegen grundsätzliche Kritik immun zu sein. Skeptikern wird nicht selten unterstellt, sie wollten doch nur Neiddebatten führen (im Ausland gäbe es solche Diskussionen überhaupt nicht etc.). Vor allem diejenigen, die es sich auf dem Sonnendeck der Gesellschaft bequem gemacht haben, empfehlen den weniger Privilegierten dann gerne, sie sollten doch einfach versuchen, »sich bitte selber nach oben zu hieven, statt die Begünstigten nach unten zu ziehen« (Neckel 2001a: 9). Kritik an der wachsenden Ungleichheit wird als leistungsfeindlich diffamiert; wer sie äußert, wolle letztlich die Falschen belohnen und schade einem System, von dem unser aller Wohlstand abhängt.

Doch gerade am Punkt der leistungsgerechten Verteilung entzündet sich ja die Kritik an der Marktgesellschaft. So sprechen einige Zeitdiagnostiker bereits von der *Refeudalisierung sozialer Ungleichheit* (Forst 2005; Neckel 2010). Sie meinen damit, dass Statuspositionen heute nicht mehr nach Leistung verteilt, sondern gleichsam vererbt werden. Damit schwindet allerdings die Durchlässigkeit der sozialen Schichten. Alles, was zählt, ist das Glück der Abstammung. Insofern nähern wir uns – so diese Kritiker – heute wieder Zuständen an, wie wir sie aus vormodernen Ständegesellschaften kennen:

> »War soziale Ungleichheit dem modernen Selbstverständnis nach als ein graduelles Abstufungssystem unterschiedlicher Wettbewerbspositionen zu verstehen, mit Übergängen zwischen den einzelnen Klassen und Schichten, so wird Ungleichheit heute zunehmend durch kategoriale Unterschiede untereinander unvergleichbarer Soziallagen geprägt, weshalb nicht offene Statuskonkurrenzen, sondern Einschluss und Ausschluss bestimmend für die Soziallage sind.« (Neckel 2010: 13)

Eine zugespitzte, vielleicht sogar überzogene Interpretation, denn in unserer Gesellschaft gibt es schließlich beides: den Bonus bzw. Malus der Herkunft, aber auch Gelegenheiten, Herkunftsanker zu lichten. Man muss insofern differenzieren: Die soziale Vererbung als solche ist nicht unbedingt das Problem. Solange es Aufstiegskanäle gibt, die es ermöglichen, in höhere Ränge vorzustoßen, sind die Menschen durchaus bereit, die »schicksalsbedingte« Ungleichheit qua Geburt zu akzeptieren. Wir erleben jedoch, dass sich diese Kanäle immer häufiger als verstopft erweisen. Ganz allgemein geht aus repräsentativen Daten hervor, dass in Deutschland der (zukünftige) Status der Kinder sehr stark durch das Elternhaus vorgeprägt ist (siehe Pollak 2010): Im internationalen Vergleich ist die Durchlässigkeit der bundesdeutschen Gesellschaft relativ gering. Bei denen, die nach 1960 geboren wurden, nimmt der Zusammenhang zwischen Herkunft und eigener sozialer Position im Vergleich zur Geburtskohorte der fünfziger Jahre deutlich zu. Im Zeitvergleich zeigt sich außerdem, dass die Wahrscheinlichkeit sozialer Aufstiege (gemessen am Status des Vaters) abnimmt (eine Ausnahme sind die westdeutschen Frauen). Schon beim Studium sind Kinder aus unteren Schichten benachteiligt. Fast 70 Prozent der Studenten in Deutschland kommen aus einem Akademikerhaushalt. Reinhard Pollak hat berechnet (2010: 20), dass es weniger als ein Prozent der Kinder aus ungelernten Arbeiterhaushalten schaffen, in leitende Angestelltenpositionen aufzusteigen. Es geht hier nicht, so Pollak, um »vom Tellerwäscher zum Millionär«-Karrieren, allenfalls um moderate Aufwärtsmobilität in die obere Mitte. Mit Blick von unten nach oben kann man vermutlich zu Recht von einer mobilitätsblockierten Gesellschaft sprechen, wobei vor allem strukturelle Gründe (Ende der Bildungsexpansion, Restrukturierung des Arbeitsmarkts und des beruflichen Positionsgefüges, Abbau der Beschäftigung im öffentlichen Sektor) für Tendenzen der sozialen Schließung verantwortlich sind.

Doch welche weiteren Ursachen gibt es? Da ist zum einen das Schulsystem, in dem früh (zu früh!) über den Bildungsverlauf von Kindern entschieden wird und dem es nicht gelingt, Begabungsunterschiede und Herkunftsprivilegien zu entkoppeln (Solga 2008). Spätestens seit den PISA-Studien wissen wir: Bildungserfolge und soziale Herkunft sind in Deutschland eng miteinander vertaut, ganz unabhängig von den Talenten und Kompetenzen des Kindes. Viele Untersuchungen aus der Bildungsforschung belegen, dass Kinder aus sozial schwachen Familien bei gleicher Kompetenz sehr viel seltener eine Gymnasialempfehlung erhalten als Kinder aus höheren sozialen Schichten.

Ein Arthur wird oft einem Kevin vorgezogen. Der grundlegende Anspruch eines chancengerechten Bildungssystems, nämlich dass bei gleicher Begabung auch die Wahrscheinlichkeit, ein bestimmtes Bildungsziel oder einen bestimmten Abschluss zu erreichen, für alle Gruppen gleich sein sollte, wird nicht erfüllt. Es gibt also »leistungsunabhängige soziale Filter« (Geißler 2006: 42). Man muss an dieser Stelle jedoch auch sagen, dass viele Mittelschichteltern in diesem Bereich eher auf eine Sicherung ihrer vermeintlichen Pfründe durch frühe Selektion und die Gatekeeper-Funktion des Gymnasiums setzen als sich für ein chancengerechteres Bildungssystem stark zu machen, von dem auch Kinder aus schwächeren Schichten profitieren könnten.

Qualifizierten Angestellten und Beamten gelingt es insofern nach wie vor, ihr Bildungsniveau an ihre Kinder weiterzureichen und die Unterschicht auf Distanz zu halten. Ihr Nachwuchs hat also auch heute noch wesentlich bessere Lebenschancen als Kinder aus bildungsfernen und einkommensschwachen Haushalten. Schon in den achtziger Jahren wurde allerdings darauf hingewiesen, dass Jugendliche, wollen sie den Lebensstandard ihrer Eltern halten, einen Schulabschluss benötigen, der mindestens eine Stufe über dem ihrer Eltern liegt (Hurrelmann 1988). Tatsächlich sind viele Mittelschichtkinder heute besser ausgebildet als ihre Eltern, sie haben zudem Praktika und Auslandsaufenthalte vorzuweisen, Zusatzqualifikationen angehäuft, sprechen mehrere Sprachen etc. Und dennoch reicht es häufig nicht. Verloren gegangen ist der beinahe automatische Link zwischen Studium bzw. Ausbildung und dem Vorrücken auf die oberen Ränge der sozialen Hierarchie.

Auch Mittelschichteltern müssen immer häufiger erleben, dass ihre Söhne und Töchter trotz sehr guter Qualifikation zunächst in der Unsicherheitszone landen und mit Ende dreißig noch keine stabile Umlaufbahn erreicht haben. Interessanterweise hängt das auch damit zusammen, dass der Nachwuchs qua Studienfachwahl nicht selten in tendenziell prekären Beschäftigungssegmenten landet. Studien zeigen, dass Kinder aus einfachen Verhältnissen (wenn sie denn studieren) eher auf sichere Fächer wie Wirtschaftswissenschaften oder Ingenieurwesen setzen, während Mittelschichtkinder sich lieber in den Geistes- und Sozialwissenschaften tummeln (Ambrasat/Groß 2010). Sie wollen in die Medien oder an den Universitäten bleiben, streben nicht die klassische Karriere bei einem mittelständischen Maschinenbauunternehmen an.

Zugleich spürt die Mittelschicht, dass der Wettbewerb nicht nur härter wird, sondern dass – gemessen an den Regeln der Leistungsgerechtigkeit – nicht selten unfair gespielt wird. Gleichaltrige überholen die eigenen Kinder, ohne dabei eine erkennbar bessere »Leistungsbilanz« aufzuweisen. Es ist ein Mehr an familiärem Proviant und Treibstoff, das sie höher steigen lässt. Der Durchmarsch an die Spitze scheint immer schwerer zu werden, wenn man nicht auf familiales ökonomisches, aber auch soziales und symbolisches Kapital zurückgreifen kann (Bourdieu 1987). Die Zugehörigkeit zu bestimmten Zirkeln und Statusgruppen, die ständisch geprägte Auswahl, gewinnt möglicherweise wieder an Bedeutung. Ulrich Beck hat das schon früh als eine Folge der Bildungsexpansion ausgemacht:

> »Der Abschluß allein reicht nicht mehr hin; hinzukommen müssen ›Auftreten‹, ›Beziehungen‹, ›Sprachfähigkeit‹, ›Loyalität‹ – also *extra*funktionale Hintergrundkriterien einer Zugehörigkeit zu ›sozialen Kreisen‹, die durch die Bildungsexpansion gerade überwunden werden sollten.« (1986: 139)

Kurz: Abschlüsse und Titel sind zwar nach wie vor eine notwendige, aber nicht länger eine hinreichende Bedingung für eine erfolgreiche Karriere. Gerade wenn es um Spitzenpositionen geht, machen Herkunft, Vitamin B und Habitus immer noch (bzw. vermehrt wieder) den Unterschied.

Diese gläserne Decke, an die übrigens auch Frauen oft stoßen, hat weniger mit expliziten Akten der Diskriminierung oder Zurückweisung zu tun als vielmehr mit den Boni der Vertrautheit, des Kennens, der Netzwerke, des gemeinsamen Geschmacks, der Ähnlichkeit der Laufbahnen, in deren Genuss nur wenige kommen. Das Sammeln von teurer Kunst, Skifahren in St. Moritz, der geschickte Umgang mit Hummerzangen, die Kenntnis erlesener Weine, die Mitgliedschaft im Rotary Club, eine Einladung zur Bremer Schaffermahlzeit, die richtige Krawattennadel, all das kann einen als den gehobenen Kreisen zugehörig ausweisen. Diese sozialen und kulturellen Chiffren der Zugehörigkeit haben handfeste Effekte auf die Elitenrekrutierung, wie Michael Hartmann (2002, 2007) in seinen Untersuchungen zeigen kann. Hartmann hat herausgefunden, dass 80 Prozent der Vorstandsvorsitzenden der größten deutschen Konzerne die Söhne von Unternehmern, leitenden Managern, höheren Beamten oder akademischen Freiberuflern (Anwälte, Ärzte etc.) sind; die Mehrzahl davon rechnet er gar dem Großbürgertum im engeren Sinn zu, also einer noch exklusiveren Elite mit dem Habitus und der Selbstgewissheit der Arrivierten. Auch in anderen Sektoren (der Justiz, der Verwaltung, der Politik) beobachtet Hartmann eine Ver(groß)bürgerlichung der Eliten; der Anteil der Spitzenbeamten und -funktionäre, die aus der Arbeiter- oder Mittelschicht stammen, ist gering. Je wichtiger und machtvoller die jeweilige Position, desto unwahrscheinlicher, dass sie von einem sozialen Aufsteiger eingenommen wird. Offene Rekrutierung sieht anders aus. Auch Hartmann erklärt diese Tendenz neben besseren Startchancen und Gelegenheiten des Fortkommens mit den verinnerlichten Regeln, die auf dem gesellschaftlichen Parkett wichtig sind. Wer sie mit der Muttermilch aufsaugt, beherrscht sie perfekt; wer sie mühsam erlernen muss, bleibt immer hintendran, man wird ihm das linkische Bemühen auch nach vielen Jahren noch anmerken. Ähnlich wie in der kastenartig organisierten französischen Gesellschaft kommt auch hierzulande ein geschlossener Kreislauf der Selbstreproduktion in Gang.

Rufe nach Bildungsgerechtigkeit und Chancengleichheit dringen bis in diesen Zirkel kaum vor.

Ein aufschlussreicher Indikator für die real existierende (oder blockierte) Durchlässigkeit der deutschen Gesellschaft am Beginn des 21. Jahrhunderts ist der Aufstieg Ostdeutscher in Führungsschichten. Anders als bei Zuwanderern aus dem Ausland, wo Sprachbarrieren und Assimilationsblockaden als Integrationsverhinderer identifiziert werden können, lassen sich diese Argumente bei den Ostdeutschen nicht in Anschlag bringen. Sächsisch ist mit Sicherheit nicht weiter vom Hochdeutschen entfernt als Schwäbisch. Zwar gibt es Unterschiede in der föderalen Bildungslandschaft, bei der PISA-Studie landen aber gerade Sachsen, Thüringen und Sachsen-Anhalt im oberen Tabellendrittel, im Schnitt schneiden die ostdeutschen Bundesländer insgesamt überdurchschnittlich ab. Im Hinblick auf die Studienfachwahl gibt es dann keine dramatischen Unterschiede. Doch wie sieht es mit den Aufstiegen in gesellschaftliche Führungspositionen aus? Das *SZ-Magazin* (3. August 2010) berichtete, dass im Jahr 2009 nur einer von weit über 100 Generälen der Bundeswehr aus Ostdeutschland kam. (Allerdings kommt fast die Hälfte der Soldaten, die an Auslandseinsätzen beteiligt sind, aus den neuen Bundesländern, und fast 40 Prozent der in Afghanistan getöteten Soldaten stammten aus dem Osten der Republik.) Von über 180 Dax-Vorständen, deren Herkunft bekannt ist, sind nur zwei in Ostdeutschland aufgewachsen: Torsten Jeworrek aus Oschersleben, heute im Vorstand der Münchner Rück, und René Umlauft von MAN Turbo & Diesel. Über ein Viertel stammt dagegen aus dem Ausland, die meisten aus den USA. Ich habe mir die Herkunft deutscher Spitzendiplomaten angesehen und kam immerhin auf zwei Ostdeutsche unter 144 Botschaftern, entsandt in die Auslandsvertretungen in Botsuana und Gabun. Als Johanna Wanka im April 2010 niedersächsische Ministerin für Wissenschaft und Kultur wurde, war sie die erste Ostdeutsche, die es an die Spitze eines westdeutschen Landesministeriums – und damit gleich in die Schlagzeilen – geschafft hatte. Auf den Fluren ostdeutscher Behörden tummeln sich dagegen zahllose Wessis als Minister und Staatssekretäre. Von den derzeitigen Bundesministern stammt keiner aus dem Osten (unter Kohl waren es mal drei); es gibt keine(n) ostdeutschen Verfassungsrichter oder -richterin; auch die übrigen Bundesgerichte (das Bundessozialgericht, der Bundesfinanzhof, das Bundesarbeitsgericht, das Bundesverwaltungsgericht, das Bundespatentgericht, der Bundesgerichtshof) werden ausnahmslos von Westdeutschen geleitet; dasselbe gilt für die Chefetagen der öffentlich-rechtlichen Rundfunk- und Fernsehanstalten (Ausnahme Karola Wille, seit November 2011 Intendantin des MDR) sowie die überregionalen Tageszeitungen; auch unter den 500 reichsten Deutschen findet sich kein Ossi. In der Wissenschaft sieht es kaum anders aus, wenn man etwa die Führungsposten großer Wissenschaftsorganisationen oder die Direktoren/Präsidenten von Max-Planck- oder Leibniz-Instituten betrachtet. In meinem eigenen Fach, der Soziologie, liegt der Anteil der Professoren mit ostdeutscher Herkunft unter fünf Prozent (Mau/Huschka 2010). Natürlich tragen die älteren Generationen immer noch den Makel der Ostsozialisation, und es braucht Zeit, bis jüngere Wissenschaftler nachrücken, die ihre akademische Karriere im wiedervereinigten Deutschland absolviert haben. Doch selbst wenn man nur auf die jüngeren Mitglieder des Elitenolymps schaut, sind die Ostdeutschen die Nadeln im Heuhaufen. Die Kanzlerin und neuerdings der Bundespräsident bleiben als Ostdeutsche im bundesrepublikanischen Elitenorbit die Ausnahmen. Im Verlauf der nächsten Jahrzehnte wird sich dieses Ungleichgewicht vermutlich abschwächen, doch auch in 50 oder 60 Jahren werden Menschen aus den neuen Bundesländern in den Führungsetagen der Republik noch lange nicht entsprechend ihres Anteils an der Gesamtbevölkerung vertreten sein.

Auf anderen gesellschaftlichen Feldern stellt sich die Situation jedoch ganz anders dar: Im Sport, wo Tore, Zeiten, Höhen oder Weiten zählen, haben es die Ostdeutschen problemlos in die vordersten Reihen geschafft. Das gilt auch im Theater, im Film- oder im Musikgeschäft, also überall, wo es spezielle Förderstrukturen unkonventionelle Wege zum Erfolg gibt, wo Herkunftskapital weniger zählt und Leistung direkter bewertet wird. Die Vermutung, dass bei der schwachen Repräsentanz der Ostdeutschen in vielen Bereichen nicht nur IQ und Bildungszertifikate eine Rolle spielen, drängt sich auf. Dass dieses Phänomen bis heute kaum öffentliche Kritik auf sich zieht oder gar politisiert wird, ist wohl vor allem dem Umstand geschuldet, dass Menschen aus den neuen Bundesländern, anders als Frauen oder manche Migranten, phänotypisch nicht als solche erkennbar sind.

Schließungsprozesse dieser Art sind nicht nur deshalb ein soziales Problem, weil dadurch Talent vergeudet wird. Sie bedeuten zugleich ein Abrücken vom Prinzip der Leistungsgerechtigkeit, das für das positive Selbstbild der alten Bundesrepublik so wichtig war. Dass auch die Kinder einfacher Arbeiter oder das sprichwörtliche katholische Mädchen vom Lande einen höheren Bildungsabschluss erringen konnten, war eine der wichtigsten Erfolgsgeschichten der Nachkriegszeit. Die Leistungsorientierung schuf und bestätigte das selbst gepflegte Image von der durchlässigen und offenen Gesellschaft. Zwar gibt es auch heute noch Vorzeigeerfolge, aber große Teile der Bevölkerung glauben nicht länger an das Versprechen, dass es ihren Kindern beinahe automatisch besser gehen werde als ihnen selbst und dass jeder es schaffen kann, wenn er sich denn wirklich anstrengt. In dieser Situation entsteht ein gefährliches Motivationsproblem, schließlich hängt Leistungsbereitschaft immer auch von der begründeten Hoffnung darauf ab, dass Einsatz sich lohnt. Wenn die Erfolgsaussichten der weniger Begüterten, der Unterprivilegierten oder der Mitte systematisch schmaler werden, kann das fatale Folgen für die Stimmung im Land haben und das Vertrauen in demokratische Institutionen erodieren lassen.

Mitunter gibt es natürlich völlig andere Einschätzungen. Auf einer Veranstaltung der Jungen Union gab Norbert Walter, der ehemalige Chefvolkswirt der Deutschen Bank, seinen Zuhörern Folgendes mit auf den Weg:

> »[W]er Schülern von heute nicht vermitteln kann, dass sich ihre Chancen – so sie motiviert und gut ausgebildet werden – von denen aller ihrer Vorfahren deutlich, und zwar zum Besseren unterscheiden, der hat seine Aufgabe nicht erfüllt. Ich möchte heute noch mal 6 Jahre alt sein! Die Welt stand noch nie so offen und hat so viel geboten wie heute!« (2008: 6)

Doch dass einige von den Chancen schwärmen, während andere für sich praktisch keine mehr sehen, ist nur auf den ersten Blick widersprüchlich; einmal mehr liegt vieles im Auge des Betrachters. Objektiv sind die Chancen einfach extrem ungleich verteilt. Wer sie hatte und dann auch nutzen konnte, ist fest davon überzeugt, dass es sie im Übermaß gibt; wer keine ergreifen konnte, dem bleiben solche Schwärmereien fremd.

Die Vermögensgesellschaft und die Erbengeneration

Parallel zur Polarisierung der Chancen und Einkommen erleben wir, dass die Vermögen (also über Generationen oder individuelle Lebensläufe akkumulierte Bestände an Gütern, Immobilien oder Geld) immer ungleicher verteilt sind (Hauser/Stein 2001). Wer Vermögen hat, kann dies mithilfe der unterschiedlichsten Anlageformen vermehren, das heißt »Geld arbeiten lassen«: Investitionen, Geldanlagen, Mieteinkünfte usw. Tatsächlich wächst der Anteil der aus Vermögen erzielten Einkünfte am Gesamteinkommen rapide an: Während die Gehälter der Arbeitnehmer zwischen 2000 und 2007 nominal um elf Prozent anstiegen (real – also unter Berücksichtigung der Inflation – sanken sie sogar), nahmen die Unternehmens- und Vermögenseinkommen um 43 Prozent zu (DGB 2008). Der Anteil der Erwerbseinkommen (Bruttolohnquote) ist somit in diesem Zeitraum von 72 auf 64 Prozent geschrumpft, während der Anteil der Vermögenseinkünfte von 28 auf 36 Prozent gewachsen ist (Schäfer 2010). Die Lohnquote nähert sich dem Niveau des Jahres 1960, der Zeit also, als die Verbreiterung des gesellschaftlichen Wohlstands begann. Damit scheint es nun vorbei zu sein, im Gegenzug ist es nicht unrealistisch, dass der Vermögensanteil auf über 50 Prozent steigt.

In einer solchen Gesellschaft stehen die vermögenden Eigentümer – Max Weber spricht von den »Besitzklassen« (1985 [1922]: 177), der amerikanische Ökonom und Soziologe Thorstein Veblen von den »müßigen Klassen« (1993 [1899]) – den Habewenigsen oder Habenichtsen gegenüber. Es macht schließlich einen großen Unterschied, ob man – unabhängig vom regelmäßigen Einkommen – über ein solides Vermögen verfügt oder nicht. Dabei sind die Quellen der Vermögensakkumulation sehr unterschiedlich, nur ein Teil wird durch eigene Arbeit erworben. Für die Studie *Vermögen in Deutschland* wurden 500 reiche Haushalte mit einem frei verfügbaren Kapitalvermögen von über 200 000 Euro befragt, und lediglich acht Prozent gaben an, durch abhängige Erwerbsarbeit reich geworden zu sein (Kramer 2010). 47 Prozent führten ihren Vermögensaufbau hauptsächlich auf unternehmerische Selbstständigkeit zurück, 30 Prozent auf Erbschaften, acht Prozent auf Immobilien und Gewinne aus Kapitalanlagen, und sechs Prozent gaben an, in eine reiche Familie eingeheiratet zu haben. Oft spielen natürlich mehrere Faktoren zusammen, also beispielsweise Erbschaften und Erwerbseinkommen, wobei wir ja bereits gesehen haben, dass Kinder aus begüterten Elternhäusern auf dem Arbeitsmarkt oft deutliche Startvorteile haben. Anders als in der Beschreibung Veblens bedeutet Reichtum nicht automatisch Müßiggang. Andersherum gilt aber auch, dass heute zwar viele Reiche arbeiten, weshalb man in den USA in Anlehnung an die *working poor* von den *working rich* spricht, doch nur wenige Menschen werden ausschließlich durch Erwerbsarbeit reich. Ungleichheiten in der Vermögensausstattung haben die Eigenschaft, sich via Zins und Zinseszins zu verstärken. Laut den Berechnungen des Deutschen Instituts für Wirtschaftsforschung beliefen sich die Nettovermögen deutscher Privathaushalte im Jahr 2007 auf 6,6 Billionen Euro (Frick/Grabka 2009). Zum Nettovermögen zählen Betriebsvermögen, Geldvermögen, Vermögen aus privaten Versicherungen, Immobilienbesitz, Sachvermögen wie Goldmünzen und, allerdings mit negativem Vorzeichen, Schulden. Im Schnitt waren das etwa 88 000 Euro pro Deutschem. Aber der Durchschnitt ist eben nur eine statistische Größe, und die Vermögen sind – ich habe es angesprochen – auch hierzulande sehr ungleich verteilt. Das obere Zehntel der Bevölkerung kontrolliert etwa 60 Prozent des Gesamtvermögens, das oberste Zwanzigstel etwa die Hälfte (46 Prozent), und die Superreichen (also das mittlerweile berüchtigte »eine Prozent«) kommen auf 25 Prozent (Frick et al. 2010). Rund zwei Drittel der erwachsenen Deutschen haben hingegen kein oder nur ein sehr bescheidenes Geld- und Sachvermögen: Die unteren 70 Prozent verfügen gerade einmal über neun Prozent des Gesamtvermögens (Frick/Grabka 2009: 59).

Nimmt man den Gini-Koeffizienten als Maß, so ist die Vermögensungleichheit in Deutschland etwa doppelt so groß wie die Polarisierung bei den Einkommen. Das bedeutet im Klartext: »[V]on einem breiten Vermögens-Mittelstand oder dem Ausschluss von Vermögensarmut in Deutschland kann nicht die Rede sein.« (Schäfer 2004: 50) Die Entwicklung läuft eher in die entgegengesetzte Richtung: Angesichts stagnierender Erwerbseinkommen, einer im Vergleich zu Arbeit geringeren Besteuerung von Kapitaleinkünften (Vermögen werden seit 1997 gar nicht mehr besteuert!) und niedrigen Erbschaftssteuersätzen nimmt die Konzentration der Vermögen immer weiter zu – und das relativ schnell. Die Angst der Politiker, größere Belastungen für Vermögende könne die Zahl der Reichtumsexilanten in die Höhe treiben und zu einem Standortnachteil werden, hat über viele Jahre zu einer Tabuisierung von Steuererhöhungen (oder hohen Steuern überhaupt) geführt. Der Staat hat die Hebel einer ausgeglichenen Vermögensverteilung nach und nach aus der Hand gegeben. Dabei sollte es uns nachdenklich stimmen, dass es selbst unter den Wohlhabenden immer mehr Stimmen gibt, die sich gegen eine Steuerpolitik zugunsten der Reichen wenden.

Im Zuge der zunehmenden Vermögenskonzentration entsteht eine neue Schicht von Obertanen, die in einem eigenen Land leben, das der amerikanische Journalist Robert Frank »Richistan« (2009) genannt hat. Diese Gruppen leben immer häufiger in privilegierten Sonderzonen, Parallelgesellschaften, wenn man so will, weitgehend abgeschottet vom Rest der Bevölkerung. Das sind die Clubs der Auserwählten, *gated communities*, Flughafen-Lounges, exklusive Restaurants und Abendgesellschaften, wo man gerne unter Seinesgleichen bleibt. Man findet sie auch im Eliteinternat Schloss Torgelow, der teuersten Privatschule Deutschlands, wo Reiten und Golf zum Standard-Angebot gehören. Mit der Zunahme des Reichtums für einige wächst auch das Bedürfnis, sich abzusondern, vor allem dann, wenn gleichzeitig die Armut spürbar zunimmt. Der Journalist Christian Rickens weist in seinem Buch *Ganz oben* (2011) darauf hin, dass es in Deutschland in etwa so viele Vermögensmillionäre gibt wie Wohnungslose, jeweils 800 000. Rekordzahlen bei den Privatinsolvenzen, deutlich über 100 000 pro Jahr, und eine massive Ausweitung der Überschuldung hingegen sind Nachrichten aus dem Kellergeschoss dieser Gesellschaft. Peter Zwegat hat es als RTL-Schuldnerberater immerhin zum TV-Star gebracht und berät Personen mit kleinem Portemonnaie und drückender Schuldenlast. Das sind oft Menschen mit leerem Blick, sorgenvoller Miene und fahler Haut.

Man muss kein Prophet sein, um zu erahnen, welche Folgen eine derartige Konzentration des Wohlstands mittelfristig haben wird. Im Zuge des Abtretens der Wirtschaftswundergeneration werden hierzulande in einem historisch einmaligen Ausmaß Vermögen übertragen werden. Während akkumulierter Reichtum noch bis in die Mitte des 20. Jahrhunderts immer wieder durch Kriege, Inflation oder Währungsreformen abgeschmolzen wurde, rauscht nun eine wahre Nachlasswelle auf Deutschland zu, die »Generation Erben« ist bereits im Entstehen. Schätzungen zufolge werden in Deutschland allein zwischen 2011 und 2015 1,3 Billionen Euro übertragen werden, eine Summe, die das Sparvolumen der privaten Haushalte übersteigt. In den letzten 15 Jahren hat sich der durchschnittliche Wert einer Erbschaft auf ungefähr 250 000 Euro verdoppelt. Die Nutznießer der langen Prosperitätsphase stehen bereit: Menschen in jungen und mittleren Jahren, oft mit guter Bildung, arrivierten Lebensumständen und attraktiven Jobs. In der Blüte ihres Lebens erwartet sie nun ein Geldregen, für den sie überhaupt nichts tun mussten. Doch auch hier zeigt sich ein ähnliches Muster wie bei den Erwerbseinkommen und den Vermögen, denn die zu erwartenden Erbschaften werden ebenfalls sehr ungleich verteilt sein (Szydlick/Schupp 2004). Millionen- oder gar Milliardenvermögen hier, Bonsaivermögen oder gar Schulden dort. Schätzungen zufolge wird ein Prozent der Erben in den nächsten Jahren ein Viertel der nationalen Erbmasse erhalten, während ein Drittel leer ausgehen wird. Die Situation in Deutschland nähert sich somit der Lage in Ländern wie Großbritannien oder Frankreich an, in denen aufgrund größerer historischer Kontinuität über die Generationen hinweg wahrhafte Gelddynastien entstanden sind. Wie extrem die Schieflage hierzulande inzwischen schon ist, kann man daran ablesen, dass in Ostdeutschland nur drei Prozent des gesamtdeutschen Erbschaftssteueraufkommens entrichtet werden. Die Hamburger Bürger allein zahlen mehr als drei Mal so viel Erbschaftssteuer wie alle Ostdeutschen zusammen. Wenn wir uns dann noch einmal vor Augen führen, dass der Aufstieg in die Ränge der Vermögenden häufig über Erbschaften verläuft, so wird klar: Wer es aus der arbeitnehmerischen Mitte in die Schicht der Vermögenden schaffen will, für den werden Vermögensübertragungen von der Eltern- und Großelterngeneration bald unabdingbar sein (Kramer 2010: 264 ff.).

Werden am oberen Ende der Hierarchie große Vermögen und soziales Kapital vererbt, so ist es am unteren die Armut. Der Volksmund hat recht, wenn er sagt, dass »Kinder arm machen«, schließlich haben wir bereits gesehen, dass sich mit der Anzahl der Kinder das Armutsrisiko erhöht. Gleichzeitig gilt allerdings auch: »Eltern machen arm«, und »Aus armen Kindern werden arme Eltern«. Es gibt eine Vernarbung durch Armutserfahrungen im Kindesalter. Neben materieller Knappheit sind es psychosoziale Faktoren (Familienklima, Bildungszugang und soziale Teilhabe), die zur Vererbung von Armut führen. Schon Kinder sitzen im Kellergeschoss der Gesellschaft – oder eben auf der Dachterrasse. Samuel Bowles vom Santa Fe Institute, der sich als Verhaltensökonom und Anthropologe für die Vererbung von Ungleichheit interessiert, hat einmal ironisch angemerkt, der wichtigste Faktor für individuellen Erfolg sei zunehmend die Wahl der richtigen Eltern. Diese Entwicklung ist ein Frontalangriff auf das Prinzip der Chancengleichheit. In der PISA-Studie wurden 15-Jährige gefragt, in welchen Berufen sie sich im Alter von 30 Jahren sehen. Ergebnis: Je geringer der sozioökonomische Status der Eltern, desto weniger Erwartungen an sozialen Aufstieg (Beruf/Karriere) haben die Kinder. Umgekehrt gehen die zu Guttenbergs und Berggruens ganz selbstverständlich davon aus, dass sie den ererbten Platz in der sozialen Hierarchie übernehmen können. Die Entstehung eines Geldadels, der nicht nur Vermögen, sondern auch Lebenschancen erbt, wird in Zukunft eines der großen gesellschaftspolitischen Themen sein. Im Grunde handelt es sich dabei um die Achillesferse eines Gesellschaftssystems, das Leistungsgerechtigkeit verspricht und dennoch einer neuen »Dynastisierung« Vorschub leistet.

Wie ist nun das Verhältnis der Mittelschicht zu den unteren

Soziallagen? Die Mitte zeichnete sich lange Zeit auch dadurch aus, dass sie Talente aus den unteren Schichten absorbieren und inkludieren konnte. Auch das machte ihre Stärke und Dynamik aus, auch daher bezog sie ihre Legitimation. Deswegen sollte es eigentlich in ihrem Interesse liegen, zu große Rangabstände und Gräben zu verhindern und Aufstiegskanäle offenzuhalten. Doch wenn jedes Jahr 150 000 junge Menschen ohne Berufsabschluss ins Leben starten (hochgerechnet auf die Altersgruppe der 25- 34-Jährigen insgesamt sind das 1,5 Millionen Menschen), dann ist ihr Abstand zur Mittelschicht schon fast in Stein gemeißelt (Allmendinger et al. 2011). Die erfolgreiche Integration in den Arbeitsmarkt kann kaum gelingen, soziale Folgekosten sind zu erwarten. Für eine dynamische Mitte (auch für ihr weiteres Wachstum) werden hier zunehmend Potenziale verschenkt. Wenn man sich heute in vielen Unternehmen Sorgen über den Fachkräftemangel macht, der wirtschaftliches Wachstum in Zukunft ernsthaft behindern könnte, so liegen genau hier die Wurzeln des Problems. Bildungsinstitutionen, die viele junge Menschen ohne schulische oder berufliche Abschlüsse ins Leben entlassen, werden ihrer Funktion als Rolltreppen des Aufstiegs nicht gerecht.

*Die Flexibilisierung der Märkte und
die neue Spaltung der Mitte*

Schieflagen bei der Verteilung von Einkommen, Vermögen und Chancen sind die eine Seite, die Prekarisierung der Mitte und neue Unsicherheiten die andere. Deutschland hat in den letzten Jahrzehnten einen massiven Umbau in Richtung Entsicherung erlebt. Er betrifft nicht allein Veränderungen auf dem Arbeitsmarkt und im Bereich der Sozialpolitik, sondern auch die Ebene der kommunalen Dienstleistungen und Versorgung. In den achtziger und vielleicht noch in den neunziger Jahren ließ sich mit

Verve gegen unflexible Arbeitsmärkte, die Sozialstaatshängematte und sklerotische Verhältnisse polemisieren. Deutschland galt als »kranker Mann Europas«, doch diese Reibebäume sind nach und nach gefällt worden. Flexibilisierung und Privatisierung haben sich ausgebreitet, die materielle Sicherheit wurde tendenziell ausgedünnt, neue Risiken sind entstanden, während Märkte und Großunternehmen ihren Einfluss ausbauen konnten.

Die neoliberale Euphorie mag im Zuge der Finanzkrise der Jahre 2008 ff. abgeflaut sein, sie wirkt jedoch weiter, und ihre Folgen werden uns noch lange beschäftigen. Auch Menschen mit guter Bildung, die sich an Aufstieg, Sicherheit und materiellem Wohlstand orientieren, ist im letzten Jahrzehnt klar geworden, dass sie zunehmend den Stimmungen des Marktes ausgesetzt sind und welche sozialen Kosten diese Entwicklung mit sich bringt. Das Unbehagen an der Ökonomisierung und Vermarktlichung vieler Lebensbereiche wächst, der »Privatisierungskult« (Judt 2010: 89), also die massenhafte Veräußerung staatlicher und kommunaler Dienstleistungsbetriebe und Versorgungseinrichtungen, zieht ebenfalls immer mehr Kritik auf sich. Um den Börsengang der Deutschen Bahn ist es beispielsweise recht ruhig geworden, weil sich davon kaum noch jemand eine Verbesserung der Servicequalität verspricht. Zudem hat sich gezeigt, dass die Liberalisierung einstmals öffentlich dominierter Bereiche auch Risiken birgt, weil Unternehmen Monopolstellungen ausnutzen, so dass die Qualität – entgegen der Versprechen der Neoliberalen – der Versorgung sinkt oder die Preise steigen. Besonders augenfällig ist das Marktversagen auf den Finanzmärkten, auf denen es eine galoppierende Entkopplung von realwirtschaftlichen Entwicklungen mit großen Kollateralschäden gibt, die schließlich auch noch öffentlich abgesichert und refinanziert werden sollen. Der Markt mag die Antwort auf viele Probleme sein, aber eben nicht für alle, und mit der Finanz- und Wirtschaftskrise ist das noch offensichtlicher geworden. Statt das

Lied vom Staatsversagen zu singen, sprechen nun alle vom Marktversagen und den Exzessen der Finanzbranche, von falscher Gier und fetter Beute. Die »Staatsbedürftigkeit der Gesellschaft« (Vogel 2007) (oder zumindest großer Teile derselben) scheint gerade in Krisenzeiten zu steigen – einerseits. Andererseits haben Vermarktlichung und Liberalisierung zu einer sukzessiven politischen Entmachtung der Mittelschichten geführt. Konnten sie lange Zeit sicher sein, dass ihr Wille im politischen Prozess Gehör finden würde, so hat sich das Drohpotenzial der Märkte mittlerweile deutlich erhöht. Es gehört zu den wesentlichen Irritationen der letzten Jahre, dass die Politik immer weniger in der Lage ist, soziale Interessen zu bedienen, während sie immer häufiger als Retter von Banken, Versicherungen oder anderen Großkonzernen einspringen und deren Risiken sozialisieren muss.

Solche Globalkrisen sind allerdings nicht die einzige Folge der Liberalisierung und Vermarktlichung, die zu einer zunehmenden Verunsicherung der Mittelschicht geführt haben. Nervosität, Angst und Druck gehen auch auf die Restrukturierung des Arbeitsmarkts zurück, auf die Globalisierung, die Flexibilisierung von Beschäftigungsverhältnissen und die Verlagerung von Risiken weg von den Unternehmen hin zu den Beschäftigten (Castel/Dörre 2009; Lengfeld/Kleiner 2007). Obwohl die Beschäftigungsstabilität in der Retrospektive relativ konstant blieb (Erlinghagen 2005, 2010), lassen sich einschneidende Umwertungen einstmals vertrauter Leitprinzipien der Arbeitsgesellschaft konstatieren. Das betrifft die Abwertung von Erfahrungswissen ebenso wie den Abschied vom Prinzip der Seniorität. Es betrifft weiterhin die Restrukturierung der Arbeitsbeziehungen und die Vergrößerung des Machtgefälles zwischen Kapital und Arbeit. Immer mehr Menschen berichten von neuen Formen der Arbeitsverdichtung, von *dead-end jobs*, einem Mangel an Anerkennung, erhöhtem Konkurrenz- und Leistungsdruck oder einem weithin grassierenden Gefühl der Gefährdung (umfassend dokumentiert in Schultheis et al. 2010). Seit Mitte der achtziger Jahre nimmt die Arbeitszufriedenheit spürbar ab, die Ursachen liegen vor allem in der Intensivierung der Arbeit, geringen Lohnsteigerungen, Unsicherheiten und der nach wie vor suboptimalen Vereinbarkeit von Familie und Beruf (Bohulskyy et al. 2011).

Aktuell erleben wir auf dem Arbeitsmarkt ambivalente, auf den ersten Blick oft widersprüchliche Entwicklungen: Auf der einen Seite wächst die Zahl der Erwerbspersonen, was vor allem mit der steigenden Erwerbsbeteiligung der Frauen zu tun hat; zugleich geht die Arbeitslosigkeit zurück, verursacht vor allem durch den demografischen Wandel. Auf der anderen Seite beobachten wir seit vielen Jahren eine massive Zunahme von Formen der atypischen Beschäftigung: Teilzeitarbeit, geringfügige Beschäftigung, Befristungen, Leiharbeit und Ich-AGs. Ihr Anteil ist seit 1991 um 14 Prozent gestiegen und beträgt nunmehr fast ein Drittel aller Arbeitsverhältnisse. Es gibt also mehr Jobs, aber oft sind es prekäre Jobs, die nur unzureichende Sicherheit und geringe Einkommen versprechen. Die Flexibilisierung der Arbeitswelt hat die Risiken zu den Beschäftigten verschoben. Unternehmen dagegen können sich vor allem über Befristungen und Leiharbeit am Markt »elastischer« aufstellen und ihren Personaleinsatz je nach Marktlage regulieren. Man sollte nicht unterschätzen, dass Prekarisierung und Entsicherung auch als Disziplinierungsstrategien eingesetzt werden: der statusunsichere Beschäftigte verausgabt sich mehr, lässt sich leichter führen und äußert weniger Widerspruch.

Starken Zuwachs gibt es bei den befristeten Beschäftigungsverhältnissen. Bis in die neunziger Jahre hinein war ihr Anteil relativ stabil (Groß 2001). Von 1996 bis 2010 hat sich ihre Zahl jedoch von 1,3 auf 2,3 Millionen fast verdoppelt. Gemessen an 40 Millionen Erwerbspersonen mag sich das zunächst gering ausnehmen, betrachtet man allerdings nur die Neueinstellungen, so waren 2009 49 Prozent befristet, im Vergleich zu 32 Prozent im Jahr 2001. Befristungen betreffen dabei vor allem junge und ältere Arbeitnehmer, also jene Personen, deren Potenzial die Unternehmen noch nicht wirklich einschätzen können oder deren Leistungskurve zu fallen droht. Gerade bei den Jungen haben solche Befristungen erhebliche Folgen für die weitere Lebens- oder Familienplanung, wobei »Planung« hier schon beinahe euphemistisch ist. Zudem erhalten befristet Beschäftigte in der Regel deutlich niedrigere Löhne, es drohen »Befristungsketten« (einmal befristet, immer befristet), die Aufstiegschancen sind deutlich limitiert (Diewald/Sille 2004).

Es ist interessant zu beobachten, dass das Instrument der Befristung nicht nur in der Privatwirtschaft, sondern auch im öffentlichen Dienst immer häufiger zur Anwendung kommt. Hier ist die Mauer zwischen befristet und unbefristet besonders hoch: Wer einmal drin ist, ist de facto unkündbar und kann im Hafen der Sicherheit ruhig ankern. Zwar sind grundlose Befristungen nur in einem engen Rahmen erlaubt, aber viele Behörden und öffentliche Arbeitgeber waren sehr erfinderisch bei den »sachlichen Befristungsgründen«. Rund zwei Drittel aller neuen Arbeitsverträge in diesem Bereich haben eine begrenzte Laufzeit (Hohendanner 2009). Und: Während im produzierenden Gewerbe fast zwei Drittel aller befristet Beschäftigten übernommen werden, trifft das im öffentlichen Dienst nur auf ein Viertel zu. An den Hochschulen ist die Befristung inzwischen zum wichtigsten Unterscheidungskriterium der Statusordnung geworden. Der wissenschaftliche Nachwuchs ist in der Regel auf Zeit angestellt. Hinzu kommt, dass die Höchstdauer der befristeten Beschäftigung auf zwölf Jahre festgesetzt wurde. Eigentlich wollte der Gesetzgeber die Nachwuchswissenschaftler auf diesem Weg schützen, die Regelung führt aber dazu, dass Menschen in der Mitte ihres Berufslebens plötzlich am Ende einer Sackgasse ankommen. Es geht nicht mehr nach vorn, nur noch zurück. Insgesamt zeigt sich, dass der öffentliche Dienst also längst nicht mehr der Hort des allumfassenden Schutzes ist und das Ideal der stabilen und geordneten Arbeitswelt im öffentlichen Sektor nur noch für Teile der dort Beschäftigten die Realität darstellt. Zudem: Auch in diesem Bereich gibt es inzwischen das Phänomen der *working poor*, also der Menschen, die trotz Job unterhalb der Armutsgrenze bleiben.

Eine wesentliche Quelle von Unsicherheit sind weiterhin Restrukturierungsprozesse auf der Unternehmensebene: neue Eigentümer, Veränderungen des Marktumfelds, ein Wechsel der strategischen Ausrichtung, interne Reorganisation. Beschäftigte wissen oft nicht, wohin sich das eigene Unternehmen entwickelt, schon gar nicht, wie sich ihre eigene Beschäftigungssituation über die Zeit verändern wird. Sie mögen einen unbefristeten Vertrag haben, eine grundlegende Entlastung von Zukunftssorgen muss damit nicht einhergehen. Das kann man an Beispielen wie Karstadt oder Opel recht gut ablesen. Schon 2004 wurde bekannt, dass Karstadt sich in finanziellen Schwierigkeiten befindet, seitdem gab es mehrfach wechselnde Eigentümer (unter anderem Investmentbanken und Hedgefonds), einen Insolvenzantrag und immer neue Pläne für die Zukunft des Unternehmens. Das zehrt an den Nerven der Beschäftigten, die sich mit Lohnverzicht am Kampf um das Überleben ihres Arbeitgebers beteiligt haben. Auch für die Opelaner ist die Liaison mit General Motors mit einem ständigen Auf und Ab der Gefühle verbunden. Was wird, bleibt ungewiss. Diese zwei Unternehmen stehen im Lichtkegel der öffentlichen Aufmerksamkeit, sie sind in gewisser Weise allerdings symptomatisch für veränderte Erfahrungen der Sicherheit. In vielen Segmenten des Arbeitsmarktes kann auch ein normal Beschäftigter »selbst nach Zugeständnissen, Kostensenkungsplänen, erfolgreichen Restrukturierungen und Marktaufstellungen, [kaum] noch damit kalkulieren, dass sein Arbeitsbereich, seine Abteilung, sein Betrieb, sein Unternehmen auch nur mittelfristig bestehen bleibt« (Hürtgen 2008: 118).

Zumutungen der Restrukturierung und Anpassungsdruck

gibt es in vielen Bereichen und Sektoren. Für einige Gruppen entstehen dabei hohe soziale Kosten, andere überstehen solche Veränderungen recht unbeschadet und können ihre Position behaupten. Herfried Münkler vertritt die These einer zunehmenden Aufspaltung der Mitte: »Die Bedrohung der Mitte kommt von innen, nicht von außen. Erst die Spaltung der Mitte führt dazu, dass das Auseinanderdriften der Ränder und der Ausschluss einer zunehmenden Zahl von Menschen vom gesellschaftlichen Leben dramatisch erscheinen.« (2010: 58 f.) Ein Befund, den ich teile: Der Riss in Bezug auf Sicherheit, Status und die erwartbare Kontinuität von Lebensumständen geht durch die Mitte selbst. Ein Teil lebt nach wie vor in gesicherten Verhältnissen, ein Teil wird immer verwundbarer (Vogel 2009). Konnte man einstmals mit dem Beruf des Arztes oder des Lehrers einen bestimmten Status assoziieren, so ist das heute nicht mehr der Fall. Ein Arzt verdient in München als Radiologe 320 000 Euro netto im Jahr, ein anderer kommt als angestellter Kinderarzt im Landkreis Uecker-Randow auf gerade einmal 1800 Euro im Monat. Zwei Lehrer mögen sich in der Schule die Klinke in die Hand geben und können doch in ganz unterschiedlichen Sicherheitswelten leben: Hier der Beamte mit planbarer Laufbahn und der Aussicht auf Frühverrentung, dort der sich von Jahresvertrag zu Jahresvertrag hangelnde Angestellte ohne Aussicht auf Festanstellung. Zwar gilt der Beruf nach wie vor als zentrales Kriterium unserer gesellschaftlichen Selbst- und Fremdverortung (auf jeder Party wird man gefragt: »Und was machen Sie?«), doch die Aussagekraft der Variable sinkt. Inzwischen gibt es Anwälte mit Einkommen im unteren Segment, Schaffner in Leiharbeit, Professoren mit Zeitverträgen und scheinselbstständige Buchhalter in mittelständischen Unternehmen. Status und Sicherheit hängen heute nicht mehr allein vom Beruf, sondern auch vom Beschäftigungsverhältnis, von der jeweiligen Branche, Region oder einfach vom Zeitpunkt des Markteintritts ab. Bei vielen Start-Up-Firmen entscheidet nicht die Qualifikation oder die Verantwortung im Job über das Gehalt, sondern einfach die Höhe der konjunkturellen Welle, die einen dorthin gespült hat. Dass kann so weit gehen, dass ein Vorgesetzter weniger verdient als ein Mitarbeiter, wenn letzterer das Glück hatte, in einer expansiven Phase an Bord gekommen zu sein.

Freiwillige Unsicherheit?

Flexibilisierung ist aber nicht nur *gegen* die Beschäftigten und durch die Entsicherung einstmals geschützter Erwerbsformen durchgesetzt worden. Es gibt ein wachsendes Heer von Menschen mit Tätigkeiten jenseits konventioneller Erwerbsarbeit, die sich mehr oder weniger freiwillig von den Zwängen des Normalarbeitsverhältnisses entfernt haben. In den Metropolen und Ballungszentren der Bundesrepublik finden wir sie allerorten: akademisch gebildete Alleinunternehmer, die auch unter dem Label »Kreativarbeiter« firmieren. Sie geben sich exotisch und aufregend klingende Berufsbezeichnungen, die eine Aura des Zukunftszugewandten verströmen. Ihre selbsternannten Vordenker Holm Friebe und Sascha Lobo schrieben dazu mit stolzer Brust und im Bekenntnisfieber ein Manifest mit dem Titel *Wir nennen es Arbeit. Die digitale Boheme oder: Intelligentes Leben jenseits der Festanstellung* (2006). Friebe und Lobo schildern darin das Leben einer Klasse von Selbstständigen, die im Internetzeitalter den Traum vom autonomen Arbeiten verwirklichen. »Festanstellung?« – »Nein, danke!«, das ist ihr großes Thema. Mehr Autonomie ist ihnen wichtiger als Sicherheit, so dass man hier durchaus von »freiwilliger Flexibilisierung« sprechen kann (Janowitz 2006).

Statistisch lässt sich tatsächlich eine markante Zunahme der Selbstständigkeit feststellen. Mit dieser Kategorie katalogisiert das Statistische Bundesamt dabei eine sehr heterogene Gruppe: Unternehmer, Gewerbetreibende, Landwirte, Freiberufler, aber auch »Hausgewerbetreibende und Zwischenmeister«. Ihr Volumen ist zwischen 1991 bis 2008 um etwa ein Drittel auf 4,1 Millionen Personen gewachsen (Bögenhold/Fachinger 2010). Die Selbstständigenquote liegt damit heute bei knapp über elf Prozent aller Erwerbstätigen. Ein genauerer Blick zeigt, dass die Mehrheit von ihnen »solo-selbstständig« ist. Der Zuwachs geht nicht auf Firmengründer zurück, die weitere Mitarbeiter beschäftigen, sondern auf diese Gruppe der Mikrounternehmer. Ihre Anzahl hat sich seit Anfang der neunziger Jahre verdoppelt (ebd.), sie tummeln sich hauptsächlich in den Bereichen Softwareentwicklung, IT, Medien- und Kulturarbeit, Werbung und Journalismus.

Diese Soloselbstständigen sind hochqualifiziert, meistens männlich, relativ jung (in der Gruppe der 30- bis 40-Jährigen ist ihr Anteil besonders hoch), sie erzielen unterdurchschnittliche und stark schwankende Einkommen (Manske 2007). Häufig folgen auf intensive Phasen mit Tag-, Nacht- und Wochenendarbeit sowie hohen Markterträgen Zeiten des Leerlaufs, in denen Erspartes aufgebraucht, die Unterstützung der Familie oder Hilfe vom Staat in Anspruch genommen wird. Letzteres wird im Gegensatz zur beruflichen Unabhängigkeit und zur gewonnenen Zeitsouveränität als anstrengend erlebt, weniger als Herausforderung und Chance. Gerade im Bereich der Medien und des freien Journalismus entsteht das sogenannte Medienprekariat. Seine Angehörigen sehnen sich zwar nicht unbedingt nach einer Festanstellung, empfinden es jedoch als Belastung, den Wechselfällen des Lebens mehr oder weniger ungeschützt ausgesetzt zu sein. Unsicherheit und Flexibilität stellen für diese Gruppe kein Genussmittel dar, eher ein notwendiges Übel des autonomen Berufslebens. Es handelt sich hier um »Prekarisierung auf hohem Niveau« (Manske 2007). Die Attraktivität des neuen Lebens- und Arbeitsmodells sinkt spätestens dann drastisch, wenn familiäre oder gesundheitliche Belastungen hinzutreten, etwa ein chronisch krankes Kind, ein arbeitsloser Partner, ein Pflegefall in der Familie. Typischerweise hört man dann die Klage, dass man schon früher auf eine Festanstellung hätte setzen sollen, weil diese doch mehr Schutz und Sicherheit verspricht.

Ohne Netz und doppelten Boden?

All diese Trends vollziehen sich vor dem Hintergrund einer weiteren, folgenreichen Entwicklung: des Um- und Rückbaus des Sozialstaats. Gerade die Mittelschicht wurde lange Zeit von den Politikern umworben und umsorgt, weshalb einige Autoren darauf hinweisen, die Krise des Wohlfahrtsstaats sei »gleichursprünglich auch eine Krise der Mittelschichten« (Lessenich 2009: 263). In der Vergangenheit waren wichtige Komponenten des Systems der sozialen Sicherheit zwar darauf ausgerichtet, sozialen Ausgleich vorzunehmen und Risiken zu kompensieren, aber es ging immer auch um eine Stabilisierung der Einkommen über den Lebensverlauf. Ein einmal auf dem Markt erreichter Lebensstandard sollte gesichert werden. Letztlich sind viele Transfers nicht im Sinne einer Umverteilung von oben nach unten zu verstehen, sondern als horizontale, intrabiografische Umverteilungen. Der Sparschwein-Sozialstaat dominierte den Robin-Hood-Sozialstaat. Dadurch wurden die Ungleichheiten auf dem Arbeitsmarkt im System der sozialen Sicherheit weitgehend reproduziert (deutlich vor allem im Bereich der Renten und bei der Sicherung für Arbeitslose), wovon auch die Mittelschicht profitierte. Ein überschuldeter Staat kann aber, so die gängige Meinung, immer weniger Leistungen für seine Bürger bereitstellen. In den Kommentaren auf den Wirtschaftsseiten großer Tageszeitungen liest man immer wieder, dass der expansive Sozialstaat eine wesentliche Ursache der Staatsverschuldung sei. Die Bürger konsumierten mehr Wohlfahrtsleistungen als der Staat bezahlen könne, so dass viele Posten auf Pump finanziert worden seien. In der Tat sieht man in den besonders überschuldeten Ländern, dass Leistungskürzungen an der Tagesordnung sind. Wenn sich nun angesichts der »Finanz- und Euro-Krise« eine Politik der Austerität durchsetzt, wenn das Ziel der Lebensstandardsicherung zurückgestellt oder ganz aufgegeben wird, sind die Statusinteressen der Mittelschicht natürlich ebenfalls berührt.

Diese Entwicklung ist nicht neu, denn Einschnitte im Sozialbereich sind schon länger ein politisch umkämpftes Thema. Im Bereich der staatlichen Rente gibt es eine langfristige Leistungsabsenkung, so dass die Lebensstandardsicherung durch die gesetzliche Rente allein kaum noch gelingen kann, vor allem dann nicht, wenn man keine kontinuierliche Berufsbiografie aufzuweisen hat. Auch die Rente mit 67 ist ein Instrument, um die steigenden Kosten unter Kontrolle zu halten. Mit der Riester-Rente stellte der Staat zwar ein zusätzliches, steuersubventioniertes und auf die Bedürfnisse der Mitte zugeschnittenes Vorsorgeinstrument bereit, aber dieses wird noch immer unzureichend genutzt und hat offensichtliche Mängel, wie wir später noch sehen werden. Altersarmut in der Mittelschicht beschäftigt uns heute vielleicht noch nicht so stark, wird aber in Zukunft ein großes Thema sein.

Auch von den Arbeitsmarktreformen ist die Mittelschicht stark tangiert. Über die Hartz-Reformen ist so viel gesprochen und gestritten worden, dass man heute kaum noch ein Wort darüber verlieren mag. Was im Protestrausch unter dem Motto »Hartz IV ist Armut per Gesetz« jedoch oft unterging, ist die Tatsache, dass die Zusammenlegung von Arbeitslosengeld und Arbeitslosenhilfe für sozial abgehängte Gruppen (vor allem die Langzeitarbeitslosen oder Gruppen ohne Leistungsanspruch) auch Verbesserungen mit sich brachte: einfacheren Zugang zu Vermittlungsangeboten und höhere finanzielle Leistungen. Für die Arbeitnehmermittelschicht bedeutete Hartz IV jedoch den Abschied von den einkommensäquivalenten Transfers: Weg von der Statusgarantie, hin zur Nivellierung auf einem niedrigeren Niveau (Erlinghagen 2010). Nach einem Jahr Bezug des lohnabhängigen Arbeitslosengeldes wurden sie quasi mit Gruppen gleichgesetzt, die niemals erwerbstätig waren oder kaum Beiträge zur Arbeitslosenversicherung geleistet haben (Hassel/Schiller 2010).

Die Diskussionen um die Offenlegung der finanziellen Verhältnisse, um »Schonvermögen« und angemessene Wohnungsgrößen gingen ans Eingemachte und lösten eine zusätzliche Verunsicherung aus. Man darf nicht vergessen, dass der Pegel der Arbeitslosigkeit sehr hoch stand, als die Reformen eingeführt wurden. Arbeitslosigkeit war kein Schicksal, das nur Gruppen am Rande der Gesellschaft drohte, sondern konnte (beinahe) alle treffen. Dazu kamen die verschärften Zumutbarkeitsregeln, die den Statusinteressen der Mitte zuwiderliefen. Die für die Grundsicherung geltende Regel, wonach im Grunde jeder Job angenommen werden muss, selbst wenn er nicht der früheren Tätigkeit oder Ausbildung entspricht, wenn die Arbeitsbedingungen schlechter oder die Bezahlung geringer ist, öffnete neue Falltüren nach unten. De jure heißt das: Ingenieure können als Regalauffüller im Supermarkt eingesetzt werden, Wissenschaftler als Pförtner, Ärzte beim Wachdienst. Zwar gibt es Hinweise darauf, dass Durchschnitts- und Besserverdiener relativ selten in die Gruppe der Hartz-IV-Empfänger hineinrutschen (De Luca 2010), doch das prinzipielle Risiko ist gewachsen. Dass die Furcht, arbeitslos zu werden, mit Statusangst einhergeht, kommt da wenig überraschend.

Ein weiterer Aspekt der Hartz-Reformen hat die Gemüter der Mitte in Wallung gebracht – der Generalverdacht, arbeitsunwillig zu sein oder sich zumindest nicht genug anzustrengen. Die Reform ist auf Kontrolle, sanften, aber auch weniger sanften Druck sowie auf Anreize hin konzipiert und lässt weitestgehend außer Acht, dass die Arbeitslosen selbst daran interessiert sind, wieder auf eigenen Füßen zu stehen. Das Doppelgesicht von »Fördern und Fordern« kann leicht abschrecken. Wo das Fördern noch als erträglicher Paternalismus durchgehen mag, hat das Fordern doch eine andere Qualität. Wer mit Drohgebärden und Sanktionsrhetorik konfrontiert wird, obwohl er sich nichts sehnlicher wünscht, als wieder in Beschäftigung zu kommen, vermutet sich im falschen Film. Dass Gerhard Schröder seine Reformen mit der Aussage »Es gibt kein Recht auf Faulheit« einläutete, gehört ebenfalls in diese Reihe der Pauschalverdächtigungen. Die Erregung vieler arbeitsloser Mittelschichtler ging auch darauf zurück, dass sie sich zu Unrecht am Pranger sahen. Fleiß und Betriebsamkeit sind schließlich genau die Werte, die diese Schicht so gern für sich reklamiert.

Verunsicherungsdynamiken

Ein »Ende der Mitte« ist heute nicht in Sicht. Noch immer liegt der Anteil der Menschen, die zur Mittelschicht gezählt werden können, in Deutschland auf einem auch im internationalen Vergleich hohen Niveau. Noch immer erfreut sich diese Schicht eines erheblichen Wohlstands und ertragreicher Sicherheit. »Die Gerüchte über meinen Tod sind stark übertrieben«, verkündete der amerikanische Schriftsteller Mark Twain einst nach einem zu früh veröffentlichten Nachruf. Auch die Mittelschicht hat das Zeitliche noch nicht gesegnet. Sie ist nicht gebrechlich, aber doch nicht so vital und voluminös wie noch vor 20 oder 30 Jahren. Veränderungen setzen ihr zu: Schrumpfungstendenzen, das Zurückbleiben hinter der Spitze, verstopfte Aufstiegskanäle, neue soziale Risiken, die Prekarisierung und die zunehmende Löchrigkeit des einstmals dicht geknüpften Sicherungsnetzes. Wachstum und neue Arbeitsplätze können diese Trends möglicherweise vorübergehend kompensieren, ihr Einfluss ist jedoch begrenzt, wenn man die Breite der Veränderungen bedenkt, denen die deutsche Gesellschaft sich zu Beginn des 21. Jahrhunderts gegenübersieht. Manche sprechen ganz pauschal von der »Wiederkehr der sozialen Unsicherheit« (Castel 2009) oder vom »great risk shift« (Hacker 2006). Über Jahrzehnte kam der Wind von hinten, die Mittelschicht stieg auf und wuchs, doch jetzt bläst er von vorn und von der Seite.

3. Statuspanik: Reale Gefahr oder falscher Alarm?

Jüngst war zur besten Sendezeit immer wieder ein Werbespot des Versicherungskonzerns ERGO zu sehen, der viel über die Mentalität im Land verrät. Ein adretter junger Mann läuft in einer Lederjacke durch Berlin, steigt die Treppen zu seiner Wohnung hoch, lässt sich schließlich in einen Drehsessel fallen und spricht dabei folgende Sätze in die Kamera:

> »Versicherungen, was ist eigentlich schief gelaufen zwischen uns? Hab' ich irgendwas getan, dass ihr so komisch seid, so fremd? [...] Ich finde mein Leben schon kompliziert genug, und wenn ihr es versichern wollt, wird daraus Weltraumforschung. [...] Könnt ihr nicht einfach mal aufhören, mich zu verunsichern, und anfangen, mich zu versichern?«

Mir ist nicht bekannt, ob der Spot massenhaft Kunden zur ERGO gelockt hat, er spielt allerdings sehr gekonnt mit den Ängsten und Verunsicherungen der Bevölkerung. Die Botschaft lautet: Das Leben ist kompliziert, man weiß nicht, was morgen sein wird. Risiken lauern überall, aber wir von der ERGO können Ihnen helfen. Wir befreien Sie von den Ängsten, die Sie drücken. Eine Sehnsucht, die viele teilen: Raus aus der Gefahrenzone, hinein ins sorgenfreie Leben. Doch das ist nicht so leicht zu haben, wie es die Werbung verspricht.

Im letzten Kapitel ging es vor allem um langfristige gesellschaftliche Trends, die die soziale Position der Mittelschicht verändern. Nun wenden wir uns der mentalen Seite zu, fragen also danach, was die aufgezeigten Veränderungen für das Lebensgefühl und das Selbstbewusstsein der Mittelschicht bedeuten. Wir wissen, dass sich in den letzten Jahren die Wohlstandssorgen sowie die Ängste vor Sicherheitsverlusten geradezu epidemisch verbreitet haben. Der Frage, ob die wirtschaftliche Unsicherheit in den letzten zehn Jahren zugenommen habe, stimmen laut einer neueren Umfrage drei Viertel aller Deutschen zu (Landmann 2012). Die Verunsicherung der Mittelschicht ist ein großes Thema, auch in der politischen Öffentlichkeit. Daher lohnt es sich zu untersuchen, wie sich objektive Veränderungen in subjektive Wahrnehmungen und Gefühlslagen übersetzen. Ausgehend von diesem engeren Thema der Verunsicherung der Mittelschicht will ich den Bogen aber weiter spannen. Es soll hier auch um die großen Themen Gerechtigkeit und Fairness gehen. Das Unbehagen breiter Mittelschichtgruppen ist nicht zuletzt darauf zurückzuführen, dass die Wirklichkeit immer mehr mit vorherrschenden Legitimitäts- und Gerechtigkeitsvorstellungen, also dem, was man mitunter als »Moralökonomie« (Mau 2004) bezeichnet, in Konflikt gerät. Ein wachsender Anteil der Bevölkerung beobachtet eine Diskrepanz zwischen weithin akzeptierten Normen der Gerechtigkeit und den heutzutage herrschenden Spielregeln der gesellschaftlichen Verteilung von Privilegien, Positionen und Gütern. Wenn das Gerechtigkeitsempfinden Alarm schlägt, geht es um die Gestaltung der gesellschaftlichen Ordnung insgesamt, nicht nur um individuelle Sicherheitsverluste.

Das Sicherheitsparadox

Zunächst stellt sich die Frage, warum sich das Gefühl der Unsicherheit in der Mittelschicht so stark verbreitet hat. Handelt es sich dabei um eine unmittelbare Reaktion auf tatsächliche Sicherheitseinbußen oder um eine »inszenierte Mittelschichtspanik« (Jürgen Kaube), letztlich also eine Art Überreaktion? Die Beantwortung dieser Frage ist nicht ganz einfach, denn das Verhältnis zwischen objektiver Sicherheit und subjektivem Sicherheitsempfinden ist komplex. Gefühle der Sicherheit lassen sich nur bedingt aus handfesten Parametern ableiten, sie sind immer auch abhängig von Wahrnehmungen, Einstellungen und

Mentalitäten, die sich über die Zeit herausgebildet haben (Mau 1998). Dass subjektive Wahrnehmung und objektive Situation nicht unbedingt übereinstimmen müssen, sagt uns schon unsere Alltagserfahrung. Wir alle kennen Menschen, denen es leichter zu fallen scheint, über Drahtseile zu balancieren und dabei die Fallhöhe zu ignorieren, und andere, die sich auf ein solches Wagnis nicht einlassen würden. Es gibt diejenigen, die sich mit Lebensversicherungen und Zusatzrenten eingedeckt haben, um gegen alle Unwägbarkeiten gewappnet zu sein; andere haben jahrelang keine Krankenversicherung und keinen festen Job, ohne dass ihnen dies schlaflose Nächte bereiten würde.

Man kann Sicherheitsbedürfnisse also nur vor dem Hintergrund sozialer Erfahrungen sowie daraus abgeleiteter Erwartungen und Hoffnungen beurteilen. Sicherheit gilt vielfach als Programm ohne Endpunkt, dass heißt, dass wir niemals den Zustand erreichen werden, in dem es genug Sicherheit gibt. François Ewald, ein französischer Sozialtheoretiker und Schüler Michel Foucaults, schreibt dazu: »Anstatt die Ruhe des Wohlstands zu ermöglichen, ist das moderne Wachstum des Reichtums vielmehr durch ein größeres Sicherheitsbedürfnis gekennzeichnet. [...] Das Bedürfnis nach Sicherheit erscheint aus seiner Befriedigung zu erwachsen.« (1993: 15; kritisch dazu van Dyk/Lessenich 2008) Da die Erwartungen sich permanent an die vorhandenen Standards anpassen, kann man sie im Grunde nie vollständig erfüllen. Wenn das Niveau der Sicherheit nun unter das gewohnte Level sinkt, werden die Menschen nervös: In der Literatur ist an dieser Stelle vom Risikoparadox die Rede: »[E]in Mehr an Außengaranten der Sicherheit kann [...] offenbar dazu führen, daß verbleibende oder neu hinzukommende Unsicherheiten weniger toleriert werden.« (Evers/Nowotny 1987: 61)

Übermäßige Sicherheitsbedürfnisse können eine Gesellschaft auch lähmen. Es ist durchaus denkbar, dass der Umgang mit Risiken und Unsicherheiten sozusagen »verlernt« wird und dass prinzipiell nachvollziehbare Sicherheitsorientierungen sich in

Bewahrungs- oder Antiveränderungsimpulse verwandeln. Auf diesem Weg können sklerotische, ja eingepanzerte Gesellschaften entstehen, ängstlich wie das sprichwörtliche Kaninchen vor der Schlange. Herfried Münkler nennt den Zusammenbruch des Staatssozialismus in Osteuropa als Beispiel für das Scheitern solch angstbesetzter Gesellschaften:

> »Die realsozialistischen Staaten Mittel- und Osteuropas sind – auch – deswegen kollabiert, weil sie vor lauter Sicherheitsapparatur und Sicherungsversprechen jegliche Flexibilität und Reaktionsfähigkeit eingebüßt hatten. Das Innere dieser Gesellschaften ist vom Übergewicht der Sicherheitseinrichtungen erdrückt worden. [...] Übermäßiges Sicherheitsbedürfnis lässt Gesellschaften beschleunigt altern. Sie verlieren den Anschluss an die Entwicklung.« (2011)

Risikokompetenz und -bereitschaft sind daher immer auch eine Art gesellschaftlicher Jungbrunnen und Garanten für dynamische Entwicklungen.

Einige empirische Befunde sprechen dafür, dass das Sicherheitsbedürfnis heute vergleichsweise stark ausgeprägt ist: In einer Umfrage des Instituts für Demoskopie Allensbach gaben 79 Prozent der Befragten an, dass es ihnen lieber wäre, ein sicheres Leben in bescheidenem Wohlstand zu führen als ein Leben mit vielen Risiken, aber großen Chancen (10 Prozent) (*Frankfurter Allgemeine Sonntagszeitung*, 10. April 2011, S. 33). Diese Sicherheitsfixierung nimmt mit dem Alter zu, doch auch bei den unter 30-Jährigen würden sich 68 Prozent lieber mit bescheidenem Wohlstand begnügen, während sich lediglich 17 Prozent als eher risikofreudig beschreiben. Vielen gilt dabei insbesondere die Mittelschicht als Hort der Unsicherheitsaversion: gesichert, gesättigt – und dennoch in der ständigen Angst vor den Gefahren des normalen Lebens. Eine solche Lesart der mentalen Verfassung unserer Wohlstandsgesellschaft bietet beispielsweise Peter Sloterdijk an:

»Daß gewisse Einschnitte gleich als apokalyptische Rückschläge empfunden werden, beweist nur, wie sehr man als Bewohner des Wohlstandstreibhauses mit einer automatischen Zuwachserwartung ausgestattet war. Wenn dann einmal das Wachstum ausbleibt, entwickeln Zahllose das Gefühl, bitter zu verarmen. So ruft man unter der bestversorgten Population der Menschheitsgeschichte über Nacht archaische Mangelphantasien hervor.« (2010: 60 f.)

Das kann man getrost als Übertreibung ansehen. Es gibt aber durchaus Anhaltspunkte dafür, dass es Teilen der Mittelschicht besser geht, als sie es selbst wahrnehmen (Enste et al. 2011; Lengfeld/Hirschle 2009). Wohlstandssorgen und Abstiegsängste sind auch bei Gruppen festzustellen, die nach objektiven Kriterien weder als ungesichert noch als prekär gelten können (Böhnke 2005: 36). Die Mittelschicht scheint fast seismografisch auf gesellschaftliche Veränderungen zu reagieren, wobei bereits kleine und kleinste tektonische Verschiebungen zu großen Unsicherheitsgefühlen führen.

Angesichts solcher Befunde ist es also durchaus denkbar, dass subjektives Empfinden und objektive Situation auseinandertreten, allerdings sollte man dies nicht unbedingt im Sinne einer sozialpathologischen Risikoaversion interpretieren. Vermutlich steckt mehr hinter dieser gefühlten Verunsicherung. *Erstens* zeigt sich im Vergleich zwischen Gruppen und Gesellschaften, dass diejenigen, die größeren Risiken ausgesetzt sind, tatsächlich größere Unsicherheit empfinden (und nicht diejenigen, die am Gesichertsten sind) (Erlinghagen 2008; Mau et al. 2011). *Zweitens*: Dass Menschen sich aufgrund historischer Erfahrungen an ein bestimmtes Sicherheitsniveau gewöhnen, ist ein ganz normaler Prozess. Dass sie nervös werden, wenn sich dieses Niveau nicht mehr ohne Weiteres gewährleisten lässt, letztlich ebenfalls. *Drittens* sind auch prinzipiell gesicherte Gruppen von (gesellschaftlichen, marktlichen, unternehmerischen etc.) Restrukturierungen und Flexibilisierungszumutungen betroffen, so dass sie sich ihres Status nie ganz sicher sein können (Hürtgen 2008). Diagnosen zur übersteigerten Verunsicherung der Mittelschicht weisen einen weiteren blinden Fleck auf: Sie betrachten den Zusammenhang zwischen objektiven Daten und subjektiver Wahrnehmung vor allem retrospektiv oder in Bezug auf die Gegenwart. Sie schauen also, wie es Menschen ging oder geht, und vergleichen diese Daten dann mit den geäußerten Sorgen. Dieser Zusammenhang ist jedoch oft nicht sonderlich stark, denn Unsicherheit und damit verbundene Sorgen speisen sich in erster Linie aus Zukunftserwartungen, es sind also Mutmaßungen über die Zukunft. Nicht was *war* verunsichert, sondern was noch *kommen könnte*. Allerdings sind pessimistische Zukunftserwartungen oftmals nicht ganz so erratisch, wie man auf den ersten Blick meinen mag. So hat sich beispielsweise herausgestellt, dass die Befürchtung einer Person, ihren Arbeitsplatz zu verlieren, einen recht guten Prädiktor dafür darstellt, dass sie zu einem späteren Zeitpunkt wirklich ihren Job verliert. Die subjektive Erwartung ist hier aufschlussreicher als bestimmte objektive Indikatoren (Stephens 2004).

Wir müssen dabei auch bedenken, dass sich »gefühlte Unsicherheit« auf ein ganzes Bündel allgemeiner Faktoren und sich wandelnde Rahmenbedingungen bezieht. So mag das Rentenniveau (noch) relativ stabil sein, dennoch breitet sich die Verunsicherung aus, weil das Grundvertrauen in das System erschüttert wurde (Statistisches Bundesamt 2008: 293). Nur eine Minderheit scheint beispielsweise noch daran zu glauben, dass die gesetzliche Rentenversicherung den gewohnten Versorgungsstandard auch in Zukunft wird garantieren können. Norbert Blüm hat mit seinem Mantra »Die Rente ist sicher« letztlich das Gegenteil von dem erreicht, was er eigentlich wollte. Noch schwerwiegender dürften sich die von den Fehlentwicklungen auf den Finanzmärkten und der Verschuldung der öffentlichen Haushalte ausgehenden Verunsicherungen auswirken. Auf einer sehr grundlegenden Ebene haben diese Krisen das Systemvertrauen in die Märkte und die Politik unterhöhlt. Vertrauen ist nach Niklas Luhmann (1968) ein »Mechanismus der Reduktion sozialer Komplexität«. Weil es oft nicht möglich ist, in einer unüberschaubarer werdenden Welt alle Informationen zu haben und alle Zusammenhänge zu kennen, benötigen wir, um überhaupt handeln und entscheiden zu können, Vertrauen. Wer sich in ein Auto setzt, prüft nicht erst den Motor und die Elektronik, sondern vertraut darauf, dass schon alles funktionieren wird. Geht das Vertrauen in die Institutionen und die soziale Entwicklung verloren, breitet sich Unsicherheit aus, die Stabilität der Systeme wird weiter beschädigt.

Solche Ereignisse und Trends sind für eine Wohlstandsgesellschaft, die sich auf die Sicherheit von Einkommen und Vermögen verlässt, eine ernstzunehmende Bedrohung. Sie führen dem betroffenen Publikum überdeutlich vor Augen, wie instabil, ja geradezu fragil ganze Subsysteme werden können, auf deren Leistungen man sich zuvor verlassen hatte. Ein Gefühl der Sicherheit setzt immer Vertrauen voraus, aber Vertrauen ist prinzipiell riskant (Luhmann 1968). Wird Vertrauen enttäuscht, gibt es Dissonanzen zwischen Erwartungen und realen Entwicklungen, steigt der Pegel der Unsicherheit in der Gesellschaft schnell an.

Ein weiterer Aspekt scheint mir überaus wichtig zu sein, er wurde in der öffentlichen Diskussion bislang aber kaum thematisiert. Wir haben uns angewöhnt, den Wunsch nach Sicherheit als etwas Negatives zu sehen, als Gegenteil der positiv besetzten Risikofreude. Dabei haben Denker wie Adam Smith, der nicht gerade im Verdacht steht, den dynamischen Markt und seine Verteilungsprinzipien grundsätzlich infrage zu stellen, Sicherheitsorientierungen durchaus positiv bewertet. In seiner *Theorie der ethischen Gefühle*, einem Werk, ohne dessen Lektüre sein ungleich populäreres Buch *Der Wohlstand der Nationen* (1974 [1776]) kaum zu verstehen und einzuordnen ist, betrachtet Smith den Wunsch nach Sicherheit als wesentlichen gesellschaftlichen Stabilisator:

»Wir leiden [...] mehr, wenn wir aus einer besseren in eine schlechtere Lebenslage herabsinken, als wir uns jemals freuen würden, wenn wir aus einer schlechteren in eine bessere aufsteigen. Darum ist Sicherheit das erste und hauptsächliche Ziel der Klugheit. Sie ist immer dagegen, daß wir unsere Gesundheit, unser Vermögen, unseren Rang oder unser Ansehen irgendeiner Art von Zufall oder Gefahr aussetzen. Sie ist eher behutsam als unternehmungslustig, sie ist eifriger darauf bedacht, uns die Vorteile zu erhalten, die wir bereits besitzen, als uns zum Erwerb neuer, noch größerer Vorteile anzuspornen. Die Wege, die sie uns in erster Linie empfiehlt, um unsere Lage zu verbessern, sind solche, die uns keinem Verlust oder Zufall aussetzen: wirkliches Wissen und Geschicklichkeit in unserem Gewerbe oder Beruf, Emsigkeit und Fleiß in dessen Ausübung, Sparsamkeit oder selbst eine gewisse Kargheit in allen unseren Ausgaben.« (Smith 1994 [1759]: 362)

Smith zählt alle Tugenden auf, die oft der Mittelschicht attestiert werden: Hasardeurhaftes Verhalten wird abgelehnt, man plant langfristig, anstatt auf das schnelle Geld zu setzen, ein solider Beruf wird als ökonomische Basis geschätzt, man konsumiert mit Augenmaß, anstatt sich der Verschwendung hinzugeben, dazu herrscht ein Ethos der Leistung. In diesem Kontext erscheint die Sicherheitsorientierung als wichtiger Schutz gegen impulsives und damit im Endeffekt schädliches Verhalten. Das Lob der Sicherheit, das Smith hier formuliert, kann auch als Lob der Mitte gelesen werden.

Wie so oft kommt es also auf die Balance an: Zu viel Sicherheit, aber auch zu große Unsicherheit können lähmen und einer Gesellschaft schaden. Gerade wenn wir verunsichert sind, neigen wir nicht unbedingt zu Risikofreude, Anpassungsbereitschaft und Wagemut, sondern zu Frust und Passivität. Wir brauchen ein sicheres Fundament, um unser Leben innerhalb gewisser Leitplanken gestalten und planen zu können. Wenn so getan wird, als hieße mehr Sicherheit im Sinne eines Nullsummenspiels automatisch weniger Risikofreude, so ist dies ein Zerrbild. Sicherheit dient nicht allein der passiven Selbstimmunisierung, sie ist vielmehr eine entscheidende Voraussetzung für einen vernünftigen Umgang mit Risiken (Zapf et al. 1987). Nur wer darauf vertrauen kann, dass kurzfristiges Scheitern nicht das endgültig Aus und den Sturz ins Bodenlose bedeutet, ist bereit, etwas zu wagen.

Statusängste und Wohlstandssorgen

Wie steht es nun um die Mittelschicht? Wie positioniert sie sich im Kontext veränderter Parameter der Sicherheit? Dass die Mittelschicht eine besonders nervöse Gruppe ist, hat bereits Theodor Geiger angemerkt. Er sah in der Mittelschicht nicht das robuste Zentrum, als das wir sie heute gern betrachten, sondern eine potenzielle Gefährdungszone. 1930 veröffentlichte er einen kleinen, sehr interessanten Aufsatz mit dem Titel »Panik im Mittelstand«. Darin analysiert er sehr genau den Zusammenhang zwischen sozialer Lage und mentaler Befindlichkeit. Typisch für diesen Stand sei, dass er sich aus sehr unterschiedlichen Elementen und Gruppen (etwa dem alten und dem neuen Mittelstand) zusammensetze und als Ganzes keinen festen und klar definierten Ort in der gesellschaftlichen Hierarchie einnehme. Teile des alten Mittelstands, vor allem das Handwerk, würden durch die industrielle Produktion mehr und mehr an den Rand gedrängt. Der »ständische Boden« seiner Existenz sei nicht mehr gegeben, so dass diese Gruppen zu »ewig Unzufriedenen« würden (ebd.: 643). Aber auch den neuen Mittelstand, hier ging es ihm vor allem um die Angestellten, verstand Geiger als gefährdete Gruppe. Diejenigen, die aus der Arbeiterschaft in die Angestelltenschicht aufgestiegen seien, bemühten sich durch »ideologische Distanzierung und Überhöhung« den Abstand zu den Arbeitern künstlich zu vergrößern (ebd.: 467). Daneben existiere eine große Gruppe von Absteigern: jene aus dem alten Mittelstand, die in abhängige Lohnarbeit überwechseln mussten, zudem viele aus gebildeten und ehemals statushöheren Kreisen.

»Das Kontingent der Deklassierten ist sehr viel größer, als man gemeinhin annimmt: verabschiedete Offiziere im Versicherungswesen und in ›Vertrauensposten‹, Abkömmlinge der sogenannten gebildeten Schichten, die aus irgendwelchen, meist wirtschaftlichen Gründen oder wegen Überfüllung der akademischen Berufe in den unteren oder mittleren Angestelltenkategorien untertauchen. Sie bringen die sozialen Ranganspruche einer einst sehr gehobenen Schicht mit und vertreten diese Ansprüche umso hartnäckiger, je weniger ihre derzeitige soziale und wirtschaftliche Stellung dem Geltungsbedürfnis genügt.« (1930: 646)

Dementsprechend markiert Geiger den Mittelstand als Zone der ideologischen Verwirrung, denn es sind nicht die »großen Ströme des Zeitdenkens, von denen die Mittelstände sich fortreissen lassen. Es sind Sorgen und Lebensangst, die sie drücken.« (Ebd.: 648)

Natürlich kann man die Weimarer Zeit nicht ohne Weiteres mit der Bundesrepublik zu Beginn des 21. Jahrhunderts vergleichen. Die jüngste Wirtschaftskrise hat nicht zu massenhafter Verelendung geführt, und es droht auch keine Machtergreifung durch rechte Parteien. Geigers Analyse ist aber dennoch instruktiv, denn sie verweist auf die Spannung zwischen Status und Statusaspirationen. Seiner Ansicht nach ist in der Mittelschicht eine weitverbreitete und zum Verständnis der mentalen Lage wichtige »Angst vor Mindereinschätzung« (Geiger 1930: 646) vorhanden. Damit ist gemeint, dass Teile der Mittelschicht die Sorge umtreibt, in der gesellschaftlichen Rangordnung nicht den Status zu erhalten, der ihnen tatsächlich zusteht. Darüber hinaus deutet diese Formulierung auf eine weitverbreitete Statusunsicherheit hin, welche die Abstandssuche nach unten und die Anschlusssuche nach oben zur wichtigen Leitorientierung werden lässt.

Bei Helmut Schelsky (1953), der die Bundesrepublik der Nachkriegszeit im Blick hatte, findet sich eine noch grundlegendere These. Er sah chronische Unsicherheit als typische Begleiterscheinung einer »nivellierten Mittelstandsgesellschaft« an, weil in einer solchen Gesellschaft von vornherein »kein Einwurzeln in einer beharrenden Position« möglich sei (ebd.: 230). Diese Gesellschaften seien, anders als Standesgesellschaften, statische Schichtgesellschaften oder ausgehärtete Klassengesellschaften, auf Mobilität, also Auf- und Abstiege, angelegt. Man kann sich seines Status eben nicht sicher sein. Diese Tendenz zur chronischen Unsicherheit wurde in der Vergangenheit nie so richtig sichtbar, weil institutionelle Vorkehrungen im Bereich sozialer Sicherung, professionelle Schließungen und die Statussicherung durch Qualifikation dies verhinderten. Vor allem aber hat die kollektive Aufwärtsbewegung in der langen Phase von Wachstums- und Wohlstandsgewinnen das Moment der »Statuslabilität« überlagert (ebd.: 230).

Die Auslöser für Abstiege können heutzutage vielfältig sein: Konkurs des Arbeitgebers, Sportunfall, Wohnungseinbruch, Alkohol, Hochwasser, Burn-out, Seitensprung, ein insolventer Immobilienfond, Mobbing im Internet. Von Angehörigen der Mittelschicht werden Abstiege in die Armutszone als dramatisch empfunden, sie führen zu massiven Einbrüchen ihres subjektiven Wohlbefindens (Böhnke 2010). Zwar haben es Mittelschichtangehörige leichter, aus der Armut wieder herauszukommen, weil sie über bessere Bildung und Netzwerke verfügen, aber ihre Orientierung auf Wohlstand und Sicherheit lässt sie mögliche Armutsphasen als besonders belastend erleben.

Wohlstandssorgen gibt es aber nicht nur bei denen, die tatsächlich erhöhten Risiken ausgesetzt sind. Im Sinne der oben angesprochenen Unsicherheitssensibilität verweisen einige Autoren darauf, dass die Irritationen und Ängste in Teilen der Mittelschicht auf einen Spill-over-Effekt zurückzuführen sein könnten. Das bedeutet, dass die Sorge um die eigene materielle Sicherheit und Positionierung von den unteren Schichten auf die Mittelschicht überschwappt (Lengfeld/Hirschle 2009: 382). Heinz Bude suggeriert, dass die Beobachtung von Verarmungstendenzen vor allem auch bei denen Ängste schürt, die es nicht unmittelbar betrifft: »Wenn die ›bedrohte Arbeitnehmermitte‹ etwas von Verarmung und Ausschlusstendenzen hört, fühlt sie sich zuerst selbst angesprochen. Von anderen, die wirklich bedroht sind und die auf einem schmalen Grat wandeln, will dieser Teil der Mitte nichts wissen.« (2008: 46 f.) Man könnte es auch so sehen: Statuspanik entsteht natürlich vor allem bei denen, die etwas zu verlieren haben. Im eigenen Beobachtungshorizont erleben sich Teile der Mittelschicht gerade deswegen als bedroht, weil sie einen Status, das heißt einen gehobenen Lebensstandard und ein gesichertes Auskommen besitzen. Ihre Verlustängste sind Ausdruck eines vorhandenen Wohlstands und der offenen Frage, wie es damit in Zukunft aussehen wird. Wie wir in einer Studie herausgefunden haben, handelt es sich in der Regel um Verlustängste, die sich auf langfristige Wohlstandseinbußen beziehen (Wie wird es den eigenen Kindern gehen? Kann ich meinen Lebensstandard im Alter halten?), weniger um akute Sorgen wie jene, im nächsten Monat die Miete nicht mehr bezahlen zu können (Schöneck et al. 2011).

Für die Befindlichkeit der Mitte ist natürlich auch der Prozess der Mittelschichtschrumpfung von Bedeutung. Jeder ahnt, dass die Schrumpfung des Mittelschichtbauchs kein Gesundungsprozess ist. Es geht nicht um eine überfällige Diät, um wieder eine Badehosen- oder Bikinifigur zu bekommen. In unseren Interviews zum Thema soziale Gerechtigkeit in Deutschland war das ein wiederkehrendes Thema. Zwei unserer Interviewpartner äußerten sich diesbezüglich wie folgt: »Ich denke, die Mittelschicht schwindet immer mehr. [...] [D]ie Mittelschicht verschwindet nicht nach oben, sondern nach unten. Die stürzen alle ab«, meint eine 50-jährige Bauingenieurin aus Köln. Ein leitender Angestellter eines Verbandes gibt zu Protokoll: »Die Vermögensmillionäre nehmen immer mehr zu, und unten steigen gleichzeitig die Zahlen der Sozial- und Transferleistungsabhängigen. Dieser Teil wird immer breiter und geht in die Mittelschicht rein. Aber gleichzeitig wird es oben auch noch mehr, und das geht auch von der Mittelschicht weg.« Das Schrumpfen der Mitte ist nicht zuletzt durch die Analysen des Deutschen Instituts für Wirtschaftsforschung (DIW) zum öffentlichen und politischen Thema geworden. Was die Daten belegen, findet sich auch in den Erfahrungs- und Wahrnehmungswelten der von uns befragten Mittelschichtler.

Zugleich wird auch in Deutschland bemerkt, dass in anderen Regionen neue Mittelschichten im Entstehen sind. Ich habe es bereits angesprochen: Mit dem rasanten Aufholen von Ländern wie Indien, China oder Brasilien verbindet sich die Entstehung einer zahlenmäßig starken Mittelschicht außerhalb der OECD-Welt. Bald kann Europa kein Alleinstellungsmerkmal mehr für sich reklamieren, wenn es um die wichtige sozialstrukturelle Rolle der Mitte geht. Solcherart »schwindende Unterschiede« (Miegel 2005: 80) können das eigene Selbstbewusstsein und das Gefühl der Uneinholbarkeit deutlich schwächen. Diese Länder mögen noch weit von einem Zustand entfernt sein, in dem die Mehrheit der Bevölkerung der Mittelschicht zugerechnet werden kann (wie in Europa), doch ihr Bevölkerungsreichtum macht ihre Mittelschichten zu relativ großen Gruppen. An vielen Orten begegnet man ihnen: Der brasilianischen Großfamilie beim Lunch in einem der besseren New Yorker Restaurants, den russischen Touristen am Sonnenstrand in der Türkei oder den Chinesen im Hotel Mamounia in Marrakesch.

Im internationalen Vergleich ist die Zufriedenheit mit den materiellen Lebensbedingungen in Deutschland, Westeuropa und den USA immer noch hoch, aber die Unterschiede zu Befragten in den Ländern Asiens, Lateinamerikas und zum Teil auch Afrikas sind kleiner geworden. Das zeigen die Daten des Global Attitudes Project, die auf repräsentativen Umfragen beruhen (PEW 2007). Innerhalb der OECD-Welt wächst die Zufriedenheit nicht mehr, in einigen Ländern fällt sie sogar. Besonders dramatisch sind die Diskrepanzen im Antwortverhalten, wenn man wissen will, ob die Menschen glauben, dass es der nächsten Generation im eigenen Land besser oder schlechter gehen wird. In Deutschland geben 73 Prozent der Befragten an, den eigenen Kindern werde es eher schlechter gehen (17 Prozent sagen »besser«, sechs Prozent sagen »in etwa gleich«). In den Ländern Westeuropas und den USA, die im globalen Ranking der Lebensbedingungen derzeit Spitzenpositionen einnehmen, ist der Glaube an weitere Verbesserungen deutlich in der Minderheit; möglicherweise ist das ein *ceiling*-Effekt – man glaubt, man habe den Gipfel erreicht und es könne nun nur noch schlechter werden. Die große Krise der Jahre 2008 ff. hat die deutsche Gesellschaft (anders als die Bevölkerungen in Ländern wie Großbritannien und den USA, in Spanien und Italien) bislang zwar nur gestreift, viele spüren jedoch, dass wir mit neuen Gefahren und Unwägbarkeiten konfrontiert sind. Das Versprechen auf dauerhaften Wohlstand und die institutionellen Statuszusagen stehen zur Disposition. Auf der Grundlage ihrer Untersuchungen charakterisiert Renate Köcher vom Institut für Demoskopie Allensbach diesen Zukunftspessimismus folgendermaßen:

> »Es ist die Skepsis einer Gesellschaft, die fürchtet, ihren Zenit erreicht oder überschritten zu haben. Wenn die deutsche Bevölkerung befragt wird, welche Phase die besten Zeiten der Republik markiert, so nennen die meisten die sechziger und siebziger Jahre, teilweise noch die achtziger Jahre. Lediglich eine verschwindende Minderheit von 4 Prozent der Bevölkerung ist überzeugt, dass es Deutschland im Vergleich der letzten Jahrzehnte heute am besten geht. Offenkundig spielt für die Einschätzung, in welcher Zeit es Deutschland besonders gut ging, weniger das erreichte Wohlstandsniveau eine Rolle als die Erfahrung von Wohlstandsgewinnen. Eine Gesellschaft, die fürchtet, ihren Zenit erreicht oder überschritten zu haben, fürchtet Veränderungen. Sie kann sich die Zukunft nur als eine Verschlechterung gegenüber der gegenwärtigen Lage vorstellen und hofft entsprechend, dass es gelingt, den Status quo so lange wie möglich zu verteidigen.« (2010: 5)

Während im Erwartungshorizont der Menschen in den OECD-Ländern schrumpfender oder stagnierender Wohlstand eine prominente Rolle spielt, stellt sich die Situation in China oder Indien ganz anders dar (PEW 2007). In China sehen 86 Prozent optimistisch in die Zukunft, in Indien sind es 64 Prozent. Die dynamischen Aufsteigerländer strotzen nur so vor Zukunftsoptimismus.

Durch Medien, Massentourismus und Migration hat sich das Wissen über die Lebensbedingungen an anderen Orten und in anderen Regionen exponentiell erhöht. Wissenschaftler sprechen in diesem Zusammenhang von der Transnationalisierung sozialer Ungleichheit (Beck/Poferl 2010). Wenn Menschen heute und in Zukunft also Vergleiche anstellen, dann auch mit anderen Ländern oder Gruppen jenseits der nationalstaatlichen Grenzen. Das Gefühl der Besserstellung wird vermutlich nach und nach verloren gehen, im Gleichschritt mit den Wohlstandsgewinnen in anderen Ländern sowie dem zahlenmäßigen Wachstum und der zunehmenden Präsenz einer globalen Mittelschicht.

Deklassierungsrisiken

Neben der Erwartung stagnierenden oder schrumpfenden Wohlstands gibt es die neuen Zumutungen in den Arbeits- und Sozialwelten, die wir bereits genauer beschrieben haben. Viele Bereiche des Lebens unterliegen einer starken Ökonomisierung, Dynamisierung und Beschleunigung, welche den Druck auf den Einzelnen erhöhen und vieles instabil erscheinen lassen. Vermarktlichung und Wettbewerb bedeuten letztlich, dass ein einmal erreichter Status nicht auf Dauer gestellt werden kann und permanent verteidigt werden muss: »Ressourcen, Privilegien, Positionen und soziale Achtung werden leistungsabhängig immer wieder neu verteilt, die Sozialordnung wird dynamisiert, zeitstabile Zustände statischen Gleichgewichts pendeln sich kaum mehr ein.« (Rosa 2006: 89) Der amerikanische Soziologe Richard Sennett hat die damit einhergehenden Erfahrungen der Unsicherheit und Ungewissheit einmal mit dem Begriff des *drifts* umschrieben (1998), als Zustand des Kontrollverlustes und des Dahintreibens. Der Mensch ist, so Sennett, auf Langfristigkeit und Verlässlichkeit angewiesen, doch diese sind im modernen, flexiblen Kapitalismus kaum noch gewährleistet. Deshalb hätten trotz eines relativ hohen Lebensstandards und einer gewissen Sicherheit viele das Gefühl, ihr Leben nicht mehr wirklich in der Hand zu haben: »Diese Angst ist sozusagen in ihre Arbeitsgeschichte eingebaut.« (Sennett 1998: 21)

Das ist eine sehr allgemeine Beschreibung, die auf die breite Gesellschaft zutrifft, wir können aber einzelne Aspekte einer mittelschichtspezifischen Verunsicherung ausmachen. Die amerikanische Publizistin Barbara Ehrenreich bietet in ihrem bereits 1989 erschienenen Buch *Fear of Falling. The Inner Life of the Middle Class* eine brillante Analyse der Statusängste, welche vor allem die *professional middle class*, also die gehobene Mittelschicht, plagen. Dazu rechnet sie all jene, deren sozioökonomischer Status von akademischer Bildung und Arbeit, und nicht (oder nur teilweise) vom Vermögen abhängt, also Manager und Wissenschaftler, Lehrer und Computerspezialisten, Anwälte und Versicherungsmakler. Diese Gruppe besitzt nach Ehrenreich ein besonderes Standesbewusstsein mit einer starken Orientierung nach oben und sucht gleichzeitig den Abstand zu den unteren Schichten. Zentrales Scharnier zur Statussicherung ist die Verbindung zwischen ihrem Humankapital und dem Arbeitsmarkt, weshalb ihr Status nicht auf Dauer gestellt werden kann. Ihr Wohlstand »verdankt sich permanenter Anstrengung und Anspannung« (Vogel 2011: 507), so dass sich ihre Situation von den oberen Lagen des »sorgenfreien Reichtums« (Groh-Samberg 2009) doch gravierend unterscheidet. Anders als Geldvermögen oder Immobilien kann Humankapital nicht gehortet, sondern muss immer wieder erneuert und auf dem Markt angeboten werden. Die Mittelklassen sind daher abhängig von der Gängigkeit ihrer Qualifikation und den Wechselfällen des Marktes. Da ihre Eigentumswerte begrenzt sind, dienen sie vor allem als Rücklage, weniger als dauerhafte Einkommensquelle. Kommt es zu inflationärer Geldvermehrung oder sinken die Renditen, schlägt das in der Regel auf sehr grundlegende Lebensumstände durch: Sicherheit im Alter, Wohnqualität, Möglichkeiten, die eigenen Kinder zu unterstützen, Urlaubsreisen. Der Status der Mittelschichten ist nach dieser Lesart immer nur unvollständig geschützt und gegen Deklassierungen nicht immun. Mit einer zunehmenden Vermarktlichung sozialer Lagen wird dies noch offensichtlicher. Daher gerät die Mittelschicht dann unter Druck, und Statusangst wird ihr ständiger Begleiter.

In eine ähnliche Richtung gehen die Beobachtungen Dalton Conleys von der New York University, der auch die Aspekte der Substituierbarkeit und die Risiken der Entwertung von Bildungskapital hervorhebt. Er spricht von einer grassierenden »fraud anxiety« (Conley 2009), also der Angst, dass jemand entdecken könnte, dass wir gar nicht so viel leisten, wie wir vorgeben (oder wie wir uns einbilden), und dass man herausfinden könnte, wie leicht wir in der modernen Arbeitswelt zu ersetzen sind. Es ist die Angst davor, entwertet, überflüssig oder freigesetzt zu werden. Er gibt folgendes Beispiel: Das MIT in Boston und die Universität Stanford bieten Vorlesungen und Seminare nun auch online an, kostenfrei, Apple stellt neuerdings via iTunes U ebenfalls Lerninhalte im Internet zur Verfügung. Was wäre, wenn alle Studenten das nutzen und die bisherigen Lehrformen, bei denen Studierende und Professoren in einem Raum zusammenkommen, überflüssig würden? Was, wenn die Studenten überall im Land feststellten, dass die Kollegen vom MIT oder aus Stanford unterhaltsamere und bessere Veranstaltungen anbieten und sich eher dorthin klicken? Würde dann die eigene Position als akademischer Lehrer einer Uni in der Provinz in

Gefahr geraten? Bräuchte einen die Universität dann überhaupt noch? Auch hier zeigt sich wieder die Gefahr der Entwertung des Humankapitals, welches sich die Mittelschicht unter großen Mühen angeeignet hat.

Wahrgenommene Kanäle des Aufstiegs

Im nächsten Schritt gilt es nun zu klären, wie die Menschen die Statusordnung subjektiv wahrnehmen. Was antworten sie auf folgende Fragen: Wie kommt man in die besseren gesellschaftlichen Ränge? Wie kann man sich dort dauerhaft etablieren? Ist die Gesellschaft offen und fair? Umfragen zeigen, dass die Mehrzahl der Menschen der Meinung ist, Bildung, harte Arbeit, Fleiß und Initiative seien unabdingbar, um voranzukommen; gleichzeitig sind mittlerweile über 60 Prozent der Befragten der Ansicht, nicht alle hätten die gleichen Startvoraussetzungen, die Chancen seien insofern ungleich verteilt (vgl. Pollak 2010: 50 ff.). Im Jahr 2000 glaubten dies noch weniger als 50 Prozent. Weiterhin sind über 80 Prozent der Menschen überzeugt, Beziehungen seien für den sozialen Aufstieg wichtig, immerhin zwei Drittel betonen die Bedeutung der sozialen Herkunft (ebd.). Man sieht an diesen Daten, dass die Bevölkerung weder eine idealisierte Vorstellung einer rein leistungsbezogenen Statusordnung hat noch Aufstiege durch Fleiß und Anstrengung für unerreichbar hält. Über die Zeit wächst aber der Anteil derer, die Zweifel daran haben, dass die Gesellschaft Leistung und Intelligenz belohnt und gleiche Startchancen für alle bietet (siehe auch Schrenker/Wegener 2007). Fragt man direkter nach den Gründen dafür, warum jemand in der Gesellschaft zu Reichtum kommt, werden Beziehungen und günstige Ausgangsbedingungen am häufigsten genannt (ca. 80 Prozent Zustimmung bei den Antwortkategorien »oft« und »sehr oft«); deutlich weniger sehen Fähigkeiten und harte Arbeit als entscheidend an (Glatzer et al.

2008; Glatzer et al. 2009). Viele glauben, dass man ohne die Startvorteile einer privilegierten familiären Herkunft (also Vermögen, die Zugkraft belastbarer Beziehungsnetze) nicht ganz nach oben kommt (Sachweh 2009). Diese Wahrnehmung steht im Konflikt zu den gesellschaftlich hoch bewerteten Prinzipien der Leistungsgerechtigkeit und der Chancengleichheit.

Vergleichen wir diese subjektiven Einschätzungen der Bürger mit den tatsächlichen Mobilitätsmustern in unserer Gesellschaft, sind Wahrnehmung und Realität möglicherweise gar nicht so unvereinbar, wie man auf den ersten Blick denkt. Mit sozialstrukturellen Verhärtungen, ungleichen Bildungschancen und Schieflagen bei Vermögen und Erbschaften ist unsere Sozialordnung vom meritokratischen Pol doch relativ weit entfernt: Herkunftsfesseln behindern soziale Entwicklungs- und Aufstiegsmöglichkeiten, sehr gut positionierte Gruppen verschaffen sich dauerhafte Wettbewerbsvorteile. Ich habe ja schon darauf hingewiesen: Wer in privilegierten materiellen Lagen aufwächst, verbleibt in der Regel auch dort. Die Vermarktlichung und die größere Rolle von Wettbewerb in unserer Gesellschaft schaffen hier kein Gegengewicht. Vielmehr ist anzunehmen, dass sich Anfangsunterschiede sukzessive vergrößern und dann uneinholbar werden, dass die gerechte Marktverteilung in eine ungerechte Chancenverteilung kippt:

> »Überall dort, wo sich Wettbewerbsvorteile gleichsam nach dem Kapitalakkumulationsprinzip selbst vermehren [...], verstärkt der Wettbewerb die natürlichen oder sozialen Ungleichheiten zwischen den Menschen: Einmal bestehende Bildungs-, Konditions- oder Vermögensunterschiede haben die Eigenschaft, sich unter Wettbewerbsbedingungen zu vergrößern und die Chancenungleichheit in jeder neuen Wettbewerbsrunde zu verstärken. Das Prinzip der Chancengleichheit wird daher im materialen Sinne durch den iterativen Konkurrenzprozess selbst unterminiert.« (Rosa 2006: 92 f.)

Unter diesen Bedingungen wäre der Markt selbst dann kein Garant für eine leistungsgerechte Verteilung, wenn alle gleich gute

Startchancen hätten, sondern würde Unterschiede katalysieren und verfestigen, so dass auch das Leistungsprinzip auf der Strecke bliebe. Man kann vermuten, dass die wahrgenommene Verletzung des Leistungsprinzips von vielen als zunehmend problematisch erlebt wird. Der Soziologe Sighard Neckel legt nahe, dass diese Entwicklung auch mit einem veränderten (und als kritisch wahrgenommenen) Gesellschaftsbild einhergeht:

> »Da ist erstens der schwindende Glaube an soziale Mobilität. Graduelle Schemata in der Wahrnehmung der Sozialstruktur sehen einzelne Statuspositionen als prinzipiell veränderbar an. Heute jedoch verbindet sich bis weit in die scheinbar gut etablierten Mittelklassen hinein eine allgegenwärtige Abstiegsgefahr mit faktischen Aufstiegsblockaden. Entfällt aber die Erfahrung der Teilhabe an sozialen Aufstiegsprozessen, verfestigt sich das innere Bild einer Klassenstruktur der Gesellschaft offenbar derart nachhaltig, dass sich die Bevölkerungsgruppen untereinander stärker denn je als völlig undurchlässig erleben.« (2008a: 37)

Eine solche Einschätzung der gesellschaftlichen Ordnung kann nachteilige Rückwirkungen auf den Leistungs- und Aufstiegswillen größerer gesellschaftlicher Gruppen haben. Dazu kommt: Wer den Eindruck hat, in einer Pfründegesellschaft zu leben, wird alles daran setzen, die eigenen Vorteile zu sichern; wer glaubt, dass unfair gespielt wird, neigt eher dazu, es mit den Regeln selbst nicht so genau zu nehmen.

Die Mittelschicht spielt bei diesen Veränderungen meines Erachtens eine ambivalente Rolle, weil auch ihr Verhältnis zum Leistungsparadigma gespalten bleibt: Einerseits hat sie die Philosophie der Leistungsgerechtigkeit besonders stark verinnerlicht und verteidigt dieses Prinzip; andererseits ist sie jedoch dafür bekannt, sich abzuschotten, sobald ihr Status bedroht ist. Lange Zeit galten klassische Mittelschichttugenden wie Pflichtbewusstsein und Leistungsbereitschaft zugleich als »Versprechen an die Angehörigen der Unterschicht, dass, wer sie übernehme, gute Chancen habe, sozial aufzusteigen« (Münkler 2010:

69). Rückt die Mitte zur eigenen Statussicherung von diesen Prinzipien ab, wie man es beispielsweise im Bildungsbereich beobachten kann, delegitimiert sie sich letztlich selbst.

Eine Gruppe von Ökonomen (Bjornskov et al. 2009) konnte zeigen, dass die Akzeptanz von Ungleichheit eng mit der Bewertung der Chancengleichheit zusammenhängt: In als offen und durchlässig wahrgenommenen Gesellschaften ist die Akzeptanz von Ungleichheiten recht groß. Ganz allgemein gilt: Wenn das Zustandekommen von Ungleichheit als fair erlebt wird, steigt die Toleranz für Ungleichverteilungen (Hopkins 2008). Hier drängt sich eine Querverbindung zu John Rawls (1975) liberaler Gerechtigkeitstheorie geradezu auf. Der amerikanische Philosoph fragte in einem berühmten Gedankenexperiment, für welche Grundsätze der Gerechtigkeit sich Menschen entscheiden würden, wenn sie hinter einem »Schleier des Nichtwissens« stünden, also keine Information darüber hätten, in welcher Position innerhalb einer imaginären Verteilungsordnung sie sich selbst wiederfinden würden und mit welchen Gaben oder Talenten sie ausgestattet wären. Rawls nimmt an, dass die Menschen sich in einer solchen Situation für zwei Prinzipien entscheiden würden. Zum einen würden sie sich darauf festlegen, dass jeder Bürger über die gleichen Grundfreiheiten verfügen muss. Zum anderen würden sich die Menschen im Hinblick auf die Legitimation sozialer Ungleichheit darauf einigen, dass *erstens* Ämter und Positionen, die mit Privilegien verbunden sind, auf der Grundlage von Chancengleichheit allen offen stehen müssen (*Prinzip der Chancengleichheit*) und dass *zweitens* soziale Ungleichheit nur dann legitim ist, wenn die am wenigsten Begünstigten davon profitieren (*Differenzprinzip*). Das Prinzip der Chancengleichheit hat dabei aus Rawls' Sicht Vorrang gegenüber dem Differenzprinzip. Das Differenzprinzip fragt nunmehr nicht danach, wie groß die Ungleichheit absolut ist, sondern in erster Linie danach, was sie für die unteren Gruppen bedeutet. Die Verteilungsregel weist Ungleichheiten dann als gerecht aus, wenn sie die absolute Position der am schlechtesten Gestellten anheben. Nach Rawls wäre damit ein Zuwachs der Ungleichheit nur dann zu akzeptieren, wenn dabei die schwächeren Gruppen besser gestellt werden. Für die ökonomische Dynamik heißt das: Rawls geht nicht von einem automatischen Durchsickern wirtschaftlicher Gewinne zu den unteren Schichten aus, sondern fragt, was für die unteren Schichten wirklich herausspringt. Daran muss sich die Frage der Gerechtigkeit als Fairness messen lassen. Betrachtet man die skizzierten gesellschaftlichen Trends (das Davonziehen der Reichen an der Spitze der Hierarchie, die Stagnation in der Mitte und am unteren Ende der Sozialstruktur, die ungleichen Chancenverteilungen) vor dem Hintergrund von Rawls' theoretischen Überlegungen, so kann man eine Verletzung wichtiger Grundsätze der Gerechtigkeit erkennen. Und tatsächlich nehmen die Menschen dies auch so war. Sie reagieren insofern so, wie der Philosoph es prognostizierte.

Die Frage der Durchlässigkeit und Chancengleichheit ist auch von großer Bedeutung für die individuelle Leistungsbereitschaft. Nur wer davon überzeugt ist, dass seine Anstrengungen gesellschaftlich belohnt werden, hängt sich rein. Wenn hingegen gesellschaftliche Plätze qua Geburt zugewiesen werden oder sich Aufstiegskanäle verschließen, kann ein Motivationsdefizit entstehen. Auch eine wachsende Bedeutung von Glück, guten Gelegenheiten und einer Portion Chuzpe können die Leistungsbereitschaft Einzelner untergraben. Die Ergebnisse von Umfragen unter jungen Menschen sind insofern nicht verwunderlich: Fragt man Jugendliche nach ihren Plänen und Lebenszielen, so nennen viele keine konkreten Berufe, sie antworten eher ganz pauschal, sie wollten »reich« und »berühmt« werden. So wird es auch durch Jugendmagazine, Fernsehserien und Talentshows suggeriert. Solche Bilder der eigenen beruflichen Zukunft sind stark auf Erfolg und Prominenz ausgerichtet. Von einigen wird das Erlernen eines traditionellen Berufs sogar als Zumutung empfunden, weil es eher vom Traumjob weg, als zu ihm hinführt.

Auch das soziale Umfeld beeinflusst derartige Vorstellungen: Wenn in einer Abiturklasse eine Mitschülerin aus dem Stand zu einem Fotoshooting eingeladen wird und mit 2000 Euro nach Hause kommt, werden Nachahmungswünsche geweckt. In Russland konnte man in den Jahren nach dem Zusammenbruch des sozialistischen Systems schnell aufeinanderfolgende Moden beobachten. Noch zu Beginn der neunziger Jahre galten Mafioso oder Model als durchaus attraktive Berufswünsche (wenn man, bezogen auf Ersteres, überhaupt von einem Beruf sprechen kann); dann kamen die Manager- und Banker-Laufbahnen, mit der Wirtschafts- und Finanzkrise die Karrieren im sicheren Staatsapparat. Russische Soziologen gehen davon aus, dass die Jugend vor allem in die Bereiche will, in denen es für wenig Arbeit großes Geld gibt, oder die, je nach Marktlage, Sicherheit versprechen (Quiring 2010).

Ich will derartige Phänomene hier nicht karikieren, weil sich dahinter doch wichtige Veränderungen gesellschaftlicher Leitvorstellungen verstecken. Um diesbezüglich klar zu sein: Die meisten Jugendlichen sind nach wie vor an »realen« und »handfesten« Berufen interessiert; sie zeigen sich begeisterungsfähig, scheuen auch Anstrengungen nicht und sind pragmatisch (Albert et al. 2010). Ihre Bemühungen werden aber nicht selten von alternativen Erfolgsmodellen konterkariert. Der »anstrengungsarme Erfolg« einiger gesellschaftlicher Gruppen oder zumindest die Tendenz der Überbezahlung in einigen Sektoren schlägt sich auch auf die allgemeine Motivationslage nieder. Langfristige Loyalitäten, das Aufbauen und Planen von Karrieren, das jahrelange Aneignen von Sachverstand und Fertigkeiten scheinen sich oft weniger gut auszuzahlen als das Nutzen kurzlebiger Gelegenheiten.

Ungleichheit und Statusstress

Je größer die Ungleichheit, desto riskanter das Scheitern. Die Fallhöhe ändert sich. Es macht einen Unterschied, ob man im egalitären Schweden einen Mittelklasse-Job verliert oder in den stärker polarisierten USA. Steigende Ungleichheit heißt nicht nur, dass die obere Hälfte oder das obere Drittel deutlich mehr Gewinne einstreicht als der Rest, es heißt auch, dass für alle wichtiger wird, auf welcher Sprosse der Einkommensleiter sie Tritt fassen. Die Leiter ist höher, und die Abstände zwischen den Sprossen werden tendenziell größer. Es mag uns deutlich besser gehen, als denen ein paar Stufen unter uns, aber es wird auch gefährlicher, den Halt zu verlieren. Damit gibt es für diejenigen in der oberen Hälfte der Einkommensverteilung nicht nur einen Statusgewinn, weil sich der Abstand zur unteren Hälfte vergrößert, sondern das mögliche Herunterfallen birgt auch größere Gefahren. Nur geschätzte zehn Prozent der Spitzeneinkommensbezieher sind in der Lage, die Risiken des Herabfallens zu vermeiden oder sogar auszuschließen, bei den Gruppen darunter gilt das für noch deutlich weniger Menschen. Weil das so ist, wird viel Energie in die Statussicherung gesteckt. Dalton Conley führt dazu aus: »Das gleichzeitige Absenken unterer Einkommen und die Steigerung hoher und höchster Einkommen rufen eine panische, aber rationale Angstreaktion hervor: Arbeite immerzu.« (2009: 22) In einem Forschungsprojekt, für das wir Menschen zu Fragen der sozialen Gerechtigkeit interviewten, wies uns ein Abteilungsleiter einer Druckerei auf die Schwierigkeiten hin, auf die stößt, wer sich dauerhaft in der Mittelschicht einrichten will: »Von oben nach unten ist relativ schwer, aber von der Mitte nach unten, das kann sehr schnell gehen. So ein Ackermann fällt immer weich, aber ein Mittelverdiener, der plötzlich krank wird oder geschieden oder den Arbeitsplatz verliert, da ist die Gefahr sehr viel höher.«

Richard Wilkinson und Kate Pickett liefern in ihrem viel diskutierten (und nicht ganz unumstrittenen) Buch *The Spirit Level. Why Equality is Better for Everyone* (2009) eine Fülle von Daten, die belegen, dass Ungleichheit mit allerlei Missständen und Problemen einhergeht. Die Grundthese ist, dass eine Gesellschaft nur gedeihen kann, wenn die Ungleichheit begrenzt bleibt. Ungleichheit wirke sich nachteilig auf das Leben der Menschen aus, sie führe zu Einbußen an Wohlbefinden und unterminiere den gesellschaftlichen Zusammenhalt. Die Kluft zwischen Reichen und Armen sei daher nicht nur eine moralisch bedauernswerte (oder ärgerliche) Erscheinung, sondern bringe etliche Nachteile mit sich, von denen alle (die Reichen, die Mittelschicht und die Armen) betroffen seien. Als Epidemiologen verweisen sie vor allem auf den Zusammenhang zwischen gesellschaftlicher Ungleichheit und verschiedenen Indikatoren für die »Gesundheit einer Gesellschaft«. Gesundheit bzw. Krankheit definieren sie nicht nur individuell, sondern sie werfen auch einen Blick auf soziale Krankheitsherde. So kommen sie auf eine ganze Liste von Symptomen (soziale Desintegration, psychische Erkrankungen, geringe Lebenserwartung, verstopfte soziale Aufstiegskanäle, Bildungsarmut, Gewalt und Drogenkonsum), die in sehr ungleichen Gesellschaften typischerweise weiter verbreitet sind.

Der Mechanismus hinter diesem Zusammenhang lasse sich auf Statuskonkurrenz zurückführen: Größere Ungleichheit führt aus Sicht der Autoren dazu, dass Statuswettbewerb und -angst wachsen. Unter solchen Bedingungen werden Menschen misstrauischer, ängstlicher, sie greifen eher zu Drogen, leiden häufiger an Stresssymptomen und psychischen Krankheiten. Ungleichheit ist, wie der treffende englische Begriff nahelegt, *corrosive*, sie wirkt zersetzend und zerstörerisch. Wilkinson und Pickett folgern aus ihren Daten, dass das Problem fortgeschrittener Industriegesellschaften nicht darin bestehe, nicht reich genug (oder zu reich!) zu sein; vielmehr seien die Ungleichheiten heute einfach zu groß. Auch für den deutschen Fall gibt es Indizien, dass die zunehmende subjektive Beschäftigungsunsicherheit mit der wachsenden Ungleichheit im Zusammenhang steht, dass Ungleichheit also Unsicherheit produziert (Erlinghagen 2010). Aus der Glücksforschung gibt es Hinweise, dass ungleiche Gesellschaften im Durchschnitt eine geringere Lebenszufriedenheit aufweisen (Alesina et al. 2004).

Vermutlich ist dieser Effekt auf die in ungleichen Gesellschaften sehr enge Verknüpfung der materiellen Ausstattung mit Fragen der Anerkennung und Zugehörigkeit zurückzuführen. In solchen Gesellschaften zählen Status, materieller Besitz und Einkommen in Bezug auf das subjektive Wohlbefinden, das Selbstbewusstsein und die Identität mehr als in relativ egalitären (Sennett/Cob 1993). Fast alles dreht sich dort um den Platz in der sozialen Hierarchie. Wir alle kennen sie: Die innere Armut von Menschen, die sich nur darüber definieren, was sie besitzen oder was sie im Wettbewerb erreicht haben. Haben und Sein hängen sehr eng zusammen. In Alltagsgesprächen unterhält man sich häufiger und ausführlich über Geld: darüber, wie viel man hat, wie man es verdient und ausgibt. Akkumulieren und Konsumieren sind die wichtigsten Koordinaten. Obwohl es vielen ökonomisch besser geht als jemals zuvor, werden sie immer nervöser, weil man im Vergleich zu den anderen nie genug hat. Dahrendorf hat in seinem immer noch sehr lesenswerten Buch *Lebenschancen* dargelegt, dass der Platz, die Zugehörigkeit und die Statussicherheit des Einzelnen eben nicht im »luftleeren Raum einer bloß ›optativen‹ Konkurrenz- oder Leistungsgesellschaft« entstehen (1979: 66), sondern dass es stabiler Bindungen (Ligaturen) bedarf, um Menschen sicher zu verankern.

Im Spiel der wachsenden Ungleichheit ist die Mitte als besonders gefährdet einzustufen: Sie besitzt anhaltend starke Aufstiegsaspirationen und argwöhnt gleichzeitig, sie könne von den »besseren Kreisen« dauerhaft abgehängt werden. Henrik Ibsens Stück *Hedda Gabler* ist auf europäischen Bühnen immer noch ein Renner, weil es die Statusängste der Mittelschicht so gekonnt seziert. Das Stück wurde zwar schon 1891 uraufgeführt, scheint aber aktueller denn je. Wichtigste Besuchergruppe, heute wie damals, ist die Mittelschicht. Die Handlung: Die Generalstochter Hedda Gabler heiratet den aufstrebenden, aber braven Historiker Jørgen Tesman, dem man eine Professur an der Universität versprochen hat. Mit dieser Aussicht auf eine materiell gesicherte bürgerliche Existenz kauft Tesman eine Villa und bietet seiner Frau einen anspruchsvollen Lebensstil. Einen anderen, eher exzentrischen Kandidaten, Ejlert Løvborg, hat Hedda Gabler verschmäht, weil er ihr finanziell kein attraktives Leben bieten konnte. Obwohl sie ihren Mann nicht liebt, glaubt sie, auf das richtige Pferd gesetzt zu haben, immerhin winken Wohlstand und Sicherheit. Als Løvborg mit einem Aufsehen erregenden Buch zum direkten Konkurrenten ihres Mannes um die schon fest eingeplante Professur wird, befällt Hedda Panik. Der sicher geglaubte Wohlstand hängt plötzlich am seidenen Faden, die Aussicht auf ein sorgenfreies Leben zerrinnt. Zwischen Aufstiegsdenken und Abstiegsangst machen sich Manipulation, Lügen und Selbstzerstörung breit. Dass sich heute immer noch so viele Zuschauer von den Panikattacken Hedda Gablers fesseln lassen und das Stück seine Kraft entfaltet, könnte daran liegen, dass ihnen solche Turbulenzen in der scheinbar beruhigten Zone der Mitte nicht fremd sind.

Im Kontext wachsender Ungleichheit und neuer Gefährdungen ist der Mittelschichtstatus nicht nur ökonomisch, sondern auch symbolisch eine wichtige Stütze. Dort zu ankern, heißt auch, dazuzugehören, Identität und Anerkennung zu schöpfen, Kinder und Familie als Teil der Mehrheit zu begreifen. Klafft die Ungleichheitsschere auseinander, wird dieser Zusammenhang angegriffen. Die Mittelschicht hat sich nie als einheitliches Kollektiv definiert, doch wenn die Ungleichheit wächst, werden die internen Bande zusätzlich geschwächt. Man positioniert sich eher individuell denn als Gruppe. Die Definitionsmacht rein monetärer Statusaspekte nimmt zu. Das beinhaltet auch ein Umschalten von intrinsischer auf extrinsische Motivation. So verwundert es kaum, dass die Höhe der Belohnung (also das Einkommen) oft als Ausdruck eigener Leistungsfähigkeit oder sogar des eigenen Werts angesehen wird. Wer ein hohes Jahreseinkommen hat, identifiziert sich gern mit dieser Kennziffer, obwohl Glücksforscher darauf hinweisen, dass Einkommenszuwächse in den oberen Etagen die Zufriedenheit kaum steigern. Umgekehrt gilt: Es ist gefährlicher, Arbeit und Einkommen zu verlieren, wenn daran alles hängt und man tief fallen kann. Mit dem Zuwachs an variablen Gehaltsanteilen (Boni, Tantiemen etc.) wurden die Gehälter zuletzt zudem stärker an die Marktlage und die individuelle Wettbewerbsposition gekoppelt. Honoriert werden nicht länger in erster Linie erworbene Qualifikationen, der einmal erreichte Status oder die langfristige Treue zu einem Unternehmen (kurz: relativ stabile Faktoren), sondern die Erfüllung der gerade geltenden Erfolgskriterien.

Die Abstände nach oben und der Tunnel-Effekt

Unzufriedenheit kann auch entstehen, wenn wir uns im Vergleich mit anderen für benachteiligt halten. Was wir als erstrebenswert und angemessen betrachten, hängt immer auch davon ab, was andere haben. Nun könnte man sagen, dass dies ein Ausdruck einer universellen und durchaus kritikwürdigen Neidkultur ist. Schon in der Bibel gelten Neid und Missgunst als Sünden. Es gibt Konsumsucht, die neidanfällig machen kann, es gibt überzogenes Gleichheitsstreben, das alle Unterschiede ausmerzen will. Es gibt zudem aber ein Gefühl, das Ökonomen mit dem schönen Begriff des »*justified envy*«, des gerechtfertigten Neids, bezeichnen. Danach kann Neid auch eine Reaktion auf eklatante Ungerechtigkeiten bei der Verteilung von Gütern und Positionen sein. So schreibt John Rawls:

»Manchmal sind die neiderregenden Umstände so zwingend, dass man, so wie Menschen nun einmal sind, von niemandem vernünftigerweise verlangen kann, seine Hassgefühle zu überwinden. [...] Man kann es geradezu moralisch übelnehmen, dass man neidisch gemacht wird, wenn nämlich die Gesellschaft so große Ungleichheit [...] zulässt, dass das nur die Selbstachtung herabsetzen kann.« (1975: 579)

Viele moderne Gerechtigkeitstheorien basieren auf dem Versuch, sich dem Ideal der Neidfreiheit anzunähern. Sie setzen auf ein System der Verteilung von Gütern, das durch Offenheit und Chancengleichheit gekennzeichnet ist, wodurch der legitime Neid minimiert werden kann. Für eine Gesellschaft besteht immer dann Anlass zur Sorge, wenn Neid dort entsteht, wo es einen (wahrgenommenen) Mangel an ausgeglichenen Startbedingungen und Kritik an basalen Verteilungsprinzipien gibt. Der Ausdruck »*justified envy*« bezieht sich selten ausschließlich auf konkrete Objekte (Konsumgüter oder gehobene Positionen), sondern vielmehr darauf, wie Menschen zu ihrer privilegierten Stellung gekommen sind.

Die Perspektive erweitert sich, wenn wir fragen, was eigentlich die Zufriedenheit mit dem eigenen Status und einer bestimmten Wohlstandsausstattung ausmacht. Hier wissen wir, dass Statuszufriedenheit vom sozialen Kontext abhängt: Wer sich arm oder reich fühlt, lässt sich nicht allein anhand objektiver Kriterien ermitteln. *Context matters*, es kommt immer auf den Kontext an: Wir brauchen Zusatzinformationen, um uns eine Einschätzung zuzutrauen: In welcher Gesellschaft lebt diese Person? Wie groß ist der durchschnittliche Wohlstand? Wie ist dieser verteilt? Menschen würden lieber in einer Gesellschaft leben, in der sie 1800 Euro verdienen und in der das durchschnittliche Einkommen bei 1000 Euro liegt (Gesellschaft A), als in einer mit einem Durchschnittsverdienst von 3000 Euro, in der sie selbst 2000 Euro nach Hause bringen (Gesellschaft B). Rein finanziell gesehen, sind sie in Gesellschaft B besser gestellt, relativ gesehen jedoch in Gesellschaft A, und deshalb geben sie ihr den Vorzug. In der Forschung gibt es seit vielen Jahren einen weithin anerkannten und immer wieder bestätigten Ansatz zur Bewertung der eigenen sozialen Lage, die *Theorie der relativen Deprivation* von Walter G. Runciman (1966). Runciman konnte zeigen, dass die Einschätzung der eigenen Situation weniger mit dem absoluten Status zu tun hat als vielmehr mit dem Vergleich mit bestimmten Referenzgruppen. Erst letztere liefern einen Ankerpunkt für das Gefühl der Besser- oder Schlechterstellung. Dabei sind Aufwärtsvergleiche wichtiger als Abwärtsvergleiche.

Die Implikationen dieses Konzepts sind vielfältig. Es hilft uns auch zu verstehen, warum manche Personen trotz vergleichsweise hohen Wohlstands unglücklich über ihren Lebensstandard sind und weshalb objektiv arme Menschen mit bescheidenem Wohlstand durchaus zufrieden sein können. In beiden Fällen hängt die Einschätzung und Zufriedenheit mit dem, was man hat, an der Wahl der Referenzgruppe. Menschen in armen Regionen vergleichen sich mit Nachbarn und Freunden, europäische Mittelschichtler mit eher gehobenen Wohlstandsgruppen. Runciman war aber nicht so naiv zu glauben, dass alle Menschen sich permanent miteinander vergleichen. Arme Menschen denken keineswegs unablässig darüber nach, wo sie in der sozialen Hierarchie stehen und ob sie ihren gerechten Anteil erhalten. Er geht davon aus, dass Individuen, die ohnehin keinen Anlass haben, auf mehr zu hoffen, nicht unbedingt unzufrieden sind mit den Gütern, den Chancen und dem Einkommen, über die sie zu einem bestimmten Zeitpunkt verfügen. Wer einen Hauptschulabschluss hat, wird einem Professor seine Position kaum neiden. Es kommt also auf die Vergleichswürdigkeit an.

Runcimans Theorie ist in der Folge in vielerlei Hinsicht verfeinert worden. So wissen wir heute beispielsweise mehr über die Referenzgruppen. Individuen vergleichen sich nicht nur mit Angehörigen sozial naher Gruppen (wie etwa dem Freundeskreis), sondern auch mit der Elterngeneration oder Menschen in anderen Ländern. Die Erinnerung an den eigenen Status in früheren Lebensphasen spielt ebenfalls eine Rolle. Runciman selbst unterschied bereits zwischen egoistischer und fraternaler Deprivation. Ersteres meint, dass eine Person sich gegenüber Menschen aus der eigenen Bezugsgruppe benachteiligt fühlt; fraternale Deprivation bedeutet, dass ganze Gruppen sich als benachteiligt empfinden, wobei dieser Eindruck sich auf Rechte, Status oder Wohlstand beziehen kann.

Wenn also die Mittelschicht kollektiv von Statusangst befallen wird, handelt es sich um einen Fall fraternaler Deprivation. Tatsächlich zeigen Umfragedaten, dass in dieser Schicht der Eindruck zunimmt, Leistung werde nicht gerecht entlohnt, man bekomme nicht länger den verdienten Anteil vom Kuchen (Liebig/Schupp 2008). Jürgen Schupp unterstreicht: »Die Zunahme gefühlter Einkommensungerechtigkeit stellt [...] weniger ein Problem der Bezieher geringerer Einkommen, als vielmehr der Mittelschicht dar.« (ebd.: 235)

Das kann Frustration auslösen. Der amerikanische Sozialwissenschaftler Alfred O. Hirschman spricht in diesem Zusammenhang von einem »Tunnel-Effekt« und illustriert den Mechanismus anhand eines Gedankenexperiments (1973): Stellen Sie sich vor, Sie fahren durch einen zweispurigen Tunnel, beide Spuren weisen in dieselbe Richtung. Der Verkehr staut sich, alle Fahrzeuge kommen ins Stocken. Sie fühlen sich hilflos, müssen warten. Plötzlich setzen sich die Autos auf der anderen Spur in Bewegung. Sie schöpfen Hoffnung, immerhin scheint der Stau sich aufzulösen. Doch auf Ihrer Spur geht es kein Stückchen voran, minutenlang, und Sie haben keine Chance, die Fahrbahn zu wechseln. Die Verärgerung wächst, Sie sind sauer auf die Menschen, die auf der anderen Spur an Ihnen vorbeiziehen. Übertragen auf ganze Gesellschaften bedeutet das, dass neue Ungleichheiten zunächst durchaus toleriert werden. Man vertraut darauf, dass sich der Abstand wieder verringert, dass man bald auch selbst profitiert, insgesamt scheint es ja aufwärts zu gehen.

Werden solche Hoffnungen dann allerdings enttäuscht, sind Frust und Protest vorprogrammiert.

Das Magazin der *New York Times* hat vor einiger Zeit eine aufschlussreiche Umfrage durchgeführt. New Yorker Bürger wurden nach ihrem Verhältnis zu Reichtum und wohlhabenden Menschen befragt (Traub 2007). Es zeigte sich, dass die Vorstellung darüber, ab wann jemand als reich gelten kann, eng mit der Postleitzahl und dem Wohlstand des jeweiligen Viertels zusammenhängt. Die reichsten New Yorker wohnen in einigen wenigen Straßen von Manhattan. Während Befragte aus den Vorstädten angaben, ab einem Jahreseinkommen von 200 000 Dollar könne man als reich gelten, nannten in Manhattan 40 Prozent der Teilnehmer die Zahl 500 000 Dollar. Ein Detail ist besonders aussagekräftig: Von den Menschen mit mehr als 200 000 Dollar Jahreseinkommen gaben doppelt so viele an, der Anblick Reicher vermittle ihnen das Gefühl, arm zu sein. Intuitiv hätte man wohl angenommen, dass der Anblick von Reichtum insbesondere Armen die eigene Lage schmerzlich vor Augen führt. Wie lässt sich dieser Befund also erklären? Ganz einfach mit dem Umstand, dass auch relativ wohlhabende Personen sich mit anderen Gruppen vergleichen, und zwar besonders gern mit Menschen, denen es offensichtlich noch besser geht.

Manche Ökonomen sehen sogar einen Zusammenhang zwischen der wachsenden Ungleichheit und der Instabilität des Finanz- und Kreditsystems. Die Entstehung einer oligarchischen Schicht der Superreichen habe in der Gesellschaft insgesamt Begehrlichkeiten geweckt und die Menschen dazu veranlasst, sich über die Maßen zu verschulden, um dem Lebens- und Konsumstil der oberen Zehntausend nachzueifern. Robert H. Frank spricht an dieser Stelle von »Ausgaben-« oder »Konsumkaskaden« (Frank 2007): Menschen auf einer bestimmten Stufe der sozialen Hierarchie ahmen jeweils diejenigen auf der nächst höheren nach, das Ganze vollzieht sich kaskadenartig von den Donald Trumps und Bill Gates' bis ganz nach unten.

In der Praxis bedeutet das dann beispielsweise massive Kreditkartenschulden, und auch die Hypothekenkrise in den USA ist auf den beschriebenen Mechanismus zurückzuführen. Die Menschen kauften sich, sagen wir, in Detroit ein Haus für 280 000 Dollar und finanzierten es zu 80 bis 100 Prozent über Kredite. Zwei Jahre später sollte es dann ein neues Auto oder eine luxuriöse Reise sein. Da der Immobilienmarkt einen vermeintlich niemals endenden Boom erlebte, konnte man das Eigenheim nun auf 400 000 Dollar schätzen lassen und bekam über eine weitere Hypothek frisches Geld.

Die Mittelschicht und das abgehängte Prekariat

Die Mitte ist, ich habe bereits darauf hingewiesen, eine Zwischenschicht. Ihre Angehörigen vergleichen sich gern mit den Wohlhabenden, eifern ihnen nach oder sind angesichts des zunehmenden Gefälles frustriert. Doch wie ist es um das Verhältnis zu den sozialen Lagen am unteren Ende der sozialen Hierarchie bestellt? Viele Mittelschichtler sind ob der wachsenden Ungleichheit besorgt, allerdings heißt das nicht automatisch, dass helfende Hände ausgestreckt werden, um andere Menschen auf dieselbe Stufe zu hieven. Tatsächlich lässt sich nicht selten ein Wunsch nach gesellschaftlicher Distanzierung erkennen (Ehrenreich 1989). Die Mitte, die, objektiv betrachtet, materiell und was die Lebenschancen betrifft, über einen Vorsprung verfügt, tendiert dazu, sich nach unten abzuschotten. Menschen aus einkommensschwachen und – wie es mittlerweile häufig heißt – »bildungsfernen« Schichten fällt es immer schwerer, den Anschluss zu halten. Es hat den Anschein, als würden die Strickleitern der Integration hochgezogen. Die gesellschaftliche Landschaft wirkt parzelliert, Sondermilieus bilden sich heraus.

Vor ein paar Jahren erregte eine Studie der SPD-nahen Friedrich-Ebert-Stiftung große Aufmerksamkeit (Neugebauer 2007), in der die Bevölkerung nach Bildung, Einkommen, aber auch nach Einstellungen neu kartografiert wurde. Die Forscher hatten eine Gruppe entdeckt, über die bald heftig diskutiert werden sollte: das »abgehängte Prekariat« bzw. die »neue Unterschicht«. Zieht man objektive Variablen heran, handelt es sich dabei um Menschen mit niedriger formaler Bildung und geringem oder gar keinem Einkommen. Subjektiv empfinden sie ihre Lebensumstände als unbefriedigend, sie haben den Glauben an die Möglichkeit des sozialen Aufstiegs aufgegeben, es dominieren Gefühle des Abgehängt-Seins, der Exklusion, Resignation und Bedeutungslosigkeit.

Das öffentliche Zerrbild, das von den Angehörigen der »neuen Unterschicht« gezeichnet wird, sieht in etwa so aus: Sie sitzen im Jogginganzug mit Bier und Chips vor dem Fernseher (konsumieren also das sogenannte »Unterschichtenfernsehen«), verlassen das Haus allenfalls, um Nachschub an Essen und Getränken zu holen, und kennen alle Kniffe, wenn es um den Anspruch auf Stütze geht. Vom bürgerlichen Ideal des tugendhaften und fleißigen Arbeitnehmers sind sie denkbar weit entfernt.

Jenseits solcher Klischees erleben wir aber tatsächlich wichtige Veränderungen: Es gibt eine zunehmende Bedeutung physiognomischer Zeichen, an denen sich Milieu und Status ablesen lassen (Bude 2008). Ein 50-Jähriger mit perfekt präparierter, weiß strahlender Zahnleiste ist offenkundig so wohlhabend, dass er in sein Erscheinungsbild investieren kann. Arme Menschen erkennt man hingegen immer häufiger durch einen kurzen Blick auf ihr Gebiss. Zahnverfall wird zum Stigma der Unterschicht, für ihren Nachwuchs kursiert bereits das hässliche, abwertende Wort »Karieskind«. Auch schmutzige Fingernägel und fahle Haut können zu sozialen Zeichen werden. Man fühlt sich an ferne Länder und längst vergangene Zeiten erinnert, der Soziologe Sighard Neckel spricht in diesem Zusammenhang vom »inneren Ausland« (2008a: 23).

Insgesamt schwinden die Berührungspunkte zwischen den

Milieus, die Entfremdung schreitet voran. Diese Abschottung wird auch durch veränderte Muster der Partnerwahl verstärkt: Heirateten Chefs früher ihre Sekretärinnen und Ärzte ihre Sprechstundenhilfen über Schichtgrenzen hinweg, lässt sich heute ein Trend zur Bildungshomogamie beobachten. Immer mehr Paare haben einen ähnlichen Bildungs- und Sozialstatus, wodurch die Gelegenheiten seltener werden, bei denen man andere Milieus kennenlernt und versteht, wie sie ticken und was sie bewegt. Im Grunde entstehen auf diese Weise jene Parallelgesellschaften, die in Bezug auf Menschen mit Migrationshintergrund gerade vermieden werden sollen. Angehörige unterschiedlicher Schichten treffen sich immer seltener im privaten Kontext, man begegnet sich allenfalls in Funktionsrollen: Putzfrauen, Hausmeister oder Friseure auf der einen, Ärzte, Richter oder Berufspolitiker auf der anderen Seite des sozialen Grabens. Nähe wird dabei oft nur noch simuliert. Man erkundigt sich nach der Familie, tauscht Nettigkeiten aus, Kontakte und Gespräche außerhalb dieses vordefinierten Korridors kommen allerdings nicht zustande. Diese Entfremdung der sozialen Schichten voneinander kann schwerwiegende Konsequenzen haben. Ralf Dahrendorf warf bereits in den sechziger Jahren am Beispiel der deutschen Richter die Frage auf, was es bedeutet, »wenn die eine Hälfte der Gesellschaft über die ihr unbekannte andere Hälfte zu urteilen befugt ist« (1961: 195). Diese Frage lässt sich auf die gesamte Gesellschaft ausdehnen: Man bildet sich klischeehafte Meinungen, weiß aber im Grunde wenig voneinander. Man redet übereinander, seltener miteinander. Damit nimmt die Wahrscheinlichkeit für Animositäten und Missverständnisse zu.

4. Die Mühen der Selbstbehauptung

Ein Bonmot von Karl Valentin bringt die derzeitige Stimmung der Mittelschicht treffend auf den Punkt: »Die Zukunft war früher auch besser.« Im Blick zurück wirkt vieles idyllischer, weniger stressig, solidarischer. Mit der Trias aus kollektivem Aufstieg, Prosperitätsglauben und dem Versprechen der Sicherheit hatten die Menschen in den Nachkriegsjahrzehnten ein Koordinatensystem, an dem sie ihre Existenz ausrichten konnten. Es gab Leitplanken, »die einen über die individuelle Lebenszeit hinaus beständigen und verlässlichen Rahmen suggerierten« (Bauman 2009: 60). Doch kaum gerät dieser Rahmen ins Schwanken, kehrt Unruhe ein. Die Wirtschafts- und Finanzkrise, das wackelnde Haus Europa, die Symptome einer zunehmenden Unregierbarkeit sind wichtige Dammbrüche, die die Inseln der Wohlbehütetheit überspülen. Was für das gesellschaftliche Ganze gilt, findet sich auch im Privaten: Arbeitswelten werden flexibler, Partnerschaften sind nicht mehr so stabil wie früher, die Mobilitätsanforderungen nehmen zu, die Institutionen der sozialen Sicherheit befinden sich im permanenten Wandel. Biografische Entscheidungen waren schon immer folgenreich, aber sie werden heute immer komplexer, oft sind die Wirkungen unklar und die Erträge kaum zu kalkulieren.

Wie reagieren Menschen in einer solchen Situation? Welche Brandmauern ziehen sie ein, um sich gegen die neue Verunsicherung abzuschotten? Wo regieren Schockstarre und Resignation, wo Fatalismus, wo Widerstand? Gibt es auch *risk taker*, also Spieler, Hasardeure, die solche Risiken als Chance begreifen? Welche Formen nimmt der Wettbewerb um rarer werdende Lebenschancen an? Welche Muster der biografischen Selbststeuerung unter Bedingungen der Kontingenz lassen sich erkennen? In diesem Kapitel richten wir unsere Beobachtungsapparatur auf einige exemplarische Bereiche, in denen die Angehörigen der

Mittelschicht verstärkte Bemühungen zur Statussicherung und zur Abwehr von Risiken erkennen lassen: Vorsorge, Bildung, Partnerwahl, Wohnen, Mobilität. Wir werden dabei nicht auf die eine, klar erkennbare Master-Strategie stoßen, sondern eher auf eine kaum zu überblickende Vielfalt mikrosozialer Bemühungen. Sozialwissenschaftler und Psychologen bezeichnen solche Formen des Bewältigungsverhaltens auch als Coping (von engl. *to cope*, zurechtkommen).

Praktiken des Coping

Die deutsche Nachkriegsgesellschaft war lange Zeit so etwas wie eine »Probieranstalt mit gebremste[m] Risiko« (Hondrich 2001: 23). Es gab einen recht verlässlichen institutionellen Rahmen, der sich über die individuellen Lebensläufe wölbte und ein Gefühl der Dauerhaftigkeit und Stabilität vermittelte. Zwar war der Markt bereits damals die zentrale Instanz, wo es um die Verteilung von Wohlstand und Chancen ging, doch für den Fall des Scheiterns, des Versagens oder von Schicksalsschlägen stürzten die Menschen nicht ins Bodenlose, sie fielen in ein dicht geknüpftes Netz der sozialen Sicherung und wurden mit staatlichen Transferleistungen versorgt.

Mittlerweile ist auf dem gesellschaftlichen Parkett einiges ins Rutschen gekommen, die Menschen finden zunehmend instabile und ungewisse Handlungsbedingungen vor. Viele beschleicht die dunkle Ahnung, das »Festhalten am erlernten Beruf, die lokale Verwurzelung und die langfristige Bindung [...] [könne] zum Merkmal typischer ›Verlierer‹« werden (Neckel 2006: 368). Damit wachsen natürlich der Anpassungsdruck und die Bereitschaft, Veränderungen zu akzeptieren oder selbst anzustoßen. Das Ende der DDR bietet ein Lehrstück für den Umgang mit neuen Unsicherheiten und Vermarktlichungsschocks. Der »Zusammenbruch« der DDR war ein Verunsicherungsbeben von historischem Ausmaß – und mit drastischen sozialen Konsequenzen: Es kam zu einer »demografischen Revolution«, gekennzeichnet durch einen fast vollständigen Stillstand der Geburten und Eheschließungen, viele erlebten eine Deklassierung im Beruf, die Menschen wanderten massenhaft ab, ländliche Regionen an der Peripherie verödeten.

Früher, in traditionellen, weniger aufgeklärten Gesellschaften, hätte man in Bezug auf solche Ereignisse vermutlich von Schicksal gesprochen, von höheren, undurchsichtigen Mächten, vor denen es kein Entrinnen gibt. Heute hingegen rechnen wir uns Scheitern und Versagen zunehmend selbst zu, Biografien gelten als gemacht und beeinflussbar. Von den Einzelnen wird folgerichtig verlangt, risikobewusst zu sein und vorausschauend zu handeln. Wieder stoßen wir auf das bereits beschriebene Paradox: Wir kennen die Zukunft nicht, sollen aber permanent folgenreiche Entscheidungen treffen. Also imaginieren wir mögliche Zukünfte, die wiederum unser Handeln in der Gegenwart beeinflussen. Wir müssen uns zwischen Alternativen entscheiden, wissen aber nicht, mit welcher Wahrscheinlichkeit diese eintreffen werden. Der »Schleier des Nichtwissens« wird immer dichter – und dennoch müssen wir agieren und Dinge erledigen.

Auf genau solche Konstellationen, in denen wir keinem Masterplan folgen können, sondern irgendwie klarkommen müssen, zielt der Begriff des Coping (Schimank 2011a). Wir handeln, wissen aber oft nicht, mit welchem langfristigen Ertrag. Wir improvisieren, probieren, frickeln und fummeln, suchen (und finden) Nebenwege, Seitenpfade, Hintertüren. Der Soziologe Uwe Schimank bezeichnet solche eher reaktiven Mikrostrategien als »muddling through« und beschreibt dieses Sich-Durchwursteln folgendermaßen:

>»Die Akteure hängen [...] kaum noch an ihren Entscheidungen. Sie kalkulieren zum einen von vornherein ein, dass fast alles, was sie tun, nicht bloß mehrfach nachjustiert, sondern gar nicht so sel-

ten nach kürzester Zeit völlig auf den Kopf gestellt werden muss. Zum anderen kultivieren sie notgedrungen Prinzipienlosigkeit: ›Was interessiert mich mein Geschwätz von gestern!‹ Sie bleiben offen für – angenehme wie unangenehme – situative Überraschungen, um jeweils, wie es so schön heißt, das Beste daraus machen zu können oder zumindest zu versuchen, das Schlimmste zu verhindern.« (2011b: 22)

Auf der kollektiven Ebene, in der großen Politik haben wir uns an solche Formen des kurzfristigen, situativen Handelns längst gewöhnt: Ob Atomausstieg oder Abschaffung der Wehrpflicht – wenn das Meinungsklima es erfordert, werden Tabus gebrochen und jahrzehntealte Markenkerne entsorgt. Solche Strategien sind typisch für unruhige Zeiten und volatile Gelegenheits- und Aufmerksamkeitsmärkte. Uwe Schimank (2002) zieht eine Analogie zum Flipperspiel, bei dem der Spieler blitzschnell auf die Zufälligkeiten der Physik reagieren muss: Ist die Kugel einmal im Spiel, gibt es kaum noch Verschnaufpausen. Man fingert nervös an den Tasten herum, damit die Kugel nicht punktearm verloren geht. Dabei ist kein Raum für langfristige Strategien und das berühmt-berüchtigte proaktive Handeln, es geht eher um eine hektische Abwehrschlacht, bei der man wie »im Zeitraffer genau jenes Wechselbad der Gefühle zwischen Hoffnung und Enttäuschung [durchlebt], die auch die Dramatik biographischer Selbststeuerung ausmacht« (Schimank 2002: 254). Ad-hocismus und das permanente Lauern auf sich überraschend bietende Gelegenheiten sind in unsicheren Zeiten keine untypischen Handlungsmuster.

Was sagt uns das? Sind Chaosqualifikation und Improvisationsvermögen die neuen Leitsterne erfolgreicher Selbstbehauptung? Oder geht es doch eher und vor allem darum, das eigene Leben langfristig zu planen? Auch das könnte schließlich eine probate Strategie sein, um die Zone der Unsicherheit zu verlassen. Immerhin gibt es sie ja noch, die kontinuierlichen, durchgeschriebenen Lebensdrehbücher mit ihren gleichsam programmierten Stationen: Schule, Auszug aus dem Elternhaus, Studium, erster Job, Partnerschaft, eigene Kinder, Beförderung, Abteilungsleiter. Wir alle kennen Beispiele für schnelle, bruchlose Karrieren, die gedeihen wie eine im Gewächshaus gezüchtete Pflanze, stoßen bei Klassentreffen oder auf Partys auf Menschen, die immer genau zu wissen scheinen, was sie tun müssen, um das Leben erfolgreich zu meistern. Auch solche Formen der vermeintlich starken Selbstprogrammierung kann man als Coping verstehen, als Reaktion auf wachsende Unwägbarkeiten.

Tatsächlich fordert uns die flexible Marktgesellschaft mit ihrem Zentralthema der individuellen Autonomie permanent dazu auf, uns als kompetent, dynamisch und wissend zu inszenieren (Ehrenberg 2011). Der entsprechende Persönlichkeitstypus wird bei allen erdenklichen Gelegenheiten angepriesen, ausbuchstabiert und gefordert, bei Elternabenden, Mitarbeiter- und Rekrutierungsgesprächen, während Sitzungen beim Psychotherapeuten oder in Kursen der Arbeitsagentur: Immer geht es um eine Steigerung der sogenannten »Selbststeuerungsfähigkeit«. Psychologen sprechen auch von »Selbstwirksamkeitserwartungen« (*perceived self-efficacy*) oder »Kontrollüberzeugungen« und meinen damit, dass eine Person glaubt, die Ereignisse in ihrem Leben beeinflussen zu können. Bin ich der Autor meiner Biografie? Ziehen andere die Strippen? Hängt immer alles von den Umständen ab?

In gewissem Sinne verhält es sich mit den Kontrollüberzeugungen ähnlich wie mit dem bereits angesprochenen Glauben an das Prinzip der Leistungsgerechtigkeit: Nur wenn man der Überzeugung ist, dass man für Anstrengungen belohnt wird, ist es rational, sich Mühe zu geben. Dasselbe gilt für die Selbstwirksamkeit: Nur wenn man fest davon ausgeht, dass eigene Handlungen und Entscheidungen wirklich einen Unterschied machen, ergibt langfristiges, zielgerichtetes Handeln einen Sinn. Irgendwo haben wir es hier natürlich mit einer Form der Autosuggestion oder Selbsttäuschung zu tun: Wer an der Wirksamkeit des eigenen Tuns zweifelt, steht sich oft selbst im Weg (Schwarzer 1987). Tatsächlich erleben wir derzeit einen Boom von Kursen und Ratgeberliteratur zum Thema »Ichstärke-Ermutigung« und »Selbstmanagement«. Wir wollen und sollen glauben, dass Lebenssituationen gestaltet, beeinflusst und optimiert werden können. Menschen, die das Gefühl haben, es »packen zu können«, fühlen sich ganz allgemein wohler, zeigen in der Regel effektivere Coping-Strategien, sind belastbarer und emotional stabiler – und zwar ganz unabhängig davon, dass die Randbedingungen objektiv unsicherer sind als zuvor.

Allgemein klafft aber eine tiefe Lücke zwischen der allseits geforderten Handlungs- und Gestaltungskompetenz und den diffuser und unübersichtlicher werdenden Kontexten (Schimank 2011a). Anspruchsvolle und informierte Entscheidungen werden gefordert, die Fähigkeit, die Nah- und Fernwirkungen des eigenen Handelns angemessen zu beurteilen, sinkt jedoch. Den Widerspruch zwischen der Anforderung, autonom, zielgerichtet und langfristig zu agieren, und dem Umstand, dass objektiv alles kontingenter, unübersichtlicher, ja zufälliger wird, erleben wir im Alltag nur allzu oft am eigenen Leib, wir sind dann gezwungen, zu simulieren. Nehmen wir das Beispiel Bewerbung: Dass wir uns jetzt und hier für irgendeine Stelle bewerben, hängt meist von allen möglichen Zufälligkeiten ab. Und dennoch trimmen wir unseren Lebenslauf dann so, als hätten wir die eigene Bildungsbiografie von Anfang an auf genau diese Stelle ausgerichtet: Jede Ausbildungsstation, jeder Auslandsaufenthalt, jedes Praktikum wird zum Schritt auf einem scheinbar wohldurchdachten Weg. Man inszeniert sich als entschlossenes, auf ein klares Ziel fokussiertes Individuum; Suchphasen, Unsicherheiten und Rückschläge lässt der Bewerber unter den Tisch fallen.

Sozialpathologien unsicherer Märkte

Märkte produzieren nicht nur Ungleichheit, sondern immer automatisch auch Unsicherheit – die Finanz- und Wirtschaftskrise hat uns das einmal mehr und in besonders extremer Form vor Augen geführt (Vogl 2010). Der Mechanismus von Angebot und Nachfrage ist auf Dynamik und permanenten Wettbewerb angelegt. Vergangene Verdienste werden nicht honoriert, es geht immer um die aktuelle Leistung (oder das zugeschriebene Leistungspotenzial), auch wenn das unserem Gerechtigkeitsempfinden widersprechen mag. Nehmen wir den Rauswurf Michael Ballacks aus der Fußballnationalmannschaft: Hier entzündete sich eine Kontroverse darüber, ob Bundestrainer Joachim Löw dem verdienten Spieler und langjährigen Kapitän nicht einen ehrenvolleren Abgang hätte verschaffen müssen, obwohl eigentlich allen klar war, dass der »Capitano« sein früheres Leistungsniveau nicht noch einmal erreichen würde. Man erkennt schnell, welche beiden Imperative hier kollidieren: der der Anerkennung und der des aktuellen Marktwertes.

Nach der Logik der sozial eingebetteten Märkte haben wir es im Verhältnis zwischen Arbeitgeber und Arbeitnehmer nicht mit einem knallharten Tausch (Lohn gegen Arbeitskraft) zu tun, sondern mit einer sozialen Beziehung, in der auch Prinzipien der Seniorität, Loyalität und Fürsorge eine Rolle spielen. Gerade wenn Mitarbeiter über Jahrzehnte bei einem Unternehmen beschäftigt sind, weicht die Leistungskurve im Zeitverlauf von der Verdienstkurve ab: Ältere Mitarbeiter werden dafür honoriert, dass sie in früheren Phasen auf eine produktivitätsgerechte Entlohnung verzichtet und dem Betrieb so lange die Treue gehalten haben. Das ist zugleich ein wichtiges Signal an die jüngeren Kollegen, und auch ökonomisch kann eine solche längerfristige Strategie durchaus sinnvoll sein.

Rein marktförmige, auf kurzfristige Renditen ausgelegte Arbeitsbeziehungen, wie wir sie immer häufiger vorfinden, funktionieren anders: Sie stehen im Zeichen der zeitlichen Befristung. Entgelte werden variabel gehandhabt und an Erfolgskriterien geknüpft, von Mitarbeitern mit abfallender Leistungskurve trennt man sich, Investitionen in Weiterbildung werden nach Möglichkeit vermieden, Neueinsteiger, die erst noch angelernt werden müssen, bekommen zunächst einmal weniger (manchmal sogar gar kein) Geld. Krankheiten, Unfälle und andere Risiken, die die Leistungsfähigkeit beeinträchtigen können, werden tendenziell auf die Arbeitnehmer abgewälzt. Outsourcing, Leiharbeit, Ich-AGs und Soloselbstständigkeit, aber auch die Beteiligung der Mitarbeiter am Gewinn stehen für eine Kultur der marktförmigen Vergabe von Arbeitsaufträgen und der engen Kopplung der Bezahlung an den Erfolg. Die Volatilität der Märkte schlägt damit direkt auf den individuellen Lebensstandard durch.

Vor diesem Hintergrund entsteht eine neue Mentalität, die Ulrich Bröckling (2007) als »unternehmerisches Selbst« bezeichnet hat. Die Individuen verstehen sich zunehmend als Akteure, die sich – ähnlich wie Firmen – permanent auf dem Markt bewähren müssen. Es gilt, das eigene Humankapital, das Portfolio der Talente und Begabungen so zu entwickeln und zu präsentieren, dass die Nachfrage maximal groß wird. In dieser Situation reicht es nicht länger, »nur« ein netter Kollege oder ein Arbeitstier zu sein, man muss das eigene Vorankommen strategisch vorbereiten. Dazu gehören mikropolitische Anstrengungen (die richtigen Netzwerke, Koalitionen und Seilschaften, das Ausstechen von Konkurrenten, das Signalisieren von Aufstiegsambitionen), aber auch die Fähigkeit, andere von der eigenen Kompetenz und Leistungsfähigkeit wirkungsvoll zu überzeugen. Gerade was sich aktuell im Bereich des Bewerbungscoachings tut, spricht für sich (Ehrenreich 2006): Viele Unternehmen suchen nach eigener Auskunft nicht länger nur zuverlässige Mitarbeiter, sondern *inspiring personalities* mit einem *spirit of success*. Ausstrahlung, Präsenz, Hochglanzbewerbungsmappe – der Begriff der Selbstvermarktung sollte einen aufhorchen lassen, geht es dabei doch darum, dass die Arbeitnehmer sich endgültig und ganz bewusst als Ware auf einem umkämpften und unsicheren Markt präsentieren müssen. Allerdings bedeutet Selbstökonomisierung hier nicht, dass Menschen wirklich und durchgängig rationaler handeln und dadurch ihren Nutzen maximieren. Die wirklichen Erträge solcher Strategien sind nicht immer auszumachen, vielfach wird einfach imitiert, was man bei anderen sieht oder was sich als kultureller Standard durchgesetzt hat.

Ein weiteres wichtiges Leitbild ist das des »Arbeitskraftunternehmers« (Voß/Pongratz 1998), der seinen Alltag vor allem an den Erfordernissen des Arbeitsmarkts ausrichtet. Verbunden sind damit nicht selten der Hang zu einer Verbetrieblichung der Lebensführung, unter der Familien und Freundeskreise leiden, sowie eine allgemeine Entgrenzung von Arbeit und Privatleben: permanente Erreichbarkeit, Abend- und Wochenendarbeit, zwischen Dusche und Frühstückstisch werden die ersten E-Mails gecheckt. Technologien wie Smartphones und Tabloid-PCs stellen endgültig sicher, dass Arbeitnehmer auch im Urlaub im Stand-by-Modus bleiben. Freiwilligkeit und Zwang sind dabei oft nicht mehr auseinanderzuhalten, und bei den neuen Selbstständigen zeigt sich das Phänomen der »bulimischen Karrieren« (Pratt 2000: 432): Auf Phasen der Rund-um-die-Uhr-Belastung folgen Wochen oder Monate des Leerlaufs, darüber entscheidet nun allein der Markt.

Mit der zunehmenden Wettbewerbsorientierung und Vermarktlichung der Gesellschaft verbinden sich auch neue Erfahrungen des Scheiterns. Der Soziologe Karl Otto Hondrich bringt es auf den Punkt: »Wettbewerb *erzeugt* Ungleichheit. Sogar wenn *alle* ihre Leistungen steigern, sind einige zum Scheitern verdammt. Der Erfolg der einen ist der Misserfolg der anderen. Leistungssteigerung führt – später oder früher, dort oder hier – zu Leistungsversagen.« (2001: 68) Hondrich bezeichnet das Leistungsversagensgesetz als fundamentales Paradoxon der Wettbewerbsgesellschaft, in der es immer einigen Starken gelingt, schwächere Konkurrenten aus dem Feld zu schlagen (vgl. auch Rosa 2006). Während Standesgesellschaften Statuszusagen machen, können Marktgesellschaften sich den »Luxus der Statussicherheit« nicht leisten, sie bringen stattdessen permanent »kompetitive Ungleichheiten« hervor (Vogl 2010: 57). Das gesellschaftliche Programm des andauernden Wettbewerbs ist mit Ungleichheit und Unsicherheit verbunden. Der US-Ökonom Robert Frank betont, dass Konkurrenz nicht zwingend das Allgemeinwohl befördert, sondern große soziale Schäden anrichten kann. In seinem Buch *The Darwin Economy* (2011) argumentiert er, der Wettbewerb setze nicht selten Anreize, die den Interessen der Allgemeinheit zuwiderlaufen und die dafür sorgen, dass zu viele auf der Strecke bleiben und ihr Potenzial verloren geht.

Wenn die Menschen sich erst einmal als Konkurrenten und nicht länger vor allem als Mitbürger wahrnehmen, wird es für sie immer schwieriger, Erfahrungen des Scheiterns und der Deklassierung als kollektives Schicksal zu begreifen. Strukturelle oder konjunkturelle Faktoren, die das gesamte Kollektiv betreffen, geraten aus dem Blick, man hat das Gefühl, selbst individuell versagt zu haben. Für viele arbeitsuchende Mittelschichtler, die ihr ganzes Leben lang prinzipiell vermarktbare Qualifikationen erworben haben, ist das eine schmerzhafte Erfahrung. Sie glauben sich für den Arbeitsmarkt gut gerüstet, haben eigentlich »alles richtig gemacht« und können doch keinen adäquaten neuen Job ergattern, weil bestimmte Berufe oder Profile plötzlich aufgrund der Situation auf dem Weltmarkt hierzulande nicht mehr gefragt sind. Sie bekommen dann allerdings zu hören, sie seien zu alt, zu unflexibel oder einfach nicht smart genug, und ihr Scheitern fällt auf sie selbst zurück. Alle, die seit Jahren öffentlich das Prinzip Eigenverantwortung anpreisen und einfordern, sagen den Menschen damit indirekt ins Gesicht: »Es liegt vor allem an dir, wenn du es nicht schaffst. Andere bekommen es doch auch hin!«

Man muss allerdings differenzieren, denn nicht überall schlägt der Wettbewerb voll durch: Es gibt nach wie vor die Etablierten in den Zonen der Sicherheit, die vom Druck im unsicheren Wettbewerbsbereich noch recht wenig spüren. In vielen Segmenten des Arbeitsmarkts, man denke nur an das Beamtentum, gibt es bis heute Formen der sozialen Schließung, mit denen die Marktmacht gebrochen und Privilegien geschützt werden. Das sind die Spielfelder der Professionsverbände (die den freien Zugang zu bestimmten Berufen kontrollieren und eindämmen wollen), der Gewerkschaften (die sich mehr um die Kern- als um die Randbelegschaften kümmern) und der Parteien (die Klientelpolitik betreiben oder die Zuwanderung begrenzen). Der Markt bringt zwar in der Mitte der Gesellschaft das Floß zum Schaukeln, es entstehen allerdings auch neue Inseln der Sicherheit – ganz oben an der Spitze der sozialen Hierarchie und dort, wo große Vermögen vererbt und somit Chancen auf Dauer gestellt werden. Alle wollen die Chancen des Marktes nutzen, gleichzeitig versucht man, sich effektiv von den damit verbundenen Risiken abzuschirmen. Das gelingt einigen jedoch deutlich besser als anderen.

Nicht nur in der Wirtschaft und auf dem Arbeitsmarkt wird der Wettbewerb immer härter, die entsprechenden Prinzipien haben längst auch gesellschaftliche Bereiche erfasst, die den Kräften des Marktes zuvor entzogen waren: Öffentliche Dienstleistungen werden privatisiert oder zumindest gemäß neuer, eher marktaffiner Steuerungsmodelle organisiert. Das betrifft kulturelle Einrichtungen, die Versorgung mit Energie und Wasser, die Müllabfuhr oder auch den Bildungsbereich. Das Hauptargument für die entsprechenden Umbaumaßnahmen ist oft die mangelnde Effizienz öffentlicher Einrichtungen und Behörden. Schaut man genauer hin, zeigt sich, dass die Zahl der Beispiele für erfolgreiche Privatisierungen überschaubar ist. Als besonders desaströs gilt die Privatisierung der britischen Bahn, welche nicht nur eine drastische Erhöhung der Preise und einen schlechteren Service zur Folge hatte, sondern auch als eine der

Ursachen für die Häufung von Bahnunfällen mit zahlreichen Toten gilt. Investitionen in Infrastruktur und flächendeckende Versorgung wurden von den privaten Unternehmen dem Gewinnziel untergeordnet. Bei Privatisierungen handelt man sich noch weitere Probleme ein: unübersichtliche Verträge mit globalen Konzernen, die sich später als nachteilig für die Kommunen erweisen; regionale und überregionale Monopole, die den versprochenen Wettbewerb wieder einschränken. Zudem kommt es in manchen Bereichen zu »sinnlosen Wettbewerben« (Binswanger 2010), deren »Veranstalter« oft recht naiven Vorstellungen von Effizienz und der Vergleichbarkeit von Leistungen mittels Kennzahlen anhängen. Für die Beschäftigten gehen mit Privatisierungen und der Implementierung marktwirtschaftlicher Steuerungsmechanismen (Budgetierung, die Restrukturierung einzelner Abteilungen als Profitcenter, Maßnahmen, von denen man sich »künstliche« Konkurrenz und Effizienzgewinne verspricht) höherer Druck und größere Unsicherheit einher.

Auch für die Nutzer von Leistungsangeboten, die marktlichen Steuerungsprinzipien unterliegen, liegen die Vorteile nicht immer auf der Hand. Nehmen wir das Beispiel Gesundheitsversorgung: Gesundheit ist ein besonderes Gut und lässt sich nicht ohne Weiteres einem privaten Versicherungsmarkt übertragen. Viele, insbesondere chronisch Kranke, wären ein nicht versicherbares Risiko. In der gesetzlichen Krankenversicherung geht es zuvorderst um die Realisierung einer bedarfsgerechten Versorgung. Mit dem Einzug marktlicher Steuerungsprinzipien, die die Effizienz steigern und Kosten dämpfen sollen, sind für die Patienten neue Unwägbarkeiten verbunden. Bei jeder Behandlung stellt sich die Frage der Kosten. Wo überproportional hohe Kosten anfallen, droht Unterversorgung; billigere Alternativen, die überproportionale Gewinne versprechen, werden häufiger eingesetzt. Als Patient wird man skeptisch: Bekomme ich tatsächlich die optimale Behandlung? Setzen die dieses Gerät oder Medikament ein, weil es sich für sie lohnt, oder weil es mir wirklich hilft? Wurde wieder irgendeine Kostenerstattungsregel geändert, die eine Untersuchung besonders profitabel macht?

Eigenverantwortung und private Vorsorge

Wenn marktliche Prinzipien in den Bereich der Daseinsvorsorge Einzug halten, bedeutet das zugleich wachsende Zumutungen der Eigenverantwortung, des Selbst-Kümmerns und Entscheidens. Dieses Leitbild beinhaltet einen Rollenwandel: weg vom passiven Empfänger von Leistungen, hin zum aufgeklärten und autonomen Kunden, der auf den entstehenden »Wohlfahrtsmärkten« (Nullmeier 2002) aus einer Vielzahl von Angeboten ein maßgeschneidertes Sicherheits- und Vorsorgeportfolio für sich zusammenstellen kann. In einer privatisierten Welt ist Sicherheit eben etwas, »das sich jeder im Do-it-yourself-Verfahren selbst beschaffen muss« (Bauman 2009: 138). Der Politikwissenschaftler Jacob S. Hacker von der Universität Yale, der mit *The Great Risk Shift* das vermutlich wichtigste amerikanische Buch über den Wandel der Sozial- und Gesundheitspolitik vorgelegt hat, betont, dass es dabei nicht nur um neue politische Instrumente und Mechanismen geht, sondern vor allem um einen grundlegenden ideologischen Wandel: Die Philosophie des »Wir sitzen alle im selben Boot« werde durch eine Vision der persönlichen Eigenverantwortung ersetzt (Hacker 2006: 34). Der Versicherungsgedanke wird nicht mehr im Sinne der klassischen Vorsorgeeinrichtungen als eine kollektive Aufgabe verstanden (Ewald 1993), sondern zunehmend individualisiert. Gleichzeitig werden einstmals normierte, auf Gleichbehandlung und Grundversorgung ausgerichtete Angebote »von der Stange« diversifiziert und durch auf den einzelnen Kunden zugeschnittene Pakete ersetzt (Lamping 2009). Im Bereich der gesetzlichen Krankenversicherung kann man beispielsweise zwischen einer Vielzahl von Kassen wählen (die freilich selbst vor allem um die Jungen und

Gesunden konkurrieren), es gibt alle möglichen Tarife zur Einschränkung oder Ausweitung der Leistungen, eine wachsende Zahl von Bonusprogrammen, die Verpflichtung zur Ko- und Eigenfinanzierung und natürlich weitere private Versicherungen (vor allem für Zahnbehandlungen), die vorhandene Angebote ergänzen sollen.

Besonders weit fortgeschritten ist die Vermarktlichung im Bereich der Alterssicherung, wobei das Vertrauen in das staatliche Rentensystem schon seit Längerem bröckelt. Ein großer Anteil der Bevölkerung glaubt nicht, dass sich das gegenwärtige Sicherungsniveau auf Dauer wird halten lassen (Institut für Demoskopie Allensbach 2007). Um der wachsenden Versorgungslücke zu begegnen, soll nun individuelle Vorsorge getroffen werden. Ob Riester- oder Rürup-Rente, die Säule private Alterssicherung wird sukzessive ausgebaut. Natürlich haben sich damit die Spielräume für individuelle Entscheidungen deutlich vergrößert – zumindest in der Theorie. Aber werden die Möglichkeiten der privaten Vorsorge auch wirklich genutzt, um die mit dem Rückzug des Staates verbundenen Sicherungsverluste zu kompensieren? Wächst mit den Freiräumen auch die Vorsorgebereitschaft und -kompetenz? Der Politikwissenschaftler Wolfram Lamping ist skeptisch:

> »Diese Entwicklung markiert den Übergang von einer versorgenden, auf den Bürger als Objekt fokussierenden Sozialpolitik, zu einer Sozialpolitik, die den Verbraucher als ›Kunden‹ ausweist. Recht bedenkenlos wird den Verbrauchern offenbar zugetraut, dass sie eine konstitutive Rolle bei der Gestaltung ihrer eigenen sozialen Sicherheit übernehmen und hierbei folgenreiche, mit vielen Unsicherheiten behaftete Herausforderungen auf den zum Teil unübersichtlichen Märkten sozialstaatlicher Produkte und Dienstleistungen bewältigen können.« (2009: 57)

Empirisch kann man zeigen, dass zwischen der Rhetorik der Wahlfreiheit und der Kundenorientierung einerseits und dem tatsächlichen Verhalten der Menschen andererseits eine Lücke klafft: Die Nachfrage nach individualisierten und privatisierten Sicherungsangeboten ist immer noch recht gering, es gibt massive Informationsdefizite bei den Verbrauchern und eine tendenzielle Überforderung mit der Produkt- und Fördervielfalt (Lamping 2009). Einige Risiken (Krankheiten etwa) sind so schwer vorherzusehen und zu kalkulieren, dass die Menschen vor Wahltarifen und allen Formen der Selbstbeteiligung tendenziell zurückschrecken. Wer an chronischen Erkrankungen leidet oder mit einer Behinderung gehandicapt ist, hat Schwierigkeiten, auf dem privaten Markt überhaupt einen einigermaßen bezahlbaren Versicherungsschutz zu bekommen. Und auch im angesprochenen Bereich der privaten Altersvorsorge müssen Interessenten zwischen einer unübersichtlichen Vielzahl unterschiedlicher Anlageformen wählen (Ebbinghaus 2011). Da gerade die Altersvorsorge einen sehr langen Zeithorizont hat, benötigt man detaillierte und belastbare Informationen über die spätere Rentenhöhe, mögliche Versorgungslücken, Anlagerenditen (sowie -risiken) und staatliche Förderungsmöglichkeiten, wenn man eine sinnvolle Entscheidung treffen soll. Es drohen viele Fallstricke: Die Riester-Rente wird beispielsweise auf die Leistungen aus der staatlichen Grundsicherung angerechnet; auch gibt es immer noch massive Beratungsdefizite im Hinblick auf den Anspruch auf staatliche Zulagen. Bei Scheidung, Arbeitgeberwechsel, Geburt eines Kindes, Gehaltserhöhung oder Arbeitslosigkeit kann die Förderberechtigung entfallen oder die Zulagenhöhe sinken. Viele Versicherer haben die Riester-Rente mit hohen, auf positive Marktentwicklung setzende Renditen beworben, die nach heutigem Kenntnisstand nicht zu erwirtschaften sind. In Einzelfällen übersteigen die Vertragskosten sogar die garantierten Verzinsungen. Insgesamt sind die Vertragsbedingungen oft sehr schwer verständlich, und insbesondere bei fondsgebundenen Riester-Produkten wird oft keine garantierte Rente ausgewiesen. Ohne die umfangreichen Zuschüsse aus Steuermitteln könnten sich solche Angebote wohl kaum am Markt halten.

Gerade im Bereich der Altersvorsorge hat sich gezeigt, dass das Informations- und Kompetenzdefizit massiv ist, weshalb sich die Bundesregierung genötigt sah, das von den Volkshochschulen getragene Bildungsprogramm »Altersvorsorge macht Schule« aufzulegen (Frommert 2008).

Bislang waren es jedoch vor allem Angehörige der Mittelschicht, die von den Möglichkeiten der staatlich subventionierten privaten Altersvorsorge Gebrauch gemacht haben. Angesichts des beschriebenen Problems, dass vor allem sie unter der Absenkung des gesetzlichen Rentenniveaus leiden werden, war das so auch zu erwarten. Außerdem haben Menschen mit kleineren Einkommen nicht die Mittel, um selbst privat vorzusorgen, und die Reichen haben es in dieser Form nicht unbedingt nötig. Empirisch zeigt sich dementsprechend, dass das Verhältnis zwischen dem Einkommen und der Bereitschaft, eine Riester-Rente abzuschließen, umgekehrt U-förmig verteilt ist: Sie steigt im Übergang vom unteren zum mittleren Einkommensbereich an und geht bei den hohen Einkommen wieder etwas zurück (Lamping/Tepe 2009). Die Mittelschicht ist also – im Vergleich zu anderen Gruppen – vorsorgeaktiv, allerdings gilt das nur für einen Teil von ihr, denn selbst in der Mitte hatten 2008 nur 21 Prozent der Menschen einen Riester-Vertrag (ebd.). Diejenigen, die solche Förderungen nicht in Anspruch nehmen, müssen sich auf massive Sicherungslücken am Lebensabend einstellen, viele fallen dann vermutlich auf das Niveau der Grundsicherung herab; die Gesellschaft insgesamt wird mit wachsender Ungleichheit im Alter konfrontiert sein.

Eine Umfrage, die ich mit Kollegen von der Universität Bremen durchgeführt habe (Sachweh et al. 2009), bestätigt die Überlegungen und Befunde. Zunächst war die Mehrzahl der Befragten der Ansicht, mehr Eigenverantwortung in den Bereichen Gesundheit und Alterssicherung sei sinnvoll und begrüßenswert. Zwar sahen die Menschen nach wie vor in erster Linie den Staat in der Pflicht; dennoch waren unter den Beziehern mittlerer Einkommen 77 Prozent der Meinung, man solle sich bei der privaten Altersvorsorge engagieren, in Bezug auf die Gesundheit waren es 60 Prozent, die eine zusätzliche private Absicherung befürworteten. Die Eigenverantwortungs-, Aktivierungs- und Vorsorgerhetorik (Lessenich 2008), die längst zu einem zentralen Baustein bei der Reform des Sozialstaats geworden ist, scheint hier tatsächlich auf fruchtbaren Boden zu fallen. Aber: Dass die Bereitschaft zur privaten Vorsorge sowie die (theoretische) Einsicht in die Notwendigkeit (weil es der Staat ja nicht mehr macht) und das tatsächliche Vorsorgeverhalten auseinanderfallen, zeigte sich auch in unserer Studie: 55 Prozent der Befragten gaben an, sie sähen sich außer Stande, privat für den Lebensabend vorzusorgen. Sowohl in der Gruppe mit niedrigen als auch in der mit mittleren Einkommen äußerten sehr viele Menschen, sie könnten sich das aufgrund anderer Belastungen finanziell schlichtweg nicht leisten.

Einmal mehr wird deutlich, wie schwierig es ist, angesichts einer ungewissen Zukunft und unübersichtlicher Angebote kompetent Entscheidungen zu treffen. Die Menschen haben die Rhetorik der Eigenverantwortung zwar verinnerlicht, in der Praxis sind die Sicherungsofferten auf den Wohlfahrtsmärkten allerdings zu komplex, zu unübersichtlich, zu intransparent. In dieser Situation tendieren viele Menschen dazu, abzuwarten, erst einmal nichts zu tun oder instinktiv auf den bekannten Pfaden weiterzulaufen. Die Risiken und die Undurchschaubarkeit des privaten Vorsorgemarkts bringen viele dazu, sich dort gar nicht zu engagieren.

Partnerwahl unter Ungewissheit

Bislang haben wir uns mit recht naheliegenden Beispielen für Vermarktlichung und Unsicherheit beschäftigt, doch der Markt spielt auch im ganz Privaten eine Rolle. Auch auf den Beziehungs-

und Partnerschaftsmärkten der Gegenwart bestimmen Wahlfreiheit, erhöhte Flexibilität und die Logik von Entscheidungen unter Unsicherheit unser Handeln. Hier gibt es mehr Optionen denn je, gleichzeitig wissen wir statistisch, dass die Ehe längst kein sakraler Bund fürs ganze Leben mehr sein muss. Wahlbindungen erscheinen als reversibel und prinzipiell kündbar, wenn sie nicht das halten, was man sich davon versprochen hat. Die Erstheiratsneigung ist markant gesunken; noch vor 30 Jahren heirateten ca. 80 Prozent eines Jahrgangs, bei den heute 20-Jährigen werden es unter 65 Prozent sein. Die Zahl der Scheidungen ist im vergangenen halben Jahrhundert deutlich gestiegen. Nach Daten des Statistischen Bundesamtes wurden 2009 etwa halb so viele Ehen geschieden wie geschlossen, wobei der Anteil von Ehen, die irgendwann einmal geschieden werden, auf etwa 40 Prozent geschätzt wird (Huinink 2012). Immer mehr Menschen leben allein (1991 gab es 11,9 Millionen Einpersonenhaushalte, 2009 schon 16 Millionen); die Zahl der Singles und auch der Partnerschaften, in denen er und sie (oder er und er bzw. sie und sie) nicht zusammen wohnen, wächst (*living apart together*). Die dauerhafte Bindung an ein und denselben Partner ist damit längst nicht mehr die Norm. Zwar stehen ein harmonisches Familienleben und eine stabile Partnerschaft in Umfragen immer noch hoch im Kurs, doch es wird offensichtlich immer schwieriger, diese auch tatsächlich zu leben.

Was macht es nun so schwer, den richtigen Partner zu finden und ihn oder sie an sich zu binden? Ökonomen, die sich mit der Partnerwahl beschäftigen (Becker 1981), nehmen an, dass es den Akteuren darum geht, auf einem von Konkurrenz geprägten Markt ihren eigenen Nutzen zu maximieren, wobei dieser hier in Entlastung bei der Hausarbeit, emotionalem Wohlbefinden, Statusgewinn, materieller Sicherheit, sexueller Erfüllung usw. bestehen kann. Aus dieser Perspektive suchen Menschen so lange nach dem passenden Partner, bis der erwartete Nutzen die Investitionen in die (weitere) Suche übersteigt bzw. eine weitere Optimierung unwahrscheinlich erscheint. Zu den Investitionen rechnen die Ökonomen dabei Phasen ohne Partner (und somit ohne jeden Nutzen), das Aushalten der Angst, eventuell niemanden zu finden, aber auch konkrete Ausgaben für Essenseinladungen oder Urlaube, die man zu zweit unternimmt um herauszufinden, ob es wirklich klappt.

Der Partnerschaftsmarkt ist allerdings kein idealer Markt, auf dem der »Nachfrager« alle »Angebote« kennt, so dass er in der Lage wäre, eine wohlabgewogene »rationale« Entscheidung zu treffen. Emotionen kann man ohnehin schlecht quantifizieren, und dann besteht immer die Möglichkeit, dass man doch noch jemanden kennenlernen könnte, der oder die einfach besser zu einem passt. Die Suche nach dem Richtigen oder der Richtigen ist kompliziert. Psychologen sprechen mit Blick auf Kaufentscheidungen von *post-decisional regret*, also dem Bedauern nach dem Kauf, das einen befällt, wenn man sich die Vorteile der nicht gekauften Waren vor Augen führt. Fällt das Ergebnis nicht zur eigenen Zufriedenheit aus, ist Frustrationstoleranz gefragt. Einen Partner zur Familiengründung zu finden, ist ein noch anspruchsvolleres Unterfangen, weil die Latte einfach höher liegt. Viele Menschen sind nicht deshalb kinderlos, weil sie keinen Nachwuchs wollen, sondern weil sie vor lauter Suchen einfach den richtigen Zeitpunkt verpasst haben. Und das obwohl sich die postadoleszente Phase stark ausgeweitet hat und man sich heute gut und gerne bis Ende 30 mit der Familiengründung Zeit lassen kann. Zu viel Zeit lässt Menschen oft zu lange suchen: Sie probieren und prüfen, sie wechseln aus und werden ausgewechselt.

Wer sich heute dauerhaft binden möchte, verlässt sich nicht mehr ausschließlich auf die traditionellen Foren und Anlässe des Kennenlernens. Die lokale Gemeinschaft und der Feuerwehrball sind zwar nicht obsolet, aber Speeddating, Partnerschaftsbörsen im Internet und Massentourismus schaffen neue und andere Gelegenheiten. Diese zeichnen sich dadurch aus, dass sie schneller und flüchtiger sind (man kann in kürzerer Zeit mehr

Personen kontaktieren), dass die Interaktionspartner nur Teilaspekte des jeweils anderen wahrnehmen können (die soziale Einbettung der Interaktion ist geringer) und dass stärker strategisch kommuniziert wird. Insbesondere bei der Kontaktanbahnung im Internet unterliegt der eigene »Wert« einer strengeren Beobachtung – man muss sich gegen Hunderte Mitkonkurrenten durchsetzen und Aufmerksamkeit erzeugen, und zwar mit begrenzten Mitteln. Einen gewissen Zwang zur Selbstvermarktung gibt es bei der Partnersuche immer, aber im Internet sind Selbstinszenierung und Selbstmarketing im Grunde alternativlos (Illouz 2007; Skopek et al. 2009). Mit dem Internet erweitern sich nicht nur die Gelegenheiten für Singles, es gibt auch neue Möglichkeiten für jene, die schon in Beziehungen sind. In ihrer Studie *Einen Mausklick von mir entfernt* (2006) über die Schweizer Plattform PartnerWinner.ch hat die Soziologin Evelina Bühler-Ilieva herausgefunden, dass es unter den Suchenden einen nicht geringen Anteil von Personen gibt, die aktuell in einer Partnerschaft leben.

Nicht nur die Formen des Suchens (und Findens) eines Partners haben sich verändert, dasselbe gilt auch für die Kriterien der »Marktgängigkeit«. Aus der Perspektive des individuellen Nutzens waren in der Vergangenheit vor allem Partner und Partnerinnen mit komplementären Eigenschaften interessant. Ehen waren oft auf Statusungleichheit und Arbeitsteilung angelegt. (Ältere) Männer mit Bildung, Beruf, Status und Einkommen suchten (jüngere) attraktive Frauen, eventuell aus einer niedrigeren sozialen Schicht. War die Beziehung geschlossen, blieb das Verhältnis in der Regel asymmetrisch. Der Mann war der Außenposten, der das Geld nach Hause brachte, die Frau kümmerte sich um den Haushalt und sorgte für die Kinder. Das Muster, wonach in Beziehungen häufig ökonomische Stärke und physische Attraktivität ausgetauscht werden, ist für verschiedene Kulturen gut belegt (Buss 1994). Man kann das am Beispiel des wiedervereinigten Deutschland sehr anschaulich illustrieren: In den ersten Jahren nach der Wende gab es einen Boom der Ost-West-Partnerschaften, wobei in der Regel Männer aus den alten Frauen aus den neuen Bundesländern heirateten (Mau/ Gielke 1996). Daten aus Berlin belegen, dass zwischen 1991 und 1994 achtzig Prozent aller Ost-West-Trauungen dieser Logik folgten. Diese Schieflage bei der innerdeutschen Heiratsaktivität ist vor allem auf sozioökonomische Unterschiede zurückzuführen. Der Westdeutsche trat den Ostdeutschen vor allem als höherer Beamter, Manager, Dozent oder Berater gegenüber; die Ostdeutschen, die in den Westen gingen, füllten die unteren Ränge der Unternehmen auf. Diese Asymmetrie erklärt auch, warum die ostdeutschen Männer auf dem innerdeutschen Partnerschaftsmarkt relativ erfolglos waren. Sie hatten einfach weniger an Status, Sozialprestige und Wohlstand einzubringen.

Zwar gibt es nach wie vor Unterschiede auf dem Partnerschaftsmarkt, der soziale Status der Geschlechter hat sich in den letzten Jahrzehnten jedoch deutlich angenähert. Dass eine gut aussehende Frau aus kleinen Verhältnissen und mit geringer Bildung einen wohlhabenden und gebildeten Mann heiratet und somit mehrere Stufen der gesellschaftlichen Hierarchie überspringt, ist heute weit weniger wahrscheinlich als in der Nachkriegszeit. Nach Angaben des Statistischen Bundesamtes verfügten 2007 die Partner in über sechzig Prozent aller dauerhaften Beziehungen über den gleichen oder einen ähnlichen Bildungsabschluss. In knapp einem Drittel der Fälle wiesen die Männer die formal höhere Bildung auf, bei etwa einem Zehntel war es umgekehrt. Im Kohortenvergleich steigt der Anteil bildungshomogamer Ehen deutlich an. Vor dem Hintergrund eines schrumpfenden Gefälles zwischen Männern und Frauen im Hinblick auf Bildung und Erwerbsbeteiligung ist ein wachsendes Interesse an einem Partner »auf Augenhöhe« entstanden. In unserer heutigen Zeit sind Partnerschaftsmärkte im Hinblick auf die Positionierung der Geschlechter also weniger asymmetrisch als je zuvor. Das schafft auch neue Herausforderungen bei der

Partnersuche: Status *und* »erotisches Kapital« (Hakim 2010) spielen für Männer wie für Frauen eine Rolle. Für Frauen wird es riskanter, sich ausschließlich auf die äußeren Reize zu verlassen. Sie allein reichen immer weniger hin, um sich gut am Markt zu platzieren. Bei den Männern steigt der Druck, nicht nur Einkommen zu erzielen, sondern auch physisch attraktiv zu sein. Beide Geschlechter müssen sich im Wettbewerb um begehrte Partner ein breites Portfolio mit attraktiven Eigenschaften zulegen. Man frequentiert Fitnessstudios und Lesesäle, und selbst wenn man einmal jemanden gefunden hat, darf man in seinen Anstrengungen nicht nachlassen.

Beziehungen und Beziehungsanbahnung sind aber nicht nur anstrengend und risikoreich, sie können, wenn sie denn gelingen, auch Entlastung bringen. Hierbei geht es vor allem um Netze der Hilfe und wechselseitigen Unterstützung, die Marktunsicherheiten kompensieren können. Ein Haushalt mit zwei Einkommensbeziehern ist weniger krisenanfällig als ein Alleinverdienerhaushalt. Hier kommen die Vorteile einer substitutiven Partnerschaft zum Tragen: Verdient auch die Frau, können temporäre Einkommensausfälle viel besser kompensiert werden. Nicht untypisch sind aber auch Beziehungen, bei denen ein Partner eine gesicherte Beschäftigung hat, während der andere einer eher prekären Tätigkeit nachgeht, die ihm oder ihr die Chance bietet, sich selbst zu verwirklichen. Zwar haben beide einen ähnlichen Bildungsstatus, aber sie stehen vor unterschiedlichen Erwerbsrisiken. Vielen Freiberuflern gelingt die Marktbehauptung nur, weil sie einen Partner im Hintergrund haben, der ihnen im Notfall unter die Arme greifen kann und so Auftragslosigkeit und Nachfrageflauten zu überbrücken hilft. Bei den Selbstständigen in den Medien- und Kulturberufen ist es sogar typisch, dass diese Partnerschaften mit Festangestellten eingehen (Henninger/Gottschall 2007). Der verbeamtete Professor und die freie Kulturjournalistin ist eine Kombination, die nicht so selten vorkommt.

Lebensstau: Zwischen Beruf und Familie

Hat man erst einmal einen Partner gefunden, der eine stabile Beziehung verspricht, steht nicht selten das Thema Kinder an. Die Mehrzahl der jungen Menschen wünscht sich eine Familie und erhofft sich ein Leben mit Kindern. Dennoch gilt Deutschland mit einer durchschnittlichen Geburtenziffer von 1,32 Kindern pro Frau (2005 bis 2010) als ein »Niedrig-Fertilitäts-Land« (Schneider/Dobritz 2011). Der Anteil der kinderlosen Frauen ist hoch und liegt bei den Kohorten der nach 1965 Geborenen schon bei 30 und mehr Prozent (Dobritz 2005). Je höher die Bildung und je stärker die Erwerbsneigung der Frauen, desto niedriger die Geburtenrate und desto höher der Anteil der Kinderlosen.

Auf der politischen Ebene ist seit einigen Jahren der Kampf um das Mittelschichtkind ausgebrochen. Hinter vorgehaltener Hand, man denke nur an das Elterngeld, geht es bei vielen familienpolitischen Interventionen der jüngsten Zeit darum, die »Familienneigung« in der Mittelschicht zu erhalten oder zu erhöhen. Die »Wunschkinder des Wohlfahrtsstaates« (Streeck 2011: 14) kommen eben nicht aus Migranten- oder Unterschichtfamilien, sondern aus der qualifizierten und integrierten Mitte. Stellt man die niedrige Geburtenrate und die Abnahme der Zahl der Eheschließungen in einen größeren Kontext, dann sieht man den Zusammenhang zwischen der Ökonomisierung der Gesellschaft und den Veränderungen der Bindungs- und Familienmuster deutlich. Kinder zu gebären, zu umsorgen und zu erziehen, lässt sich mit den Anforderungen flexibilisierter Arbeitsmärkte nur bedingt vereinbaren. Die alten Rollenmodelle sind in unseren Institutionen aber nach wie vor starr und fest verankert, und die Arbeitswelt stellt die Menschen vor immer schwierigere Anforderungen. »Nine to five« – das gibt es im qualifizierten Arbeitsmarktsegment heute kaum noch. Der Ausbau der Kinderbetreuung, der nun langsam voranschreitet, läuft im Grunde den erhöhten Flexibilitätsanforderungen andauernd hinterher. Es verwundert daher nicht, dass Frauen nach der Familiengründung oft den Arbeitsmarkt verlassen oder in Teilzeitstellen wechseln (Allmendinger 2010). Wolfgang Streeck, der Direktor des Kölner Max-Planck-Instituts für Gesellschaftsforschung, formuliert es sehr deutlich:

»Unter Verweis auf einen verschärften Wettbewerb verlangten Arbeitgeber von ihren Beschäftigten immer mehr Flexibilität, Mobilität und ›volles Engagement‹ bei abnehmender Sicherheit des Arbeitsplatzes. Frauen, die ihre Beschäftigungs-und Aufstiegschancen wahren wollten, taten unter diesen Umständen gut daran, sich nicht auch noch mit Kindern zu belasten – und tatsächlich ist es kein Geheimnis, dass in vielen Branchen der bloße Sachverhalt, dass Frauen Menschen sind, die Kinder bekommen können, als solcher ein nur schwer überwindbares Beschäftigungs- und Beförderungshindernis ist.« (2011: 8)

Ganz generell hat Arbeitsmarktunsicherheit negative Auswirkungen auf Familiengründungspläne. Ich habe den Untergang der DDR eingangs schon als drastisches Beispiel erwähnt: Innerhalb kürzester Zeit kam es zu einem starken Absinken aller wichtigen Kennziffern der demografischen Entwicklung. Die Zahl der Geburten fiel zwischen 1988 und 1992 um 60 Prozent, die der Eheschließungen um 65 Prozent. Im historischen Vergleich ist dieser Einbruch als dramatisch zu bezeichnen (übrigens sanken auch die Scheidungen stark, unter anderem verursacht durch das veränderte Scheidungsrecht). In anderen osteuropäischen Staaten reagierten die Menschen ähnlich: Geburtenzahlen und Heiratsziffern nahmen rasant ab. Wolfgang Zapf und ich (1993) haben das in einem der ersten Aufsätze zum Thema als »demografische Revolution« bezeichnet. Die Ostdeutschen, intensiv damit beschäftigt, den Systemwechsel zu verdauen und sich in den neuen Institutionen zurechtzufinden, bekamen kaum noch Kinder. Zwar redeten einige öffentliche Stimmen von einem »Gebärstreik«, einer bewussten kollektiven Verweigerung, tatsächlich hatte eher eine Schockstarre die ostdeutsche Teilgesellschaft befallen, es handelte sich nicht wirklich um aktiven sozialen Protest. Krisenphänomene oder Situationen, die als krisenhaft erlebt werden, haben häufig eine Verengung und Verkürzung des individuellen Horizonts zur Folge. Das Zurechtkommen im unmittelbaren Hier und Jetzt wird wichtiger als die entfernte Zukunft. Langfristige biografische Planungen werden revidiert oder einem Moratorium unterworfen. Es ist nicht so, dass der Kinderwunsch ostdeutscher Frauen über Nacht verschwunden wäre, eher rückte die Bewältigung von Anpassungserfordernissen in den Vordergrund.

Warum reagieren Fertilität und Heiratsverhalten so feinfühlig auf Unsicherheiten? Die Entscheidung zur Familiengründung stellt eine biografische Festlegung auf viele Jahre dar, die sich kaum revidieren lässt. Coping bedeutet hier: »Irreversible Entscheidungen vermeiden!« (Schimank 2011a: 461) Kinder bringen eine Beschränkung des sozialen Möglichkeitsraums mit sich. Ist ein Kind erst einmal da, muss man sich darum kümmern. Wer ein Kind hat, ist weniger mobil, weniger flexibel, weniger zeitsouverän. Männer haben es aber immer noch deutlich leichter, die Verpflichtungen und zeitlichen Einschränkungen, welche Kinder mit sich bringen, aufzubrechen. Auch bei Trennungen bleiben die Mütter oft die Letztverantwortlichen für die Versorgung und Erziehung des Nachwuchses. Wenn man nicht weiß, womit man in einem Jahr sein Geld verdienen wird, fällt die Entscheidung zur Familiengründung oft schwer. Viele entscheiden sich dann, den Kinderwunsch aufzuschieben. Auch im Zuge des Zusammenbruchs der DDR und der Neuorientierung im Westen dachten viele junge Ostdeutsche, es sei besser, jetzt erst einmal abzuwarten und dann später loszulegen. Dementsprechend rechneten einige Experten mit einem zeitlich verzögerten Geburtenboom (Schultz et al. 1993). Das hat sich nicht bewahrheitet. Einen Kinderwunsch kann man nicht einfach parken, um dann wieder loszufahren wie mit einem Auto. Zeitliches Aufschieben birgt immer die Gefahr, dass sich keine andere Gelegenheit mehr findet. Mal fehlt der Partner, dann gibt es neue berufliche Anforderungen, schließlich ist es zu spät.

Die Phase der Familiengründung ist mit anderen kritischen Übergängen des Lebenslaufs zeitlich eng verknüpft. So fallen der berufliche Einstieg und die ersten Schritte in Richtung eigene Familie häufig zusammen und lösen mitunter biografische Turbulenzen aus. Das gilt insbesondere für die Passage zwischen Mitte zwanzig und Mitte dreißig. »Rush hour des Lebens« oder »Lebensstau« sind die Bezeichnungen, die sich dafür eingebürgert haben. Alles muss gleichzeitig passieren: Man muss schauen, ob sich die eigene Qualifikation auf dem Markt behauptet, man muss herausfinden, an welchem Ort man sich verankert und welche Mobilitätsanforderungen auf einen zukommen, man muss anfangen, an die private Vorsorge zu denken, man muss den richtigen Partner finden, der auch noch am richtigen Ort leben sollte, und man muss den Schritt von der Partnerschaft zur Familie wagen. Vieles ist zu leisten, wichtige Koordinaten bleiben unbestimmt, aber diese Weichen sind doch entscheidend, sie legen die materiellen und sozialen Grundlagen für viele Jahre. Wenn sich der Job als Sackgasse herausstellt oder der Partner zum falschen Zeitpunkt abspringt, kann das misslingen. Dass sich viele lange nicht entscheiden können und andere zu falschen Kompromissen neigen, hängt genau mit diesen Unwägbarkeiten zusammen.

Eine Studie der Robert Bosch Stiftung ergab (Höhn et al. 2006), dass die Entscheidung für oder gegen Kinder ein Ergebnis des Abwägens zwischen unterschiedlichen Lebensentwürfen ist. Viele Frauen sehen sich nicht in der Lage, Familie und Beruf auf zufriedenstellende Weise miteinander zu verbinden. Sie sehen sich vor eine Entweder-oder-Situation gestellt, das Sowohl-als-auch wird als schwierig erlebt. Wenn es gelingt, dann vor allem wegen günstiger individueller Umstände (Oma am Ort, gute Betreuungssituation, finanzielle Unabhängigkeit, zeitlich flexibler und engagierter Partner). Diejenigen, die sich gegen Kinder entschieden hatten, nannten als wichtigsten Grund (60 Prozent), dass sie keinen sicheren Arbeitsplatz hätten. Die Gefahren des Herausfallens aus der Erwerbstätigkeit oder beruflicher Nachteile sind die »Kosten«, die man gegen ein Kind rechnen kann. Immerhin jede zweite Befragte ohne Kinderwunsch gab als Grund an, den jetzigen Lebensstandard beibehalten zu wollen. Ökonomen würden sagen: Mit besserer Qualifikation der Frauen und höheren Einkommenschancen steigen die Opportunitätskosten des Kinderbekommens. Im Gegensatz zu früheren Zeiten ist der »Nutzen« von Kindern in modernen Gesellschaften vor allem emotionaler Natur, nicht mehr, aber auch nicht weniger. So glaubt die große Mehrheit (sowohl derer mit als auch derer ohne Kinderwunsch) nicht, dass Kinder die Fürsorge und Sicherheit im Alter erhöhen würden (ebd.).

Ganz konkret führt die Deregulierung der Arbeitsmärkte heutzutage dazu, dass es länger dauert, bis junge Menschen einen sicheren und unbefristeten Arbeitsplatz gefunden haben. Wer in der Probezeit ist, wer auf einen Folgevertrag angewiesen ist, wer nicht weiß, ob er nach der Elternzeit auf einen Arbeitsplatz zurückkehren kann, für den erscheint ein Kind als Klotz am Bein. Ein Kind, vor allem wenn es jünger als drei Jahre ist, schlägt für viele immer noch negativ zu Buche. Allerdings scheint dieser Zusammenhang nicht in allen Gruppen gleich stark zu sein, vielmehr zeigen sich schichtspezifische Muster: Höher gebildete Frauen neigen bei Arbeitsmarktunsicherheit dazu, die Elternschaft aufzuschieben oder keine Kinder zu bekommen. Anders reagieren viele Frauen mit geringer schulischer und beruflicher Bildung, insbesondere bei Arbeitslosigkeit. Hier wird Mutterschaft mitunter als soziale Alternativrolle angestrebt, um Phasen ohne Job zu füllen (Friedman et al. 1994). In der Mittelschicht konzentrieren sich die Frauen eher auf den Beruf als auf die Mutterrolle, wenn die Lebensumstände prekär werden.

Die Crux mit der Bildung

Sie haben sie vielleicht auch schon einmal bemerkt: Mütter oder Väter, die ihr Kind auf dem Spielplatz nie weiter als zwei Meter von sich weglassen. Selbst wenn sie in ein Gespräch verwickelt sind, blicken sie permanent über die Schulter, sie mahnen und rufen und sind allzeit bereit, potenzielle Gefahren abzuwehren. Fällt das Kind hin, wird es wieder auf die Beine gestellt und getröstet; kommt es beim Klettern nicht richtig voran, gibt es sofort Hilfestellung. Wie der Polizeihubschrauber über dem fliehenden Einbrecher kreisen solche Eltern über den Kindern, wie sein Suchscheinwerfer lassen ihre Augen den »Premiumnachwuchs« nie aus den Augen. Tatsächlich sprechen Forscher in den USA inzwischen von »Helikopter-Eltern« (Foster/Fay 1990) und von elterlicher Überbetreuung (*overparenting*).

Die nervösen, übertrieben fürsorglichen Mamas und Papas sind nur ein Indiz dafür, dass auch Kindergärten, Schulen und Universitäten längst von den beschriebenen Trends erfasst wurden. *Einerseits* wissen gerade Mittelschichteltern, dass frühe und umfassende Förderung ein ganz entscheidender Schlüssel ist, wenn es darum geht, die nächste Generation in der Mittelschicht zu halten oder gar einen weiteren sozialen Aufstieg zu ermöglichen. Akademiker, denen es nicht gelingt, ihre Sprösslinge erfolgreich durchs Abitur zu bringen, haben in der Selbstwahrnehmung versagt. *Andererseits* sind auch im Bereich der Bildung die Wahlmöglichkeiten der Eltern enorm gestiegen: Wo es früher – zumindest für Normalsterbliche, die ihren Nachwuchs nicht nach England oder in deutsche Eliteinternate schicken können – wie im Sektor der sozialen Sicherung nur die staatliche Bildungskarriere »von der Stange« gab, findet sich heute im Zuge der Privatisierung und Kommerzialisierung eine Vielfalt an Angeboten *à la carte*: Der Nachhilfeunterricht boomt, Ratgeber und Leitfäden zur richtigen Schulauswahl haben ebenfalls Hochkonjunktur, bilinguale Grundschulen mit integrierten Kindergärten und Ganztagsbetreuung, wie sie etwa das Unternehmen Phorms in deutschen Städten anbietet, konkurrieren mit staatlichen Einrichtungen und versuchen, sich durch ausgefallene Angebote und innovative pädagogische Konzepte zu profilieren. Die Zahl der privaten Grundschulen ist in den letzten beiden Jahrzehnten massiv gestiegen, von 226 im Jahr 1992 auf 669 im Jahr 2009 (Knötig 2010). Die Zielgruppe der entsprechenden Angebote ist vor allem die Mittelschicht, wo die Eltern besonderen Wert auf umfassende Förderung und Bildungserfolg legen (Spieß et al. 2009). Parallel dazu haben die Eltern sich auch an öffentlichen Schulen immer mehr Mitspracherechte erobert: Während sie früher ohne großes Aufsehen Noten oder die Zuweisung zu bestimmten Schultypen akzeptierten, proben sie heute oft den Aufstand, lassen sich einen Termin beim Direktor geben, drohen mit dem Anwalt. Sie wollen auf jeden Fall verhindern, dass ihr Kind frühzeitig aufs (vermeintliche) Abstellgleis geschoben wird.

Einmal mehr erkennen wir das mittlerweile typische Muster: In einer Zeit, in der Aufwärtsmobilität keine Selbstverständlichkeit mehr ist, entbrennt ein zunehmender Wettkampf um den Bildungserfolg der Kinder, und die Eltern sind durchaus bereit, dafür viel Geld und Zeit aufzuwenden. Gleichzeitig wird das Angebot unübersichtlicher, die Entscheidungsunsicherheit steigt. Nehmen wir das Beispiel der frühkindlichen Bildung: Lange Zeit galt es unter Experten als gesicherte Erkenntnis, dass die wichtigsten Grundlagen des langfristigen Bildungserfolgs in den ersten drei Lebensjahren gelegt werden; mittlerweile gibt es jedoch auch Studien, die darauf hindeuten, dass die Rolle der frühen Förderung überschätzt sein könnte (Heekerens 2010). Der Beratungsbedarf nimmt zu, kein Wunder also, dass Schul- und Uni-Rankings und Online-Portale wie Schulradar.de oder Schulbenotung.de immer wichtiger werden. Natürlich spielt auch hier der soziale Vergleich eine große Rolle – in doppelter Hinsicht: Wenn man vor dem Kindergarten mit anderen Eltern spricht, kann man sich über pädagogische Angebote austauschen; gleichzeitig findet man heraus, wo man mit den eigenen Bildungsanstrengungen im Vergleich zur »Konkurrenz« steht. Hört man dann, dass der Nachwuchs der Nachbarn parallel bereits Chinesisch- oder Yogakurse absolviert, fragt man sich schnell, ob man nicht doch zu wenig für das eigene Kind tut, weil man die Fahrzeit zum Yoga oder die zusätzlichen Ausgaben für private Angebote scheut.

Dabei ist – wieder stoßen wir auf einen »Schleier des Nichtwissens« – längst nicht klar, ob die teuren Programme auch wirklich etwas bringen, Bildungserfolge lassen sich nämlich nicht so ohne größeren Aufwand messen und vergleichen. Zwar ergab die PISA-Studie, dass die Schüler von Privatschulen im Durchschnitt besser abschneiden als ihre Altersgenossen in öffentlichen Einrichtungen. Ein gutes Verkaufsargument für die privaten Anbieter? Hier muss man bedenken, dass Bildungserfolg in Deutschland – auch das ergab die Studie – eng mit der sozialen Herkunft zusammenhängt, und natürlich setzt sich die Schülerschaft von teuren Privatgymnasien anders zusammen; die Eltern verfügen in der Regel selbst über überdurchschnittliche Bildungsabschlüsse. Doch für welche Unterschiede sind dann die Schulen und für welche die Schüler selbst (bzw. die Eltern) verantwortlich? Kontrolliert man den familiären und sozioökonomischen Hintergrund, schneiden Privatschulen nicht notwendigerweise besser ab als die öffentliche Konkurrenz (Weiß/Preuschoff 2006); sie mögen in bestimmten Bereichen wichtige Impulse geben, doch von einer allgemeinen Überlegenheit oder Vorbildfunktion kann nicht die Rede sein. Dennoch neigen Mittelschichteltern oft dazu, den Effekt einer Privatschule und ihres spezifischen Lernklimas zu überschätzen.

Zu diesen Unsicherheiten kommen nun auch noch mögliche Nachteile für die Kinder, die Eltern, die ihre Sprösslinge mit Nachdruck auf das Gleis zum Erfolg setzen wollen, ebenfalls abwägen müssen. Wohl jeder kennt aus dem privaten Bekanntenkreis Fälle, in denen Kinder von allzu ehrgeizigen Eltern aufs Gymnasium geschickt werden, wo sie dann nicht mithalten können und unglücklich werden. Außerdem macht schon seit Längerem die Rede von den »verplanten Kindern« die Runde. Die haben ähnlich volle Terminkalender wie berufstätige Erwachsene, tingeln am Nachmittag von Kurs zu Kurs, und dabei bleibt dann die Zeit für Muße, zweckfreies Spielen und Selbstbestimmung auf der Strecke. Im Bestreben, ja alles richtig zu machen, beeinträchtigen Eltern nicht selten die Emanzipation und die Erfahrungsfähigkeit des Nachwuchses.

Wenn deutsche Mittelschichteltern, die mithilfe von »Bildungs- und Ausbildungszertifikaten« auf »soziale Selbstreproduktion« setzen (Münkler 2010: 70), viel Geld in die Hand nehmen, um ihren Nachwuchs vor den »Diversitätszumutungen« staatlicher Schulen, die auch von Kindern aus ärmeren Familien oder aus Familien mit Migrationshintergrund besucht werden, zu schützen, so hat dies schließlich auch problematische Folgen für die Gesellschaft insgesamt. Das Schulgeld kann insofern in gewissem Sinne auch als »Segregationsprämie« verstanden werden (Bude 2011: 17). Verbesserte Chancen für das eigene Kind gehen oft mit sozialer Schließung einher. Bildungsentscheidungen der Mittelschicht mögen individuell rational sein; gesamtgesellschaftlich hängen sie eng mit einer »Entmischungs- und Vermeidungslogik« zusammen (Knötig 2010: 339).

Stadtquartiere und Einkommensgrenzen

Wenn man Menschen fragt, in was für einer Nachbarschaft sie gerne leben würden, geben sie häufig an, dass sie sich eine bunte Mischung wünschen. Das klingt nach dem alten sozialdemokratischen Ideal einer Gesellschaft, in der Arbeiter und Akademiker, Migranten und Einheimische, Alte und Junge Tür an Tür miteinander leben. In Zeiten, in denen das Statusbewusstsein wichtiger wird, entspricht dieses Ideal allerdings immer seltener der Realität: Gruppen und Milieus grenzen sich räumlich voneinander ab, in vielen Städten dominiert nicht das Miteinander, sondern das Nebeneinander.

Der Stadtsoziologe Robert E. Park, ein Mitbegründer der sogenannten Chicago School, ging bereits in den zwanziger Jahren des vergangenen Jahrhunderts davon aus, dass sich gesellschaftliche und ökonomische Hierarchien oft in homogenen Wohnquartieren widerspiegeln. Er sprach von »residentieller Segregation« (Park et al. 1925); tatsächlich sind derartige »Sortierprozesse« – »big sort« genannt (Bishop 2008) – in den Vereinigten Staaten sehr ausgeprägt, und auch in Deutschland gewinnt die innerstädtische Differenzierung an Dynamik (Friedrichs/Triemer 2008). Neben den traditionellen Refugien der Oberschicht entstehen sozial weitgehend homogene Altbauviertel mit schicken kleinen Boutiquen, Spielplätzen, Cafés und Bioläden für die gehobene Mittelschicht; »Problemgruppen« konzentrieren sich in abgehängten Vierteln mit Wettbüros, Imbissbuden und Discountern. Letztere können zentrumsnah (etwa der innerstädtische Bezirk Wedding in Berlin) oder am Stadtrand gelegen sein, man denke etwa an die einheitsgraue Großwohnsiedlung Tenever, die in den siebziger Jahren vor den Toren Bremens auf die grüne Wiese gestellt wurde. Zudem lassen sich auch in Deutschland Bewegungen beobachten, die in den USA »white flight« genannt werden (Crowder 2000): Die Angehörigen der »weißen« Mittelschicht verlassen weniger attraktive Gegenden, in denen der Anteil von Menschen mit Migrationshintergrund ansteigt, weil sie fürchten, auch von deren Problemen erfasst zu werden.

Die Biotope der Gutverdienenden und Gebildeten wiederum ziehen Menschen an, die in genau dieses Schema passen. Das liegt nicht nur an der attraktiven Bausubstanz und der guten Einkaufsinfrastruktur, sondern auch an einer Reihe positiver Nachbarschaftseffekte. Homogenität und gemeinsame Interessen stärken das Miteinander, außerdem weisen Kinder aus Mittelschichtvierteln oft unabhängig vom sozioökonomischen Status der Eltern bessere schulische Leistungen als Kinder aus benachteiligten Vierteln auf, was mit dem Vorhandensein von Rollenvorbildern, dichterer sozialer Kontrolle und fördernden Netzwerken zu tun hat (Helbig 2010).

Je mehr solvente Personen und Familien in ein Viertel ziehen, desto höher steigen die Mieten; die ärmeren Alteingesessenen werden verdrängt, ein Prozess, der unter dem Namen Gentrifizierung derzeit in aller Munde ist. Altbauten werden modernisiert und aufgehübscht, größere Wohnungen in attraktive Single-Apartments aufgeteilt, die Quadratmeterpreise steigen. Zwar flackert hier und da Protest gegen die Aufwertung ganzer Quartiere auf, doch der Widerstand versandet oft ohne größere Wirkung. Gentrifizierung vollzieht sich somit häufig unterhalb des Radars der politischen Aufmerksamkeit.

Ich habe bereits mehrfach darauf hingewiesen, dass von *der* Mittelschicht nicht die Rede sein kann und dass diese Kategorie Menschen mit verschiedenen Berufen und unterschiedlich hohen Einkommen umfasst. Tatsächlich fallen mittlerweile auch Teile der unteren und mittleren Mittelschicht der Gentrifizierung zum Opfer. Für sie wird es ebenfalls schwieriger, in München-Schwabing, Berlin-Prenzlauer Berg oder dem Hamburger Schanzenviertel finanzierbaren Wohnraum zu ergattern. Selbst wenn es nicht gerade um Traumdomizile geht, finden sie sich bei Besichtigungsterminen inmitten Dutzender Bewerber wieder, sie müssen alle möglichen Unterlagen einreichen und gehen am Ende doch leer aus. Sie betrachten sich dann ebenfalls als »Verdrängte« und beklagen die schleichende Verteuerung einstmals bezahlbarer Quartiere.

Die Bornholmer Brücke in Berlin verbindet zwei ungleiche Teile der Stadt. In der Gegend zwischen Schönhauser und Greifswalder Allee leben heute vor allem hippe bourgeoise Bohemiens sowie gut situierte Familien mit Kindern; auf dem Markt am

Kollwitz-Platz gibt es mediterrane Vorspeisen und allerhand Biogemüse zu kaufen. Die ehrgeizigen »Helikopter-Mütter« aus der Gegend sind mittlerweile über die Grenzen der Hauptstadt hinaus berühmt-berüchtigt. Jenseits des beliebten Mauerparks liegen Gesundbrunnen und der Wedding, die als wenig schicke, abgehängte Viertel gelten, in denen – so das Klischee – vor allem schimpfende Rentner, Arbeitslose in Trainingsanzügen und aggressive Ghetto-Kids leben.

An den Wochenenden sieht man derzeit immer häufiger Umzugslaster über die Bornholmer Brücke ruckeln – allerdings von Ost nach West. Mittelschichtfamilien, die sich die Mieten am Prenzlauer Berg nicht mehr leisten können, ziehen auf der Suche nach billigerem Wohnraum in den deklassierten Wedding. Haben sie es sich dort erst einmal eingerichtet, stellen sich schnell ganz neue Fragen: Können wir den Bugaboo-Kinderwagen im Hausflur stehen lassen? Welche Schule sollen unsere Kinder besuchen, wenn es einmal so weit ist? Was macht man, wenn ein Transporter den Vormittag über unter dem Küchenfenster steht und den Motor nicht abstellt? Wie kann es sein, dass in der Nachbarwohnung eine Scheibe eingeworfen wird und sich über Wochen niemand darum kümmert? Solche alltäglichen Irritationen bergen sozialen Sprengstoff. Und obwohl die Mittelschichtler den Wedding objektiv aufwerten, fühlen sie sich dabei nicht gerade wie abenteuerlustige Pioniere. Sie haben nicht zuletzt Angst, in einen Abwärtssog zu geraten und von den Problemen des abgehängten Quartiers angesteckt zu werden. Umgekehrt treiben auch die alteingesessenen Bewohner des Wedding Befürchtungen um. Sie beobachten, dass Galerien und Designerläden in der Brunnenstraße aufmachen und dass sich das landeseigene Wohnungsunternehmen DEGEWO mehr und mehr um besserverdienende Mieter bemüht.

Ein weiterer Aspekt der wachsenden Ungleichheit, der sich ebenfalls im städtischen Umfeld ausbreitet, sind die Grenzziehungen und Konflikte zwischen Armut und Wohlstand. Man kennt solche Probleme aus lateinamerikanischen Ländern, sie haben schon längst auch die ökonomisch stark polarisierten USA erreicht. Der Schriftsteller T. C. Boyle hat den Zusammenprall von Mittelschicht-Idyll und neuen Gefahren in seinem Roman *América* eindrucksvoll beschrieben. Im Mittelpunkt stehen die Mossbachers, weiße Amerikaner, die in einer schicken Wohnanlage am Rande von Los Angeles leben. Delaney Mossbacher ist Hausmann und Journalist. Eines Tages fährt er Cándido Rincon an, einen illegalen Einwanderer aus Mexiko, der mit seiner schwangeren Freundin América im Canyon unterhalb der vornehmen Wohnsiedlung im Freien haust. Als später ein Coyote den Terrier der Mossbachers reißt, fordert Delaneys Frau Kyra einen Schutzzaun um das Grundstück. Die anderen Anwohner machen sich Sorgen wegen der Mexikaner, sie wollen ein Tor errichten lassen und bewaffnete Wachleute anheuern. Die eigentlich tolerante und liberale Mittelschicht bekommt Angst und reagiert darauf mit einer Art Selbstghettoisierung.

Gated communities, geschlossene und bewachte Wohnanlagen für die Bessergestellten, sind heute in vielen Teilen der Welt ein normaler Bestandteil des Stadtbilds (Caldeira 1996). Dabei geht es nicht nur um Sicherheit, sondern auch um ein Gefühl der Homogenität und des Unter-sich-Seins. In den Vereinigten Staaten hat sich der Zahl der *gated communities* in den letzten dreißig Jahren Schätzungen zufolge verzwanzigfacht. Der österreichische Geograf Klaus Frantz (2000), der den Ballungsraum Metro-Phoenix (Arizona) untersucht hat, zählte dort bereits in den späten Neunzigern über 600 solcher Anlagen. 13 Prozent davon wurden von besonders begüterten Menschen bewohnt, 81 von Angehörigen der gehobenen und mittleren Mittelschicht, in lediglich vier Prozent der Fälle handelte es sich um gemischte Quartiere.

Deutschland ist von solchen Zuständen im Moment noch ein gutes Stück entfernt. Typische Mittelschichtgrundstücke in der Provinz sind nach wie vor ohne größere Hindernisse zugänglich. Umgeben sind sie nicht von hohen Mauern, sondern von Büschen, Hecken oder hüfthohen Jäger- bzw. wahlweise Maschendrahtzäunen. Bewacht werden sie maximal von Gartenzwergen, und man muss nicht sein Gesicht in eine Kamera halten, bevor die Tür geöffnet wird. Doch auch hierzulande droht der gehobenen Mittelschicht Ungemach. In aufgewerteten und bürgerlichen Vierteln steigt die Anzahl der Wohnungseinbrüche, etwa in den besseren Bezirken Berlins. Am helllichten Tag werden Türen aufgebrochen, die Diebe fliehen unbemerkt mit Flachbildfernsehern und Laptops. In Charlottenburg-Wilmersdorf betraf das laut Polizeistatistik 2009 immerhin jede 127. Wohnung. Ähnlich hoch sind die Zahlen in Mitte oder Prenzlauer Berg. In Lichtenberg dagegen, einem sozial deutlich schlechter gestellten Bezirk, können sich die Bewohner diesbezüglich sicherer fühlen: In nur jeder 665. Wohnung machten sich Einbrecher zu schaffen. Eigentumsdelikte können im weitesten Sinne als Wasserstandmelder für das soziale Klima angesehen werden: Es ist nie ein gutes Zeichen, wenn die Kosten für die eigene Sicherheit steigen, doch inzwischen boomt auch in Deutschland die Sicherheitsbranche, die ihre Kunden mit biometrischen Zugangssystemen, Außenhautüberwachungen, zentralen Einbruchsmeldern, Panzerriegeln und unzerstörbarem Fensterglas beliefert. In der »Angstgesellschaft« (Haesler 2011: 31) sind eben irgendwann alle permanent auf der Hut.

Die Zahl der *gated communities* ist in der Bundesrepublik derzeit zwar immer noch begrenzt, vor allem wenn man sie im engeren Sinne als abgeschlossene und bewachte Wohnanlagen versteht. Es gibt aber mittlerweile durchaus Vorstufen und *light*-Versionen, die sich in erster Linie an die Ober- und Teile der gehobenen Mittelschicht richten. Als erste richtige *gated community* Deutschlands gilt dabei die Siedlung Arcadia in Potsdam, sie liegt unmittelbar an der historischen Glienicker Brücke und gegenüber des Schlossparks Babelsberg. Die im italienischen Stil gehaltenen Villen und Luxusapartments auf dem 28 000 Quadratmeter großen Areal waren in Windeseile verkauft. Die Stadt musste wegen der Anlage zeitweise um den Status als Weltkulturerbe bangen. Eher auf soziale Homogenität denn auf Sicherheit setzen die Firmen hinter dem Konzept Parkstadt 2000, das bislang in Leipzig und Frankfurt am Main realisiert wurde. Daneben schießen in Deutschland mittlerweile allerorts halb geschlossene Wohnanlagen aus dem Boden, die sich mit Bezeichnungen wie »Palais«, »Höfe«, »Gärten« oder »Residenzen« schmücken, Labels, die zweifelsohne mehr Distinktion verheißen als ordinäre Straßennamen.

Ein weiterer Wohntrend, der auch in der Bundesrepublik immer mehr Zuspruch findet, sind schließlich die sogenannten Doormen-Apartments, die man bislang allenfalls aus Filmen über die New Yorker High Society kannte. In den Foyers solcher Wohnkomplexe sitzen dann Portiers in Anzügen oder Uniformen, die ungebetene Gäste abweisen und den wohlhabenden Bewohnern zur Hand gehen. Videoüberwachung ist ebenso eingeschlossen wie diverse Serviceleistungen, von Reinigungs- oder Kurierdiensten bis zur Lieferung von Getränken und Lebensmitteln. Peter Bearman, ein Soziologe von der Columbia University, hat 2005 eine faszinierende Studie über Doormen in New York veröffentlicht, in der er ihre paradoxe soziale Situation beschreibt: Einerseits ist ihr eigener sozialer Status viel niedriger als der der Bewohner; andererseits nehmen sie jedoch intensiv an deren Leben teil. So kommt es zu einem spannungsreichen Nebeneinander von Intimität und sozialer Distanz, ein Verhältnis, das an die Romane von Theodor Fontane oder Thomas Mann erinnert.

Was die Nachfrage nach Dienstleistungen in deutschen Privathaushalten angeht, weisen die Zahlen stark nach oben. Immer mehr Mittelschichtler gönnen sich Babysitter, Kinderfrauen, Pflegerinnen oder Haushaltshilfen, die legal, aber auch illegal beschäftigt werden. Allein die Zahl der in deutschen Haushalten offiziell geringfügig Beschäftigten stieg von 34 000 im Jahr

2003 auf rund 200 000 im Jahr 2009, eine Zunahme, die zum Teil auch mit veränderten Melde- und Beitragspflichten zu tun hat. Die volkswirtschaftliche Gesamtrechnung geht sogar von drei Mal so vielen Beschäftigten in Privathaushalten aus (über 700 000), was bedeutet, dass nach wie vor 70 Prozent dieser Menschen irregulär beschäftigt sind (siehe Gottschall/Schwarzkopf 2010). Haushalte werden somit zu Arbeitgebern, und fremde Gruppen kehren auf diesem Weg in den Nahbereich zurück, allerdings ohne, dass dies zu einer sozialen Durchmischung führen würde. Angehörige unterer sozialer Schichten verschwinden zwar nicht aus den homogener werdenden Quartieren der gehobenen Mitte, sie kommen dort jedoch in erster Linie in ihren Funktionsrollen als Sicherheitsleute, Putzfrauen, Handwerker, Postzusteller oder Hausmeister vor, nicht als Nachbarn oder Bekannte. In diese Verhältnisse sind die Statusunterschiede also immer schon »eingebaut«.

Mobilität und Wanderung als Statusprojekte

Die Segregationsanstrengungen der Mittelschicht verändern die Zusammensetzung und das Zusammenleben im städtischen Raum, führen letztlich zu neuen Hierarchisierungen. Es sind aber nicht nur innerstädtische Residenzentscheidungen, die für die Statusordnung von Relevanz sind, Prozesse der räumlichen Mobilität und Migration verändern sie ebenfalls. In der Migrationsforschung, aber auch in der Anthropologie wird schon sehr lange darüber diskutiert, ob in der Menschheitsgeschichte Mobilität oder Sesshaftigkeit als der Normalfall gelten kann. In der Regel gehen wir allerdings alle davon aus, dass die Menschen meistens an einem bestimmten Ort leben, dort ihre Wurzeln und sozialen Netzwerke haben. Bindungen – Dahrendorf spricht von »Ligaturen« (1979) – sind die Fundamente unseres sozialen Handelns. Nichtsdestotrotz sind Menschen sehr häufig daran interessiert, ihre Wahlmöglichkeiten zu erweitern und die Herkunftsbindungen wenn nicht abzustreifen, so doch zu lockern. Migration und räumliche Mobilität sind Strategien der Optionserweiterung, die sich heutzutage immer mehr verbreiten (Mau 2007). Im Vergleich zur (vielleicht in der Rückschau nostalgisch verklärten) Wirtschaftswunderzeit sind heute sehr viele Menschen unterwegs, und zwar nicht nur für zwei Wochen im Italienurlaub: Studierende gehen für ein, zwei Semester ins Ausland, junge Leute aus Ostdeutschland arbeiten in den alten Bundesländern, immer mehr Deutsche wandern aus. Was treibt diese Menschen an? Warum machen sie sich täglich, wöchentlich oder ein für allemal auf den Weg?

Auch hier geht es wieder um das Ergreifen von Chancen und die Sicherung oder Verbesserung des eigenen sozialen Status. Menschen müssen aus den Ressourcen, die ihnen zur Verfügung stehen, das Beste machen – und wenn eine Qualifikation am Heimatort nicht nachgefragt wird, gilt es, mobil zu sein. Tatsächlich kann man empirisch zeigen, dass sich die sozialen Aktionsradien der Menschen zumindest im Westen in der Moderne permanent vergrößert haben. Man hat das entsprechende Verhalten als »social spiralism«, als »moving out to move up« bezeichnet (Watson 1964): Wenn man an Ort und Stelle auf der sozialen Leiter nicht Sprosse für Sprosse vorankommt, nimmt man (im wahrsten Sinne des Wortes) Umwege in Kauf.

Es gibt eine bemerkenswerte Zunahme mobiler Lebensformen (Schneider et al. 2002). Manche sprechen gar von einer neuen »Kultur der Beweglichkeit« oder einem »modernen Nomadentum«, die Bindung der Menschen an bestimmte Orte werde praktisch aufgehoben (Englisch 2001). Vor diesem Hintergrund ist schließlich so etwas entstanden wie eine Ideologie oder Pflicht zur Mobilität: Wer nicht bereit ist, zu pendeln oder für einen besseren Job in eine andere Stadt zu ziehen, gilt schnell als provinziell, unflexibel und somit als nicht wirklich fit für die Erfordernisse moderner Marktgesellschaften. Nicht nur die Bereitschaft, sondern auch der Druck zur Mobilität hat sich in den letzten Jahren massiv erhöht.

Im Alltag der Menschen übersetzt sich das in ganz unterschiedliche Typen der räumlichen Flexibilität: Wir alle kennen Fern- und Wochenendpendler (Ruppenthal/Rüger 2010), Fernbeziehungen über große Distanzen hinweg, Freunde oder Bekannte, die praktisch zwei unterschiedliche Wohnsitze haben, Neffen, Nichten oder eigene Kinder, die im Ausland studieren – und zumindest Dank des Privatfernsehens kennen wir auch Auswanderer, die Deutschland endgültig den Rücken gekehrt haben, um in Spanien, Florida oder anderswo ihr Glück zu versuchen. Bis auf Letztere wollen diese Menschen vorhandene Bindungen an einen Ort mit den neuen Mobilitätsanforderungen so ausbalancieren, dass sich neue und bessere Optionen ergeben.

Besonders gut lässt sich das am relativ vertrauten Beispiel der Fernpendler illustrieren. Ihnen geht es in erster Linie um eins: Die Familie, vor allem die Kinder, sollen in der vertrauten Umgebung bleiben, während sie selbst andernorts bessere Karriere- und Verdienstmöglichkeiten zu nutzen versuchen. Dabei stellen sich einmal mehr jede Menge Fragen: Lohnt es sich wirklich, dass vertraute Umfeld zu verlassen, wenn ich nur einen befristeten Vertrag habe? Vielleicht bietet sich ja in zwei Jahren eine weitere berufliche Chance in einer anderen Stadt? Kann ich meiner Familie einen Umzug zumuten, wenn nicht klar ist, ob es sich dabei um ein endgültiges Ankommen oder lediglich um eine Zwischenstation handelt? Was gebe ich auf? Was kann ich gewinnen?

Natürlich könnte man die Familie auch mitnehmen, aber wer weiß schon, ob das mit dem neuen Job in der Ferne wirklich funktioniert? Im schlimmsten Fall droht dann der nächste Ortswechsel, doch mehrfache Umzüge sind teuer und Kindern, die immer wieder neu aus ihrem Umfeld gerissen werden, kaum zuzumuten, schon gar nicht, wenn man in Betracht zieht, wie schwer es ist, eine schöne und bezahlbare Wohnung sowie attraktive Betreuungsangebote zu finden und ein neues Netzwerk an sozialen Kontakten zu knüpfen. Oft handelt es sich dabei zunächst um eine mittelfristige Strategie (Schneider et al. 2002), man könnte auch sagen: Pendler fahren auf Sicht. Doch ganz allmählich verstetigt sich dann das ursprünglich temporäre Arrangement, die Macht der Gewohnheit erweist sich als stärker als der Wille zum großen Neuanfang.

Wie belastend eine solche Lebenskonstruktion sein kann, wurde vielfach nachgewiesen (Limmer/Rüger 2010): Pendler sitzen immer auf gepackten Koffern, sie kommen nie richtig an und sind besonders hart von den Verspätungen der Bahn oder den Unwägbarkeiten des Flugverkehrs betroffen. Mobilität hat dann schnell nicht mehr viel mit Bewegung im Raum zu tun, sondern mit ewigen Verspätungen, mit Stillstand, Ärger und Warten – in komfortablen Lounges, aber auch auf verregneten Bahnsteigen. Außerdem haben viele Pendler das Gefühl einer zunehmenden Entfremdung von der eigenen Familie, sie glauben, sie würden zum reinen Ernährer degradiert (ebd.). Alois Stutzer und Bruno Frey (2008) vom Institut für empirische Wirtschaftsforschung der Universität Zürich haben festgestellt, dass die Lebenszufriedenheit in einem umgekehrt proportionalen Verhältnis zum Arbeitsweg steht. Je länger der Fahrweg, desto größer die Einbußen an Lebenszufriedenheit. Um diesen Verlust an Lebensglück wettzumachen, müsste man den Modellen nach für eine Pendelzeit von einer Stunde etwa 40 Prozent mehr verdienen. Forscher sprechen daher vom »Pendler-Paradox«, weil viele pendeln, obwohl derartige Einkommenszuwächse ausbleiben.

Im Gegensatz zu den Pendlern machen die Auswanderer einen klaren Schnitt, sie wagen woanders einen kompletten Neuanfang. Als die Zahl der Menschen, die Deutschland auf Dauer verließen, in den neunziger und nuller Jahren plötzlich deutlich anstieg, begann bald eine alarmistische Diskussion unter dem Motto »Deutschland blutet aus«. Wanderten in den Siebzigern und Achtzigern jährlich weniger als 60 000 Menschen aus, stieg diese Zahl in den neunziger Jahren auf über 100 000. 2006 bis 2009 waren es dann schon jeweils über 150 000 (2010 war die Zahl aufgrund der verbesserten wirtschaftlichen Situation zwar etwas rückläufig, aber immer noch vergleichsweise hoch).

Ökonomische Aspekte sind wichtige Wanderungsmotive, Menschen ziehen allerdings auch aus familiären, sozialen oder bildungsbezogenen Gründen um. Man denke nur an die Ruhestandsmigration in Richtung Südeuropa, an Erasmusstudenten oder an Paare, die sich im Urlaub verliebt haben und nun zusammen leben wollen. In einer Studie der Universität Bremen haben wir genauer auf die ökonomischen Gründe für die Bereitschaft zur Auswanderung bei qualifizierten Facharbeitern und Technikern geschaut. Dabei stellte sich heraus, dass Arbeitslosigkeit, Jobunsicherheit, mangelnde berufliche Perspektiven und eine lahmende wirtschaftliche Entwicklung ganz allgemein die wichtigsten Ursachen für den Abschied aus Deutschland darstellen (Mau et al. 2007). Viele der Teilnehmer berichteten von Kündigungen, diskontinuierlichen Erwerbsverläufen, der fehlenden Bereitschaft, erneut eine befristete Stelle anzunehmen. Vor allem ältere Arbeitnehmer sahen hierzulande nur noch wenige Chancen und waren deshalb trotz mangelnder Sprachkenntnisse und begrenzter Auslandserfahrungen bereit, sich auf einen so großen Schritt einzulassen. Auf die Frage, wann man eigentlich zu alt sei, um in der Heimat noch eine Anstellung zu finden, erhielten wir von einer Fachkraft aus der Baubranche folgende Antwort: »Ich bin jetzt 38 [!] geworden. Wenn ich 40 bin, dann hab ich hier in Deutschland sowieso keine Chance mehr, einen Job zu bekommen.« Ein anderer Befragter aus derselben Branche argumentierte ganz ähnlich »Wenn ich höre, dass sie [in Norwegen] mit 55 noch Leute nehmen, wegen der Erfahrung, und ich hier mit 38 schon zu alt bin, dann sag ich mir: Was soll ich hier?«

Zwar sind nicht alle demografischen Gruppen gleichermaßen mobil, dennoch wissen wir, dass zunehmend auch Personen mit mittleren Qualifikationen, also Facharbeiter und Techniker, bereit sind, innerhalb Europas zu wandern (Mau et al. 2007). Derzeit sind junge Menschen und Hochqualifizierte allerdings in der Gruppe der Auswanderer noch überproportional stark vertreten. Immerhin 28 Prozent der im Ausland lebenden Deutschen haben einen tertiären Bildungsabschluss (im Durchschnitt der Bevölkerung sind es 20 Prozent), ca. 40 Prozent sind zwischen 25 und 40 Jahre alt (Ette/Sauer 2007). Gerade für Akademiker oder Beschäftigte im gehobenen Management gehören längere (zum Teil auch langjährige) Auslandsaufenthalte oft zum Anforderungsprofil, wenn man sich auf eine neue Stelle bewerben will. Bei den Studierenden wissen wir, dass Studienphasen im Ausland umso wahrscheinlicher sind, je höher der soziale Status ist. Akademikerkinder sind deutlich internationalisierter als Kinder aus Arbeiterhaushalten. Auch hier ist die temporäre Exit-Strategie ein Schritt in einem längerfristig angelegten Aufstiegsprojekt. Bildungsmobilität verschafft Wettbewerbsvorteile und macht internationalisierte Karrieren wahrscheinlicher (Mau 2007).

Angesichts des Umstandes, dass bestimmte Gruppen immer noch mobiler sind als andere, spricht man auch von »selektiver Wanderung«. Für die Abstromregionen (gerade in der Peripherie) hat das oft dramatische Konsequenzen: Überalterung, ein hoher Anteil von Transferempfängern und eine insgesamt schrumpfende Bevölkerung sind langfristig die Folgen, wenn vor allem die Jungen und Qualifizierten abwandern. Mittelfristig könnte es dadurch auch zur Entstehung einer ganz neuen gesellschaftlichen Konfliktlinie kommen (Mau 2007; Kriesi/ Grande 2004): Auf der einen Seite stünden dann die Hochgebildeten und Mobilen mit »transnationalen Kompetenzen« wie Sprachkenntnissen und der Offenheit für neue kulturelle Begegnungen und Kontexte (Koehn/Rosenau 2002), auf der anderen die an die Herkunftsregion »gefesselten« »Verlierer«. Während die mobilen Eliten die Transnationalisierung unserer Welt als Chance begreifen, setzen letztere möglicherweise auf Protektionismus und Abschließung, um sich gegen die neuen Unsicherheiten abzuschotten.

Optimierungsprobleme

Wir haben in diesem Kapitel ein ganzes Panorama von Sozialtechniken besichtigt, die als Coping-Strategien zur Bewältigung von Unsicherheit und zur Statusbehauptung verstanden werden können. Offensichtlich gibt es, angetrieben von sehr komplexen gesellschaftlichen Veränderungen, erhöhte Flexibilisierungs- und Orientierungsanforderungen, die Menschen sind gezwungen, mit Instabilität und »neuer Unübersichtlichkeit« umzugehen. Dies verlangt ein Mehr an kognitiver Aufnahmefähigkeit und die Kompetenz, mit unübersichtlichen Kontexten umzugehen. Es gibt hier einerseits wachsende Zumutungen, was die biografische Selbststeuerung anbelangt, andererseits eine große »Fehleranfälligkeit des sozialen Handelns« (Schimank 2002: 258). Und das macht die ganze Sache so kompliziert. Dramatische und akute Krisen lassen einem oft keine Wahl. Man weiß intuitiv, was zu tun ist, schaut kaum nach links oder nach rechts. Bei latenten und andauernden Unsicherheiten ist das anders. Sie stellen Menschen vor Optimierungsprobleme: Was ist die richtige Wahl? Welches Studienfach, welcher Job? Welcher Partner? Jetzt ein Kind oder besser später? Welche Vorsorgestrategie? Und wie bringt man die unterschiedlichen Anforderungen und Verpflichtungen in den Lebensbereichen Arbeit, Familie und Freizeit zusammen? Unübersichtliche Entscheidungssituationen können sozialen Stress verursachen. Plötzlich sieht man sich einer Vielzahl von Optionen gegenüber. Man muss sich nicht nur entscheiden, man muss dies auch vor dem Hintergrund unterschiedlicher Lebensziele und ungewisser Erträge tun. Viele bleiben im »Wartesaal der Möglichkeiten« (Lommel 2011) sitzen, gerade weil die Zukunft unsicher ist und man nicht genau wissen kann, welches die richtige Entscheidung ist. Bei anderen dominiert das planerische Kalkül. Sie versuchen, Unsicherheit zu vermeiden oder zu minimieren, indem sie sich sehr strategisch ausrichten. Ob Hobby, Alterssicherung, Partner oder Job – alles kann zum Projekt der Selbstbehauptung werden. Doch auch hier ist das Scheitern keineswegs ausgeschlossen.

Die Mittelschicht findet sich derzeit in genau dieser Gemengelage wieder. Sie muss erkennen, dass Status und Sicherheit nicht automatisch gegeben sind, sondern dass vielerlei Anstrengungen unternommen werden müssen, um beides auf Dauer zu verteidigen. Einen Aufstiegsautomatismus für ganze Teilkollektive gibt es nicht mehr. Wer sich heute behaupten will, muss selbst aktiv werden, darf sich nur wenige Fehler erlauben, braucht oft einen langen Atem und muss prekäre Passagen überstehen. Der Wettbewerb gewinnt im Rahmen des sozialen Umgangs immer mehr an Durchschlagskraft, die Konkurrenz um den Zugang zu Lebenschancen wächst, und manch eine Unterlegenheitserfahrung, die früher undenkbar erschien, muss verdaut werden. Privilegien bröckeln, gleichzeitig bauen sich neue Besitzstände auf. Überzogenes Leistungsdiktat, Gewinnertum und die Privatisierung von Risiken haben im Rahmen des neoliberalen Strukturwandels Auftrieb erhalten und fordern etablierte Sicherheitsmuster heraus. Die soziale Gegenwehr findet auf Märkten, in Klassenzimmern und auf den Fluren der Sozialbürokratie statt, erfasst jedoch zunehmend auch den privaten Bereich, greift über auf Wohnzimmer, Kleingärten und Bolzplätze. Es sind weniger die großen klassenbasierten Konflikte, welche die Gesellschaft heute prägen, als vielmehr »Mikrokonfrontationen«, bei denen es um Interessen, Ansprüche und Sicherheitsbedürfnisse geht.

5. Neue Kälte in der Mitte?

Es begann mit einem Paukenschlag: 2009 gab Thilo Sarrazin, langjähriges SPD-Mitglied und von 2002 bis April 2009 Finanzsenator der Bundeshauptstadt, der Kulturzeitschrift *Lettre International* (Heft 86) ein Interview. Darin sagte er zum Thema Integration: »Ich muss niemanden anerkennen, der vom Staat lebt, diesen Staat ablehnt, für die Ausbildung seiner Kinder nicht vernünftig sorgt und ständig neue kleine Kopftuchmädchen produziert.« Eine solch öffentliche Ablehnung von Zuwanderergruppen durch einen Sozialdemokraten hatte man bisher nicht vernommen, und entsprechend groß war die öffentliche Erregung. Reden und Widerreden schaukelten sich über Wochen hoch. Das Buch, in dem Sarrazin dann kurze Zeit später (2010) seine Thesen zu Bildung und Migration mit fehlerhafter Empirie und biologistischen Annahmen unterlegte, verkaufte sich über eine Million Mal. Nach Lesungen standen die Menschen vor den Büchertischen Schlange, im Internet erfuhr Sarrazin große Zustimmung, und bei öffentlichen Diskussionen brüllte das aufgebrachte Publikum Kritiker und Zweifler nieder.

Armin Nassehi, Professor für Soziologie an der LMU München, der Thilo Sarrazin im Rahmen einer Veranstaltung im Münchner Literaturhaus kritisierte, zeigte sich hinterher überrascht darüber, wie rüde das bürgerlich-distinguierte Publikum auf seine Einwände reagiert hatte. Sarrazins Erfolg, und zwar gerade bei der bürgerlichen Mitte, interpretiert er wie folgt: Sarrazin verstehe es, »Ressentiment in eine Form zu bringen, die wie Sorge klingt«. In einer Welt, die immer komplexer und unüberschaubarer wirke und in der alle permanent um Ressourcen, Chancen und Werte konkurrierten, werde es für die Menschen immer schwieriger, ein konkretes Gegenüber zu identifizieren:

»Der Konkurrent wird ein abstrakter und unsichtbarer Konkurrent – unsichtbar unter anderem deswegen, weil die Menschen nur noch in Ausschnitten ihrer Persönlichkeiten miteinander konkurrieren, nicht mehr als Exemplare von eindeutigen Gruppen, Klassen und Milieus. Der Konkurrent um Ausbildung, Arbeit, Wohnung, soziale Sicherheit, sogar um intime Zuneigung und soziale Anerkennung ist letztlich nur noch eine statistisch wahrnehmbare Größe, ein Konglomerat ähnlicher Merkmale. Konkurrenten werden gewissermaßen digitalisiert – sie treten nicht mehr als ›analoge‹ pralle Formen auf, nicht mehr als soziale Gruppen, sondern als statistische Gruppen. Damit werden auch Verantwortliche und Schuldige immer weniger adressierbar und identifizierbar.« (Nassehi 2010)

Wenn die Verhältnisse unübersichtlich, ja bedrohlich erscheinen, dann werden gesellschaftliche Probleme oft an leicht identifizierbaren und klar abgrenzbaren Gruppen festgemacht: Konflikte brechen auf, Desintegration droht. Das führt uns zum nächsten Thema, dem Verhältnis der Mittelschicht zur Solidarität mit dem Rest der Gesellschaft.

Wir haben im vorangegangenen Kapitel – sozusagen aus der Ameisenperspektive – die Klimmzüge betrachtet, welche die Angehörigen der Mittelschicht unternehmen, um ihren Status zu erhalten und Unsicherheiten zu bewältigen. In diesem Kapitel richten wir die Aufmerksamkeit nun auf Fragen des sozialen Zusammenhalts, es geht also um das gesellschaftliche Ganze, um Solidaritätsressourcen und ihre Veränderungen über die Zeit. Die Mittelschicht spielt dabei eine zentrale Rolle: Solange die Mitte für Ausgleich und Toleranz steht, ist es um den gesellschaftlichen Zusammenhalt nicht schlecht bestellt. Wir müssen jedoch fragen, was passiert, wenn der Druck auf die Mitte zunimmt und es allmählich ungemütlich wird? Kommt es dann angesichts bedrohter Statusansprüche, wachsender Unsicherheit und stärkerem Wettbewerb zu einer »Verwilderung des sozialen Konflikts« (Honneth 2011)? Beobachten wir eine forcierte Selbstverteidigung der Mitte, also eher ein Gegen- als ein Miteinander im Verhältnis zu anderen Gruppen und Schichten? Kurz: Kann man die Unterstützung für Sarrazin tatsächlich als Symptom einer wachsenden Verunsicherung begreifen?

Pegelstände der Solidarität

Solidarität gilt als der Kitt, der eine Gesellschaft zusammenhält. Moderne Gesellschaften sind komplexe Gebilde, kaum zu vergleichen mit einer dörflichen Gemeinschaft, in der jeder jeden kennt. Dort erwächst Solidarität aus sozialer Nähe und gemeinsamen Erfahrungen. Sie ist kleinräumig und begrenzt. Nicht von ungefähr haben es Fremde oft schwer, sich in solchen Mikrogemeinschaften zu verankern und Anerkennung zu finden. In großen Gesellschaften ist Solidarität nicht mehr über eine solche Art der Vertrautheit herstellbar. Sie funktionieren als »vorgestellte Gemeinschaften« (Anderson 1983), die vor allem durch die Zugehörigkeitsvorstellungen ihrer Mitglieder konstituiert werden. Zwar ist die Zugehörigkeit zu einer Nation im Grunde ein rechtlicher Status, sie geht allerdings weit darüber hinaus, weil auch eine gemeinsame (wie auch immer verstandene und konstruierte) Kultur, historische Erfahrungen oder politische Identitäten eine Rolle spielen. Erst dadurch sind Nationalgesellschaften in der Lage gewesen, Solidarität und belastbare Beziehungen der wechselseitigen Verpflichtung auszubilden (Mau 2002). Der Nationalstaat gilt vielen nicht umsonst als der größte historisch bekannte Sozialverband, der seinen Mitgliedern Umverteilungs- und Solidaritätsopfer auferlegen kann (Offe 1998).

Es gibt einen sehr grundlegenden Diskurs über den Verlust des Gemeinsinns und das Schwinden der Solidarität in modernen Gesellschaften. Robert Putnam, Harvard-Professor und ehemaliger Berater Bill Clintons, hat besonders öffentlichkeitswirksam auf solche Erosionstendenzen in westlichen Industrienationen hingewiesen. Zentral ist bei ihm der Begriff des »Sozialkapitals«, worunter er Vertrauen, die Orientierung an Gemeinschaftswerten und die Dichte sowie Reichweite sozialer Netzwerke (z. B. Vereinsmitgliedschaften) fasst. In dem Aufsatz »Bowling alone« (1995, er erschien dann 2000 in Buchform) illustriert er seine These vom Verlust der Gemeinschaft am Beispiel Bowling. Zwar spielen heute mehr Amerikaner Bowling als früher, sie tun dies allerdings immer seltener in Vereinen. Gerade in dieser Form der sportlichen Aktivität erkennt Putnam jedoch eine wichtige Ressource der Gemeinschaftlichkeit: Im Vereinsteam wird nicht nur gekegelt, man spricht über Alltagsprobleme, tauscht sich über lokale Angelegenheiten und die Nachbarn aus, so entstehen Vertrauen und Solidarität. Einzelspieler haben diese Einbettung nicht. Sie spielen vor allem, um zu gewinnen, nicht um andere zu treffen oder um Teil einer Gemeinschaft zu sein (außerdem konsumieren sie nachweislich weniger Bier und Pizza, was für die Bowlingbahnbetreiber ein Problem darstellt).

Putnams Studie fand auch unter deutschen Wissenschaftlern ein Echo, vergleichbare Untersuchungen hierzulande kamen aber nicht zu eindeutigen Ergebnissen (Helmbrecht 2005; Offe/ Fuchs 2001). Zwar laufen traditionellen Solidaritätsakteuren wie Gewerkschaften, Parteien und Kirchen die Mitglieder weg, dennoch muss man die These vom Verfall der Gemeinschaftlichkeit differenziert betrachten: So engagieren sich zwar beispielsweise immer mehr Menschen bürgerschaftlich und in Ehrenämtern (Alscher et al. 2009), zu beobachten ist allerdings ein Trend zu kurzfristigen, eher situativen Formen der Beteiligung, die sich an bestimmte Anlässe knüpfen und lediglich für einige Wochen oder Monate aufflackern. Vielfach kommt es dabei auch zu einer Verkürzung der Reichweite bzw. einer Partikularisierung von Solidarität: Man interessiert sich für die Kindergärten und Schulen, die die eigenen Kinder besuchen, oder für lokale Bürgerinitiativen. Natürlich gibt es aber auch die Bereitschaft, für Menschen in weit entfernten Katastrophenregionen zu spenden oder sich über amnesty international für Menschenrechte einzusetzen. Hauke Brunkhorst spricht hier von »Solidarität unter Fremden« (Brunkhorst 1997), bei der unmittelbare eigene Interessen transzendiert werden.

Bei all diesen Beispielen handelt es sich um freiwillige Formen des Engagements. Die wichtigste Solidaritätsmaschine ist aber nach wie vor der umverteilende, kompensierende und risikominimierende Sozialstaat. Steuern und Sozialabgaben *müssen* geleistet werden, allerdings funktionieren die entsprechenden Institutionen nicht, wenn die Menschen sie mehrheitlich ablehnen. In Umfragen zeigt sich dabei immer wieder, dass die übergroße Mehrheit der Bevölkerung den solidarischen Sozialstaat unterstützt (Mau 2003). Die Menschen wollen keinesfalls in einer von krasser Ungleichheit, von Segregation und Konflikten zwischen oben und unten geprägten Gesellschaft leben, sondern in einer Gesellschaft des sozialen Ausgleichs.

Konflikte der Solidarität

Angesichts dieser Befunde scheint die Solidarität in der Gesellschaft durchaus auf einem stabilen Fundament zu stehen. Wir bewegen uns hier allerdings an der Oberfläche. Gräbt man tiefer, erkennt man, dass es im Untergrund zu tektonischen Verschiebungen zwischen den Bevölkerungssegmenten kommt, die Reibungen auslösen. Einheit, Zusammenhalt, sozialer Frieden, Konsensorientierung sind weit brüchiger und vergänglicher, als man zunächst denkt. Wenn in der Hamburger Innenstadt auf einer Audi-Limousine ein Aufkleber mit dem Slogan »Eure Armut kotzt mich an« zu sehen ist, kann dies sicherlich nicht als repräsentativ für die mentale Lage der besseren Schichten insgesamt gelten, aber doch als Indiz dafür, dass man solche Ressentiments heute durchaus zur Schau stellen kann. Dass man solche Sprüche hört und liest, ist ein Anzeichen dafür, dass sich – mit

Michel Houellebecq gesprochen – die Kampfzone allmählich ausweitet. Der Druck auf die Pfeiler des solidarischen Wohlfahrtsstaats wächst gewaltig. Dafür ist einerseits die Globalisierung verantwortlich, gegen die man sich nicht abschotten kann; andererseits aber auch Verschiebungen im Inneren des Nationalstaats, man denke an neue Familien- oder Partnerschaftsmodelle, Zuwanderung, die demografische Entwicklung sowie das Verhältnis zwischen den Generationen, die sich wandelnde Erwerbs- und Einkommensstruktur usw.

Wo es um die Erzeugung und Reproduktion von Solidarität geht, sehen wir uns also mit einer Reihe sich wandelnder sozialstruktureller und soziopolitischer Parameter konfrontiert. Wie gesagt: Die Verringerung der Kluft zwischen Arm und Reich, die Gewährleistung gleicher sozialer und kultureller Teilhaberechte sowie eines menschenwürdigen Daseins für alle Bürger sind weithin anerkannte Ziele. Darüber, wie man sie erreichen kann und soll, wird allerdings leidenschaftlich debattiert: Auf der einen Seite stehen dabei die Befürworter der Umverteilung und des starken Sozialstaats, auf der anderen Liberalisierungsenthusiasten, die Steuersenkungen und schlankere bürokratische Apparate für die entscheidenden Wachstumsfaktoren halten und davon überzeugt sind, dass Wachstum irgendwann immer auch den weniger privilegierten oder gar abgehängten Schichten zugutekommt. Im Anschluss an die auf Adam Smith (1974 [1776]) zurückgehende *Trickle-down*-These gehen sie davon aus, dass der Reichtum von oben nach unten durchsickert, weil die Reichen Arbeitsplätze schaffen, Dienstleistungen konsumieren, Villen bauen usw. Eine Gesellschaft, die den Leistungsträgern das Vorankommen erleichtert, hätte insofern auch einen Kollateralnutzen für die Menschen auf den unteren Stufen der Hierarchie. Überbordende Bürokratie und ein wasserköpfiger Sozialstaat mit einer wachsenden »Armutsindustrie« seien im Vergleich dazu ineffektiv, sie schränkten die Freiheit der Bürger ein, ja bevormundeten sie geradezu.

Diese Pro- und Contra-Argumente sind die meist dissonante Begleitmusik des Wohlfahrtsstaats, seit Reichskanzler von Bismarck vor nun bald eineinhalb Jahrhunderten den Grundstein für das System der Sozialversicherungen legte. Was sich allerdings verändert, ist der Resonanzraum, in dem sie geäußert werden. Das Gesamtvolumen an gesellschaftlicher »Sozialenergie« (Helmut Klages) – wenn man die Solidaritätsressourcen so bezeichnen will – mag nicht verfallen, wohl aber verändern sich die Energieformen und die Strömungsrichtungen. Bestimmte Solidaritätsbereitschaften schwächen sich ab, andere bleiben oder werden sogar gestärkt. Zygmunt Bauman stellt die These auf, dass es angesichts neuer Unsicherheiten immer schwerer fällt, gesellschaftsweite oder gar übernationale Solidarität aufzubauen:

»Jenes Spezielle von Unsicherheit, dunklen Vorahnungen und Zukunftsangst, das die Menschen in einem fluiden, sich ständig wandelnden Umfeld quält, dessen Regeln mitten im Spiel ohne Warnung und erkennbares Muster geändert werden, führt nicht zur Solidarisierung der Leidenschaften – vielmehr spaltet es sie und trennt sie voneinander.« (2009: 61 f.)

Wer in Gefahr gerät oder meint, in Gefahr zu geraten, ist weniger geneigt, sich auf anspruchsvolle Solidaritätskonzeptionen zu verpflichten: Wie angedeutet, wird Solidarität eher kleinteiliger, beschränkt sich auf den gesellschaftlichen Nahbereich. Bauman erwartet eine Stärkung partikularistischer Formen der Gemeinschaftlichkeit, die Schließung und Abgrenzung beinhalten. Gruppenübergreifende Formen der Solidarität seien hingegen auf dem Rückzug.

Gerade vor diesem Hintergrund wird verständlich, warum die Attacken auf den Sozialstaat mitunter immer polemischer und grundsätzlicher werden, vielen erscheint er als dysfunktionaler Geldverschlinger, der ehemalige FDP-Generalsekretär Christian Lindner bezeichnete ihn als »teuren Schwächling«. In ganz Europa haben politische Parteien in den letzten zweieinhalb Jahrzehnten ihre Programme entsprechend neu justiert.

Spätestens seit Anthony Giddens, Tony Blairs sozialpolitischer Vordenker und ehemaliger Direktor der London School of Economics (LSE), einen Dritten Weg zwischen Umverteilungsstaat und Marktliberalismus skizzierte (1998), ist es auch im sozialdemokratischen Lager möglich, *Less-is-more*-Vorstellungen, also der Idee vom schlanken Staat, der mit weniger Mitteln mehr erreicht, freien Lauf zu lassen. Giddens ging es allerdings um eine reformierte und globalisierungskompatible Weiterführung des Wohlfahrtsstaates, also um eine Modernisierung sozialdemokratischer Ideen, wobei er seinen Anspruch überhöhte und gleich von einer Politik »jenseits von rechts und links« sprach.

Die eigentliche Herausforderung, der Giddens sich annahm, war die Entwicklung einer Wohlfahrtsstaatsidee, die die Mittelschichten nicht überfordert und an ihr Leistungsethos anschließt. Um die politische Mitte zu gewinnen, stufte er das sozialdemokratische Gleichheitsziel in seiner Prioritätenrangliste zurück. Peter Mandelson, ein maßgeblicher programmatischer Kopf der Blair-Regierung, sagte einmal: »Wir, die Labour Party, sind zunehmend entspannt, wenn Leute stinkreich werden, solange sie ihre Steuern bezahlen.« Giddens empfahl einen aktivierenden Sozialstaat, welcher auf dem Postulat »Keine Leistung ohne Gegenleistung« aufsitzt und die Pflichten von Leistungsempfängern betont. Er adoptierte das eigentlich liberale Vokabular der Eigenverantwortung und der Hilfe zur Selbsthilfe und färbte es sozialdemokratisch ein. Der moderne Sozialstaat sollte so umgestaltet werden, dass er den Menschen Anreize bietet, sich anzustrengen, um möglichst schnell wieder auf den eigenen Beinen (d. h. im Arbeitsmarkt) zu stehen und ihre Potenziale voll auszuschöpfen. Auch die Skepsis gegenüber einer verwaltenden Sozialbürokratie ließ sich als an die breite Mittelschicht gerichtete Werbekampagne verstehen (wobei dem Dritten Weg selbst ein gewisses autoritär-bürokratisches Moment anhaftete; siehe Dahrendorf 1999). In seiner Regierungserklärung zur zweiten Amtszeit wählte Gerhard Schröder im Oktober 2002 markige Worte: »Der allgegenwärtige Wohlfahrtsstaat, der den Menschen die Entscheidungen abnimmt und sie durch immer mehr Bevormundung zu ihrem Glück zwingen will, ist nicht nur unbezahlbar. Er ist am Ende auch ineffizient und inhuman.« Die vom Staat organisierte, obligatorische Solidarität gefährdet in dieser Konzeption nun plötzlich die Emanzipation und Selbstbestimmung der Menschen, die sich die Sozialdemokraten traditionell auf die Fahnen geschrieben hatten (Blair/Schröder 1999).

Diese Versuche einer Neuformulierung des sozialdemokratischen Programmangebots sind leicht zu desavouieren, und genau das haben traditionell orientierte und gewerkschaftsnahe Sozialdemokraten ja auch getan. Darüber hinaus hat diese inhaltliche Wende hierzulande auch die Entstehung der Partei Die Linke mit befördert. Ein politisches Angebot an die Mitte, das Überforderungsrisiken minimieren will und Entlastungswünsche bedient, birgt immer auch die Gefahr, die Bedürfnisse der Menschen am Rand zu vernachlässigen. Die Bemühungen um eine Neuprofilierung sozialstaatlicher Intervention sind bis heute nicht abgeschlossen, allerdings hat sich der Tenor verschoben. In jüngster Zeit ist die Umverteilungsfrage wieder stärker in den Vordergrund gerückt, und es werden Wege diskutiert, um die Gewinner des Marktes stärker in die Pflicht zu nehmen. Es geht um die Ressourcen und den Zuschnitt der Solidarität in einer individualisierten und verunsicherten Gesellschaft. Wie stark ist die Gemeinschaftsverpflichtung, welche sich die Bürger auferlegen lassen? Welche Solidaritätszumutungen halten sie aus? Wo sind die Grenzen ihrer Solidarität?

Entfremdungen

Ganz generell stellt sich heute die Frage nach der Fähigkeit der Politik, umfassende Solidaritätsverpflichtungen gesellschaftlich zu verankern. Sind wirtschaftliche Interessen, insbesondere die großer multinationaler Unternehmen, »gemeinwohlfähig« oder droht eine immer größere Divergenz zwischen ihren unternehmerischen Zielen und zentralen gesellschaftlichen Anliegen? Auch im Kleinen wissen wir oft nicht, ob die verschiedenen gesellschaftlichen Gruppen bereit sind, sich durch eigene Beiträge an der Produktion kollektiver Güter zu beteiligen. Es gibt vermutlich Steuerzahler oder Arbeitnehmer, die sich nicht nach dem Schutzschirm der öffentlichen Fürsorge sehnen, und vielleicht leuchtet nicht jedem unmittelbar ein, wozu man ihn überhaupt braucht. Viele Menschen haben in ihr Humankapital investiert, fühlen sich nun fit für den Wettbewerb und verlangen von anderen, sich ebenfalls anzustrengen. Der mit Begriffen wie Autonomie und Eigenverantwortung unterlegte Leistungsdiskurs führt dazu, dass Erfolg wie Scheitern individuell zugeschrieben und nicht länger als kollektives Schicksal betrachtet werden. Die zunehmende ökonomische und soziale Polarisierung gibt diesem Trend zusätzlichen Schub. Lebenswelten unterschiedlicher Schichten, die einstmals eng miteinander verwoben waren, werden immer stärker separiert. Damit verändern sich auch Einstellungsmuster, Interessen und normative Orientierungen.

Um es noch einmal zu wiederholen: Die Menschen merken, dass sich die Schere geöffnet hat. 82 Prozent der Deutschen halten die Einkommens- und Vermögensverhältnisse für ungerecht (Schenker/Wegener 2007: 8). Dementsprechend beklagen sehr viele Menschen ein Klima der sozialen Kälte und die wachsende soziale Ungleichheit. Vier Fünftel der Deutschen sind beispielsweise der Ansicht, es sei ungerecht, dass reiche Eltern ihren Kindern eine bessere Ausbildung ermöglichen können (Sachweh et al. 2010). Doch trotz aller Ungleichheitskritik hat sich die gesellschaftliche Basismentalität geändert, es ist nicht mehr selbstverständlich, dass man füreinander einstehen soll, immer mehr Wenns und Abers werden laut. Mehr als die Hälfte der Befragten glaubt, dass der Sozialstaat die Menschen heutzutage dazu verführt, nicht mehr wirklich für sich selbst zu sorgen (Schrenker/Wegener 2007: 43). Die Umfrageergebnisse muten widersprüchlich an, aber genau diese Ambivalenz prägt derzeit den Moralhaushalt breiter Segmente der Mittelschicht. Sie beobachten gesellschaftliche Veränderungen, die ihnen unbehaglich und sogar bedrohlich erscheinen, viele von ihnen stehen staatlichen Instrumenten der Abhilfe und der Schadensbegrenzung aber skeptisch gegenüber. Heute ist es immer weniger ein unbedingtes (staatsbürgerliches) Pflichtgefühl, welches Solidarität mit anderen Gruppen motiviert, eher sind es konkrete Zwecke. Die solidarische Opferbereitschaft steht und fällt mit der Bewertung potenzieller Empfänger von Sozialtransfers, mit gefühlter sozialer Nähe sowie dominanten Ideen der Gerechtigkeit.

Ein wichtiger Faktor ist in diesem Zusammenhang die bereits angesprochene Entfremdung zwischen den Schichten. »Entfremdung« meint hier, dass sich Arme und Reiche, Privilegierte und Deprivierte immer seltener begegnen, dass sich ihre Lebenswelten nicht mehr überschneiden usw. Natürlich ist das kein vollkommen neues Phänomen, gerade die vielzitierten »oberen Zehntausend« bleiben seit jeher gerne in ihren Villenvierteln, Sternelokalen und Edelboutiquen unter sich. Was allerdings – gerade gemessen an den goldenen Jahren des Wohlfahrtsstaats – wirklich einen Einschnitt markiert, ist der Umstand, dass eine »neue Unterschicht« entstanden ist, die als solche identifiziert, bezeichnet und auch räumlich isoliert wird. Dieses oft stigmatisierend eingesetzte Label zielt auf Menschen, die nicht einfach nur in dem Sinn arm sind, dass es ihnen an ökonomischen Ressourcen mangelt; ihnen fehlen (angeblich) auch »sozial wertvolle« Verhaltensweisen und die »richtigen« kulturellen und moralischen Orientierungen. Heinz Bude, der solche Exklusionsprozesse seit Jahren präzise analysiert, spricht von Gruppen, die den Anschluss an den Mainstream (oder das, was darunter verstanden wird) allmählich verlieren. Sie sind ausgeschlossen, werden zu »Überflüssigen« (Bude 2008), mit denen die Gesellschaft immer schlechter umzugehen weiß. Damit sind abwertenden und ressentimentgeladenen Urteilen über diese Gruppe Tür und Tor geöffnet. Wer als anders wahrgenommen wird, darf auch anders bewertet und behandelt werden. Solche wachsenden Distanzen können die Konsensfähigkeit und auch den Zusammenhalt einer politischen Gemeinschaft ernsthaft schwächen, wie uns das Beispiel USA lehrt (Hacker/Pierson 2010). Hier übersetzen sich die sozialen Unterschiede zunehmend in politische Spaltungen und feste Lagerbildungen, die die Regierbarkeit des Landes zu unterminieren drohen.

»Ansteckungsgefahren« von unten

Wir wissen aus vielen Studien, dass die Nähe zur Armut Ansteckungsängste bei den besser gestellten Gruppen auslösen kann (Gans 1995). Oft wird versucht, den sozialen wie räumlichen Abstand zu Armen und zur Armut zu vergrößern. Es ist wie bei einer Epidemie: Viele Menschen werden panisch, wollen dem Erreger ausweichen, weil sie glauben, Armut könnte sich übertragen oder irgendwie auch ihr Leben beeinträchtigen. Reale Gefahren der Ansteckung drohen vor allem dann, wenn Armut ganze Nachbarschaften, Milieus oder öffentliche Orte betrifft. Die schlüssigste Erklärung für die Ausbreitung sozialen Verfalls bietet die *broken-window*-Theorie, die davon ausgeht, dass Normverletzungen andere Normverletzungen nach sich ziehen, weil die Hemmschwelle sinkt. Müll auf der Straße führt zu noch mehr Müll, Kriminalität zu noch mehr Kriminalität. Schon 1969 zeigte der Psychologe Philip Zimbardo (1973) in einem Experiment, wie solche Prozesse in Gang gesetzt werden. Er stellte in der New Yorker Bronx und in Palo Alto (Kalifornien) Autos mit geöffneter Motorhaube auf die Straße. Während es in der heruntergekommenen Bronx nur kurze Zeit dauerte, bis das Auto ausgeschlachtet und demoliert war, blieb das

Fahrzeug im relativ wohlhabenden Palo Alto lange Zeit unberührt. Erst als die Wissenschaftler selbst die Scheibe einschlugen, begann auch dort der Vandalismus. Diese Theorie ist später auf ganze Wohnviertel übertragen worden. So kann zum Beispiel ein zerbrochenes Fenster in einem leer stehenden Haus eine Abwärtsspirale für ein ganzes Quartier auslösen, wenn es nicht repariert wird. Nimmt niemand Anstoß, kommt es zu weiteren Formen der Verwahrlosung. Die soziale Kontrolle sinkt. Ähnliches gilt für Stadtviertel, in denen »Problemfälle« sichtbar werden, wenn beispielsweise immer mehr Trinker bereits vormittags vor dem Supermarkt stehen oder Menschen vom »Rand« der Gesellschaft die öffentlichen Plätze besetzen.

Unbehagen verbreitet sich auch, wenn sich im Freundes- oder Bekanntenkreis Abstiegskarrieren ankündigen. Während Beistand und gute Worte zunächst ganz selbstverständlich sind, schwächen sich Empathie- und Solidaritätsbekundungen nach einer Weile deutlich ab. Das kann bis zum Abbruch des Kontakts gehen, vor allem dann, wenn das Gefühl entsteht, dass der Abstieg von Dauer ist. Nur sehr enge familiäre Bindungen verstärken sich in Zeiten sozialer Härten und können deutlich höhere Belastungen aushalten. Für diejenigen, die den Anschluss verlieren, ist der Abstand zur Mehrheitsgesellschaft in verschiedener Hinsicht ein Problem. Zu finanziellen Engpässen gesellen sich nicht selten Ausgrenzungserfahrungen, soziale Isolation und ein Verlust an Selbstbewusstsein (Kronauer 2002). Sicher, Arbeitslose ziehen sich auch selbst zurück, weil sie anderen nicht zur Last fallen wollen, aber ein ebenso wichtiger Faktor ist der Fluchtreflex der Mitmenschen, die sich selbst vor solchen Härten schützen wollen. Das Telefon bleibt stumm, Verabredungen werden wegen irgendwelcher »Termine« abgesagt, schon wieder eine Geburtstagsparty, zu der man nicht eingeladen war: All das sind aus Sicht der Betroffenen leise Zeichen dafür, dass die Mitmenschen Kontakte zunehmend meiden. Wir haben es insofern mit einer Form der sozialen Prophylaxe zu tun. Dass wir auch selbst häufig geradezu reflexartig in solche Verhaltensmuster verfallen, merkt man, wenn man in der U-Bahn oder im Bus sitzt und ein Obdachloser einsteigt, der vielleicht schon eine Weile nicht mehr geduscht oder die Klamotten gewechselt hat: Wir rücken instinktiv weg, wollen Abstand gewinnen, um nicht selbst zu Schaden zu kommen. Hat man erst einmal realisiert, dass das Eis dünner wird, geht die Hilfsbereitschaft für diejenigen, die bereits eingebrochen sind oder am Rand der Scholle stehen, schnell verloren. Genau darauf zielt Herfried Münklers Bild von der Selbstabschließung der Mittelschicht nach unten:

>»Als Erstes wird der Fahrstuhl des sozialen Aufstiegs durch Strickleitern ersetzt, also das Maß der für den Aufstieg erforderlichen Eigenanstrengung erhöht, dann werden die Strickleitern hochgezogen, und diejenigen, die diesen Aufstieg als Letzte geschafft haben, werden als Wächter eingesetzt, die ein weiteres Nachrücken verhindern sollen.« (2010: 70)

Besonders anfällig für solche Ansteckungsängste sind vor allem jene Menschen, die ohnehin bereits das diffuse Gefühl haben, ihr soziales Immunsystem sei angeschlagen. Um es noch einmal zu betonen: Die Grundorientierung der Mittelschichten ist die der Besitzstandswahrung und der Statussicherung, gepaart mit moderaten Aufstiegsbestrebungen. Vor dem Hintergrund eigener Anstrengungen, die oberen Ränge der sozialen Hierarchie zu erklimmen, ist die Mittelschicht auf soziale Distanzierung nach unten bedacht. Zudem gilt: Wo Fleiß, Bildungsinvestitionen und Aufstiegsorientierung zum sozialen Habitus gehören, ist der Schritt zum Ressentiment gegenüber Menschen, denen ein Mangel daran attestiert wird, nicht weit. Moralischer Rigorismus, Sicherheitsstreben, Harmoniezwang und Ordnungsfixierung sind ursprünglich als kleinbürgerliche Werte beschrieben worden (Haupt/Crossick 1998), doch heute sind einige Segmente der gehobenen Mittelschicht dafür anfällig, sobald ihre Welt in Gefahr gerät, zumal in dieser Schicht der Leistungs- und Bildungsethos stark ausgeprägt sind. Der Neologismus der »Minderleister« (das Gegenstück ist der »Turboleister«) zielt genau auf jene Menschen, die nicht können oder wollen. Er markiert Unterschiede zwischen denen, die legitimerweise Ansprüche anmelden können und dazugehören, und denjenigen, denen man solidarischen Beistand versagt.

Einige Beobachter nehmen deshalb an, dass die Solidaritätsressourcen in unserer Gesellschaft »wie Gletscher in den Zeiten globaler Erwärmung« (Herfried Münkler) rasch schmelzen könnten. Entsprechende Ressentiments richten sich dann gegen Bedürftige und Abgehängte, aber auch gegen Fremde und Menschen mit Migrationshintergrund. Nicht von ungefähr werden Hartz-IV-Empfänger, die es sich vermeintlich in der sozialstaatlichen Hängematte gemütlich machen, immer wieder gegen die schlecht bezahlte, aber fleißige Krankenschwester, die Verkäuferin oder den Postzusteller ausgespielt. Der »anstrengungslose Wohlstand«, den Spitzenpolitiker gerne unterstellen, mag in Einzelfällen vorkommen. Wir alle haben von »Florida-Rolf« gehört, der von Transfers aus Deutschland lebte. Das mag vielleicht kritikwürdig sein und hat auch Gesetzesänderungen nach sich gezogen. So wie das vermeintliche »Sozialschmarotzertum« aber in der Öffentlichkeit diskutiert und angeprangert wird, geht es vor allem um Deutungshoheit und grundlegende ideologische Kontroversen. Diejenigen, die solche Begriffe nutzen und sie als ehrliche Bestandsaufnahme rechtfertigen, machen sich latente Ressentiments zunutze. Sie simulieren einen Kulturkampf zwischen denen, die Leistung verweigern und sich staatlich alimentieren lassen, auf der einen und den Ehrlichen und Fleißigen auf der anderen Seite.

Sozialangst und die Vereisung des sozialen Klimas

Das Hantieren mit Pauschalurteilen ist Teil des politischen Geschäfts und des sozialen Alltags, gefährlich wird es, wenn sich solche Vorurteile in Ablehnung und Abwertung fremder oder als andersartig wahrgenommener Gruppen übersetzen. Wilhelm Heitmeyer, der Leiter des Instituts für Konflikt- und Gewaltforschung an der Universität Bielefeld, hat in einer Serie von Untersuchungen ein Phänomen erforscht, das er als »gruppenbezogene Menschenfeindlichkeit« bezeichnet. Mit diesem Begriff fasst er unterschiedliche Einstellungen zusammen, bei denen es um die Abwertung als irgendwie anders wahrgenommener Gruppen geht, also beispielsweise von Ausländern, Homosexuellen, Obdachlosen oder Behinderten. Er kann zeigen, dass Aussagen wie »Es leben zu viele Ausländer in Deutschland«, »Die Präsenz von Obdachlosen empfinde ich als unangenehm und diese sollten aus den Fußgängerzonen entfernt werden« oder »Es ist empörend, wenn sich Langzeitarbeitslose von der Gesellschaft unterhalten lassen«, relativ viel Zustimmung finden. Außerdem fordert ein großer Teil der Bevölkerung Privilegien für Menschen, die schon immer hier leben, Heitmeyer spricht an dieser Stelle von »Etabliertenvorrechten«. In den letzten Jahren beobachtet Heitmeyer Tendenzen der Vereisung des sozialen Klimas, welche er unter anderem auf die krisenhaften Erscheinungen (Finanzkrise, Wirtschaftskrise, Prekarisierung, Krise des Sozialstaates, Schuldenkrise) zurückführt (2009, 2010, 2011). Wer sich unsicher fühlt, reagiert oft mit Abwehr und der Abwertung anderer Gruppen.

In Heitmeyers Studien vertreten große Teile der Befragten die Ansicht, dass wir in Deutschland zu viele schwache Gruppen mitversorgen müssen (61 Prozent), dass wir es uns in Zeiten der Wirtschaftskrise nicht mehr erlauben können, Minderheiten besonders zu achten und zu schützen (20 Prozent), und dass wir es uns nicht leisten können, allen Menschen die gleichen Rechte zu garantieren (33 Prozent). Die Abwertung anderer, insbesondere schwächerer Gruppen, so meint Heitmeyer, dient der eigenen Aufwertung, der Aufrechterhaltung des eigenen Selbstwertgefühls. So darf es auch nicht verwundern, dass Distinktionskämpfe vor allem nach unten stattfinden. Ressentiments und die Abwertung anderer Gruppen finden wir demnach nicht nur im rechten Milieu, sondern auch in der Mitte der Gesellschaft, hier sind sie allerdings besser versteckt. Da sind das Partygespräch über die »Sozialschmarotzer«, der Ekel vor dem Verkäufer einer Obdachlosenzeitung, das kalte Unverständnis über Strauchelnde und Zurückbleibende, das öffentlich geäußerte Gefühl der Überfremdung. Und weil die Haltung der Mittelschicht das politische Klima einer Gesellschaft entscheidend prägt, ist die Angst der Mitte mehr als ein Oberflächen- oder Randphänomen. Wissenschaftler des Deutschen Instituts für Wirtschaftsforschung (DIW) ziehen eine Verbindung von der Verunsicherung über die Diskriminierung bestimmter Gruppen bis hin zur Stabilität des politischen Systems:

> »Gerade bei den mittleren Schichten, deren Status sich auf Einkommen und nicht auf Besitz gründet, besteht eine große Sensibilität gegenüber Entwicklungen, die diesen Status bedrohen. Das kann durchaus mit der Tendenz einhergehen, eine andere Bevölkerungsgruppe für diesen Status-Verlust verantwortlich zu machen und so zur Ausbreitung von diskriminierenden Einstellungen (wie Ausländerfeindlichkeit und Fremdenhass) beitragen. Die Einkommenspolarisierung kann also nicht als irrelevante Verschiebung der Einkommensverteilung abgetan werden, vielmehr ist die Sicherung der Mitte als eine wichtige Voraussetzung für die Stabilität demokratischer Entscheidungsprozesse anzusehen.« (Goebel et al. 2010: 8)

Das große Unbehagen, welches in westlichen Gesellschaften heute viele Menschen gegenüber Zuwanderung empfinden, hat mit kulturellen Irritationen und Formen des ethnischen Wettbewerbs zu tun, auf die verunsicherte Bevölkerungsschichten besonders heftig reagieren. Verunsicherung führt zu einem Verlust an Toleranz, sozialer Großzügigkeit und Liberalität, sie befördert Fatalismus und den neidischen Blick auf andere, macht anfällig für rückwärtsgewandte Gemeinschaftsideologien. Auch in unseren eigenen Untersuchungen (Mewes/Mau 2012) zum Zusammenhang von sozioökonomischen Deprivationsängsten und Ressentiments gegenüber Ausländern konnten wir zeigen, dass Unsicherheit mit der Abwertung und Ausgrenzung von als anders wahrgenommenen Gruppen einhergeht. Viele rechtspopulistische Parteien in Europa setzen auf genau diese Karte, indem sie sich die Ängste vor den negativen Auswirkungen der Globalisierung zu eigen machen und die Grenzen der Solidarität mithilfe ethnischer Kategorien der Zugehörigkeit und des »Wir-Gefühls« bestimmen. Sie nehmen für sich in Anspruch, die Interessen der »kleinen Leute« zu vertreten, etwa durch eine Beschränkung der Zuwanderung, Protektionismus und die Abwehr von kultureller »Andersartigkeit«. Eine wichtige Strategie besteht darin, Angstgefühle zu instrumentalisieren und eine »Wahlallianz der Verlierer aus der absteigenden Mittelklasse mit den Verlierern aus der unqualifizierten Arbeiterklasse zu bilden« (Kriesi/Grande 2004: 415).

Weitere Einsichten in die Erregungswelten der verunsicherten Mittelschicht bietet eine von der *Süddeutschen Zeitung* (8./9. Januar 2011) veröffentlichte Studie der Gesellschaft für Konsumforschung (GfK) über die Leserschaft von Sarrazins *Deutschland schafft sich ab*. Journalistisch kondensiert titelte die Zeitung: »Sarrazins Leser: männlich, erfolgreich, ängstlich«. Käufer und Leser von Sarrazins Buch sind demnach vor allem die Besserverdiener und Aufsteiger, bei den Älteren die »klassische« Mittelschicht. Sie scheinen besonders empfänglich für ethnisch aufgeladene Bedrohungsszenarien. Viel häufiger als der Durchschnitt der Bevölkerung sagen sie, dass in ihrem Leben der berufliche Erfolg an erster Stelle steht. Gleichzeitig neigen sie zu einem konventionell-konservativen Lebensstil, bei dem ein harmonisches Privatleben, häusliches Glück und Sauberkeit hoch im Kurs stehen. Auch die Aussage »In meiner Lebensführung mag ich keine Veränderungen, ich halte mich lieber an meine alten Gewohnheiten«, findet viel Zustimmung. Obwohl die Gruppe einen relativ sicheren Sozialstatus besitzt und überzeugt ist, recht gut für das Alter vorgesorgt zu haben, ist ihre Risikoaversion extrem hoch. Da hätten wir dann also jene »verunsicherten Gesicherten«, die manchmal als mittelschichttypisch hingestellt werden. Sie haben ihre Handtücher am Pool ausgelegt und sind argwöhnisch darauf bedacht, dass niemand ihre Kreise stört. Diese Mischung aus Saturiertheit und Risikoaversion, ein Konservatismus, bei dem es um Besitzstandwahrung geht, ist es wohl, auf der das Spiel mit den Ängsten aufsitzt. Wenn Zuwanderung also nicht nur als Multikulti-Ideologie und »kulturelle Selbstaufgabe«, sondern zusätzlich auch als Verlust an nationaler Leistungsfähigkeit, als Angriff auf die kollektive Intelligenz eines Landes angeprangert werden kann, sind Vorbehalten Tür und Tor geöffnet.

Die Selbstverteidigung der Mitte

Es ist natürlich zu einfach, der Mitte ganz pauschal eine Mentalität der sozialen Kälte zu unterstellen. Wie gesagt: Zwar wünscht sich eine übergroße Mehrheit der Mittelschichtangehörigen stärkeren sozialen Zusammenhalt, allerdings glaubt nur eine Minderheit, dass die Menschen in der Not tatsächlich enger zusammenstehen. Diese Diskrepanz zwischen Wunsch und (wahrgenommener) Wirklichkeit bringt viele Menschen zu einer fatalen Entscheidung: Sie stufen die solidarischen Werte zurück, denken oft mehr an die eigenen Interessen als an das Gemeinwohl. Wer glaubt, in einer Gesellschaft zu leben, in der die Solidarität auf der Strecke bleibt, fühlt sich nicht selten auf verlorenem Posten. Die Solidarität wird nicht im großen Stil oder mit einem

Paukenschlag aufgekündigt, wir haben es vielmehr mit den Folgen vieler individueller Entscheidungen zu tun, die im Einzelfall durchaus rational und gut gemeint sein können. Ein gutes Beispiel ist hier die von der schwarz-grünen Landesregierung initiierte Hamburger Bildungsreform im Jahr 2010: Am Anfang stand dabei die Diagnose, dass jedes dritte Kind in Hamburg im Alter von 15 Jahren nicht ausreichend lesen und schreiben kann. Die Chance eines Kindes aus einem Akademikerhaushalt, auf ein Gymnasium zu wechseln, ist viermal höher als bei einem Kind aus einer Arbeiterfamilie. Die Idee der grünen Schulsenatorin Christa Goetsch zielte darauf, dass alle Kinder bis zur sechsten Klasse gemeinsam lernen und das dreigliedrige Schulsystem abgeschafft werden sollte. Man wollte dadurch zu viele Brüche in der Bildungsbiografie der Kinder verhindern und die frühe Sortierung auf unterschiedliche Schultypen aufschieben. Konzipiert wurde die Reform nach dem Vorbild Finnlands – immerhin PISA-Spitzenreiter und weithin bewundertes Vorbild im Bereich innovativer Bildungspolitik. Die Idee, künftig alle Schüler von Klasse 1 bis 6 in einer Schule gemeinsam lernen zu lassen, fand erbitterte Gegner unter vielen Hamburger Eltern aus der gehobenen Mittelschicht. Sie liefen gegen die Reformpläne Sturm. Die vom Rechtsanwalt Walter Scheuerl initiierte und ironischerweise »Wir wollen lernen!« genannte Bürgerinitiative sah die Hamburger Gymnasien und deren spezifisches Profil gefährdet. Mit der Einführung der Primarschule würden die Kinder zwei Jahre verlieren. Die Ängste vor einer Schwächung des Gymnasiums ergaben sich vor allem durch die veränderte soziale Mischung der Klassen in den Jahren des verlängerten gemeinsamen Lernens. Heinz Bude hat die Verteidigung des Gymnasiums als »Bildungsprotektionismus« bezeichnet, weil das Mittelschichtkind auf dem Gymnasium eben »mit Kindern von Eltern in Berührung kommt, die wissen, was die Stunde geschlagen hat, die leistungsbereit, sozial engagiert und zivilgesellschaftlich eingebunden sind, bei denen also im sozialen

Sinne kein Unterschied zu einem selbst besteht« (2011: 12). Was für bildungsferne Kinder offensichtlich ein Plus sein kann, birgt für die bildungsbewussten Mittelschichten die Gefahr der Angleichung nach unten, evoziert Nivellierungsängste. »Nur Elite schafft Profite«, plakatierte die FDP ökonomiefixiert gegen die Einheitsschule. Die Hamburger kippten die Schulreform dann per Volksentscheid. Die Eltern vieler bildungsprivilegierter Kinder atmeten auf, auch wenn einige unter ihnen sicher ahnten, dass sie damit die Nachteile von Kindern aus weniger begüterten Haushalten zementierten.

Dem aufstiegsorientierten Teil der Mittelschicht gilt materieller und sozialer Erfolg vor allem als ein Resultat individueller Anstrengungen, einer Investition in das Selbst, und daher sollen auch die Früchte dieser Anstrengungen denjenigen gehören, die sie geleistet haben. Diese Basisüberzeugung ist fester Bestandteil der »Erfolgskultur der Marktgesellschaft« (Neckel 2008b). Ein tief sitzender und durch eigene Erfahrungen gesättigter Glaubenssatz lautet, dass sich Aufstiegsaspirationen lohnen. Und: Wenn ich es schaffe, dann können es auch andere schaffen. Sarrazins Buch ist von einigen aufmerksamen Lesern, so von Nils Minkmar von der *Frankfurter Allgemeinen Zeitung*, auf originelle Weise als klassischer Bildungsroman interpretiert worden, in dessen Mittelpunkt Sarrazins eigener Aufstieg steht, wobei seine Anstrengungen sehr zur Nachahmung empfohlen werden. Im O-Ton liest sich das so:

> »Die wirklich Tüchtigen lassen sich offenbar auch durch ungünstige Umstände nicht abschrecken – und das ist eine durchaus trostreiche Erkenntnis. Man muss letztlich also stets beim Willen und beim Ehrgeiz des Individuums ansetzen. Niemals darf man es dem Einzelnen durchgehen lassen, sich auf Gruppennachteile herauszureden.« (Sarrazin 2010: 234)

Die lehrmeisterliche Strenge solcher Sätze muss man sich einmal auf der Zunge zergehen lassen: Kollektive Nachteile (oder gar die Diskriminierung) bestimmter Gruppen seien kein legitimes Argument, um soziales Scheitern zu erklären oder zu verteidigen. Wenn Einzelne, die sich wirklich Mühe geben, es schaffen können, kann das auch allen anderen gelingen. Kants kategorischer Imperativ wird hier auf den Kopf gestellt: Mache Dein individuelles Schicksal zur Maxime für alle anderen. Eine solche Abwertungsrhetorik ebnet den Weg für eine »Sezession der Erfolgreichen« (Bauman 2009: 63).

Diese Form der heroischen Selbststilisierung ist nicht auf Einzelfälle beschränkt. Ganz allgemein lässt sich zeigen, dass Menschen mit erfolgreichen Aufstiegsbiografien sozialer Ungleichheit weniger kritisch gegenüberstehen (Sachweh 2009). Sie gelten eher als affirmativ, was ihre Haltung gegenüber von Markt und Wettbewerb induzierten Statusunterschieden angeht. Ihrem Selbstverständnis nach kommt es eben nicht auf Fortune (höchstens das berühmte »Glück des Tüchtigen«) und günstige Bedingungen an, sondern auf Willen, Ehrgeiz und Fleiß, die allen Hindernissen zum Trotz mobilisiert werden. Auch diejenigen, die von Geburt an zur Elite gehören, reden den Herkunftsfaktor oft klein. Daten vom Institut für Demoskopie Allensbach (Köcher 2009: 123) machen deutlich, dass es eine »Wahrnehmungsdifferenz« (Schupp 2010: 19) zwischen den Eliten und dem Rest der Bevölkerung gibt, fast so, als lebten sie in unterschiedlichen Welten. Fragt man Durchschnittsbürger, ob zwischen sozialem Aufstieg und der Schicht, aus der man kommt, ein Zusammenhang besteht, bejahen das insgesamt 63 Prozent. Stellt man dieselbe Frage ausschließlich Führungskräften, antworten fast vier Fünftel (85 Prozent), unsere Gesellschaft sei durchlässig, jeder könne aufsteigen. Kein Wunder, dass in diesen Kreisen häufig von »Leistungsgerechtigkeit« die Rede ist. Wilhelm Heitmeyer und sein Team haben herausgefunden, dass Menschen, die das Leistungsprinzip besonders stark verinnerlicht haben, jene Gruppen abwerten, denen sie Motivation und Kompetenzen absprechen (2010). In der Wettbewerbsgesellschaft wird Scheitern vor allem individuell zugerechnet: »Weil der

Schwache, Langsame, Unkreative, Unattraktive im *freien und fairen* Wettbewerb unterliegt, erfährt er ›gerechte‹ soziale Missachtung und Geringschätzung im Sinne der Leistungsgerechtigkeit des Wettbewerbs.« (Rosa 2006: 98)

Dass das Leistungsprinzip weiter aufgewertet wird, wenn die Abgabenlast als zu hoch empfunden wird oder der eigene Status als bedroht, liegt auf der Hand. Genau das ist ja der Grund für die hochfahrenden Besorgnisreden um die »Ausplünderung der Mittelschicht«, die »abgezockte Mitte« oder das »Melkvieh Mittelschicht« (Beise 2009; Wemhoff 2009). Peter Sloterdijks Attacke auf den »nehmenden Staat« speist sich gerade aus solchen Vorbehalten (2010). Auch Sloterdijk identifiziert die Erosion der Mitte als neue soziale Frage, macht aber zuallererst den ausufernden Steuerstaat als Ursache aller Probleme aus. Er interpretiert ihn als Maschine zur Ausbeutung der Produktiven durch die weniger Leistungsbereiten und teilt die Bevölkerung ein in »Steueraktive« und »Steuerpassive« bzw. »Transfermassengeber« und »Transfermassennehmer«. Die von ihm vorgebrachte Alternative setzt sich von der Zwangsbelastung produktiver Gruppen ab und plädiert für die freiwillige Spende. Das Freiwilligkeitsprinzip soll danach das bislang etablierte Prinzip der Steuerpflicht nach Leistungsfähigkeit ablösen. Jeder wie er will, nicht wie er kann.

Individualisierung, Privatisierung und Solidarität

Wie man eine unsolidarische Mitte politisch geradezu produzieren kann, illustrieren die Thatcher-Jahre in Großbritannien. Margaret Thatcher, die »Evangelistin des Marktes« (Keith Dixon), diktierte ihren Jüngern: »Es gibt keine Gesellschaft, es gibt nur Individuen«, und setzte ein radikales Reformprogramm durch. Dieses war gekennzeichnet von Marktfundamentalismus, autoritärer Moral, ökonomischem Individualismus und dem hohen Lied auf den schlanken Staat. Gekonnt band sie die Mittelschicht in ihre Umbaubemühungen ein: Sie verteufelte das »living on the dole«, also das Ausnutzen staatlicher Transferleistungen, und propagierte gleichzeitig eine Ideologie der Eigenverantwortung (gegen Staatsverantwortung), des Individualismus sowie der Besitz- und Eigentumsorientierung. Statt sichernder staatlicher Versorgung wurden Leistungshöhen abgesenkt und Steueranreize für private Vorsorge gesetzt, so dass die Mittelschicht sukzessive vom Staat weg und in den Markt hineingezogen wurde. Dies mit der Folge, dass auch ihr Verständnis für diejenigen, die auf staatliche Hilfe angewiesen waren, sank. Dem Staat war nur eine nachgeordnete Rolle zugedacht, und auch das nur auf niedrigem Niveau. Der Markt und die Individuen sollten es selbst richten.

Die britische Mittelschicht war durchaus empfänglich für individualistische und marktaffine Reformofferten. Ein unterfinanzierter und kaum leistungsfähiger Wohlfahrtsstaat konnte ihre Sicherheitsbedürfnisse immer weniger erfüllen. Zugleich wurde durch steuerliche Anreize der Verkauf privater Rentenversicherungen angekurbelt, und die Käufer waren überzeugt, diese würden später deutlich bessere Renditen einbringen. Die Privatisierung der Eisenbahn sowie von Teilen des Gesundheitssektors wurde weithin begrüßt, man versprach sich davon Bürokratieabbau und größere Kundenorientierung. Die Kosten dieser Entwicklung wurden erst viel später sichtbar und fielen dann auch auf die Mittelschicht zurück: Im Zuge der allgemeinen Liberalisierung stieg die Ungleichheit sprunghaft an, immer mehr Menschen verarmten, die Mittelschicht schrumpfte. Nach und nach wurden auch viele Bildungseinrichtungen kommerzialisiert. Insbesondere der Hochschulbereich wurde einer immer stärkeren Profit- und Marktorientierung unterworfen, so dass sich Bildung und Forschung immer mehr nach finanziellen Gesichtspunkten strukturieren. Mit den Sparplänen der Regierung Cameron (seit 2010) hat sich diese Entwicklung noch einmal zugespitzt: Die Kürzungen bei der Hochschulfinanzierung (insbesondere der Lehre) haben zur Folge, dass die bisher (auf maximal 3300 Pfund pro Jahr) gedeckelten Studiengebühren auf bis zu 9000 Pfund steigen können. Schließlich wurden auch viele Rentner Opfer der privaten Vorsorge, zu der sie die Regierung zuvor ermuntert hatte. Rentenfonds gerieten – aufgrund von Missmanagement oder der Erschütterungen des Finanzmarkts – in Schwierigkeiten und konnten das Versprechen auf eine bessere Altersversorgung nicht einhalten. Studentenproteste und die jüngsten Krawalle in London (immerhin die reichste, aber zugleich ungleichste »Region« Europas) und anderen großen Städten haben unter anderem mit wachsenden Schieflagen zu tun, die bis auf die Thatcher-Zeit zurückgehen. Heute sind davon auch die Mittelschicht und ihre Zukunftsaussichten bedroht.

Dies sind nur kurze Impressionen aus dem Land jenseits des Ärmelkanals, sie zeigen aber, welch desaströse Folgen zunächst scheinbar attraktive Marktlösungen langfristig haben können. Im historischen Rückspiegel erkennt man eindeutig, dass solche Veränderungen mit einem Auseinanderbrechen der Solidarität einhergingen. Ein Keil wurde in Großbritannien beispielsweise zwischen die sogenannten »deserving« und die »undeserving poor« getrieben, zwischen die Menschen, die ohne eigenes Verschulden in Not gerieten, und denen, die angeblich keine Hilfe verdienen. Diese moralische Bewertung durchzieht die gesamte Geschichte der britischen Armenhilfe und später der Sozialpolitik. In der Gegenwart finden sie auch in Deutschland immer mehr Menschen plausibel: Im Jahr 2007 stimmten beispielsweise 52 Prozent der Befragten der Aussage zu, »die meisten Arbeitslosen hierzulande könnten einen Arbeitsplatz finden, wenn sie wirklich wollten« (Sachweh et al. 2010). Wer glaubt, es gebe ein »wachsendes Heer an Leistungsfernen, die [...] tendenziell nie wieder in der Leistungszone auftauchen werden« (Sloterdijk 2010: 117), zweifelt vermutlich auch an der Legitimität und Sinnhaftigkeit staatlicher Transfers und ist nicht mehr ohne Weiteres zu solidarischem Handeln bereit.

Der Knackpunkt solcher Formen der sozialen Taxierung ganzer Gruppen sind die Hintergrundannahmen zu Eigenverantwortung und Leistungsbereitschaft. Nur wer sich anhaltend bemüht, verdient Unterstützung, wer sich hängen lässt, nicht. Viele in der Mittelschicht sind der Meinung, es sei Arbeitslosen durchaus zuzumuten, Jobs anzunehmen, für die sie überqualifiziert sind, wegen einer neuen Stelle umzuziehen oder zu pendeln (Sachweh et al. 2010). Auch Leistungskürzungen als Reaktion auf die Ablehnung eines Stellenangebots finden durchaus Akzeptanz in der Bevölkerung. Interessant ist, dass ältere Arbeitnehmer in vielerlei Hinsicht anders bewertet werden; vor allem sollte ihnen, so meinen einer jüngeren Umfrage zufolge immerhin 86 Prozent der Befragten, eine längere Bezugsdauer der Arbeitslosenunterstützung zugestanden werden (Landmann 2012). Ältere Menschen werden stärker anhand ihrer Lebensleistung bewertet, die Jüngere noch nicht aufzuweisen haben. Deshalb steht bei den Jungen die Frage nach der Motivation und Leistungsbereitschaft im Vordergrund. Kuckt man genauer hin, ist die Unterscheidung, die zwischen leistungsbereiten und passiven Arbeitslosen gezogen wird, meist willkürlich. Kann man von einer alleinerziehenden Mutter wirklich erwarten, dass sie wegen eines Jobangebots umzieht? Dass sie Eltern, Verwandte und Freunde verlässt, die bislang ein wichtiges soziales Netzwerk für sie darstellten? Ist es wirklich notwendig, auch noch die dritte Umschulung zu machen und eine Bewerbung nach der anderen zu schreiben, selbst wenn diese nicht einmal beantwortet werden? Welche Arbeit gilt generell als zumutbar, wenn man viel in seine Ausbildung (z. B. ein Studium) investiert hat? Ein Ingenieur, der jahrzehntelang eine Abteilung bei einem Anlagenbauer geleitet hat, ist bei einer Hausmeisterfirma, die ihn mit einfachen Tätigkeiten betraut, vermutlich fehl am Platz. Sein hohes Humankapital würde nach und nach entwertet, die Rückkehr in eine angemessenere Beschäftigung immer unwahrscheinlicher. Doch gerade weil diese Fragen so schwer zu beantworten sind, begnügt sich die Öffentlichkeit häufig mit pauschalen Kategorisierungen. Wie schmal der Grat oft ist und wie schwer sich Experten und Praktiker mit solchen Klassifizierungen tun, bleibt dabei weitgehend außen vor.

Der Sozialstaat als Robin Hood?

Der Sozialstaat erscheint durch die Brille vieler Kritiker als eine Art Robin Hood, der den Wohlhabenden nimmt und den Armen gibt, wobei man im Rahmen der skizzierten Logik statt »wohlhabend« auch »leistungsbereit« und statt »arm« »faul« lesen kann. Unterschlagen wird dabei – vermutlich bewusst –, dass gerade der deutsche Sozialstaat nur eine begrenzte Umverteilungswirkung hat. Forscher, die sich auf den internationalen Vergleich spezialisiert haben, sprechen in Bezug auf Deutschland von einem (zumindest traditionell) »konservativen Wohlfahrtsstaat« (Esping-Andersen 1990). Das deutsche Modell zeichnet sich vor allem durch die Aufrechterhaltung von Statusunterschieden aus, nicht unbedingt durch Umverteilung von oben nach unten. Wer auf dem Arbeitsmarkt einen guten Status innehat und über ein gutes Gehalt verfügt, genießt deutlich bessere soziale Rechte als eine prekär beschäftigte Person mit kleinem Einkommen. In der Bundesrepublik wird jeder dritte Euro für soziale Zwecke ausgegeben, der geringere Teil davon fließt aber bedürftigen Gruppen am unteren Ende der Hierarchie zu. Die großen Posten sind Gesundheit, Rente und Familienförderung. Nur knapp über sechs Prozent des Sozialbudgets fließen in den Bereich der Grundsicherung für Arbeitslose, etwa ebenso viel in die Sozialhilfe und die Kinder- und Jugendhilfe zusammen. Der breite Fluss der Sozialtransfers, man denke an die Leistungen der gesetzlichen Rentenversicherung, fließt nicht über Klassen- und Schichtgrenzen hinweg, sondern er zirkuliert innerhalb der Statusgruppen. Umverteilung findet vor allem zwischen Lebensphasen statt, weniger zwischen genau abgegrenzten Bevölkerungssegmenten. Man kann den deutschen Sozialstaat deshalb auch als Sicherungsprogramm der Mittelschichten betrachten, denn sie profitieren verhältnismäßig stark von ihm.

Es gehört zu den hartnäckigsten optischen Täuschungen der Mittelschicht, dass sie ihre Position tendenziell anders sieht. Viele in der Mittelschicht betrachten sich vor allem als durch Steuern und Sozialabgaben geschröpft und beklagen, dass Gruppen am unteren Ende der Sozialstruktur zu stark von der Umverteilung profitieren. Dass sie selbst in einem bedeutenden Umfang Nutznießer solcher Transferprogramme sind, verstehen viele Angehörige dieser Schicht nicht. Eine Erklärung für solche Wahrnehmungsverzerrungen findet man bei Amor Tversky und Daniel Kahneman (1991): Laut den beiden Psychologen reagieren Menschen stärker auf Verluste als auf Gewinne (*loss aversion*). Dadurch erscheinen die durch Steuern und Sozialbeiträge auferlegten Kosten größer als der Nutzen, den die Menschen selbst aus dem Sozialstaat ziehen. Außerdem tauchen die Kosten, etwa auf der Lohnabrechnung oder dem Steuerbescheid, auf Euro und Cent genau auf, während staatliche Leistungen (vom Straßenbau bis zu Kindertagesstätten) kaum exakt beziffert werden können und ohnehin als Selbstverständlichkeit gelten.

Die Tendenz zur Orientierung auf den Statuserhalt ist zwar durch die Hartz-IV-Gesetzgebung etwas aufgeweicht worden, neuere Instrumente schließen aber an die Mittelschichtorientierung des deutschen Sozialstaats an. Das Elterngeld ist die Maßnahme *par excellence*, mit welcher die freundschaftliche Beziehung zwischen »Vater Staat« und Mittelschicht ihre Fortsetzung findet (über Ursula von der Leyen, die »Mutter des Elterngelds« und einflussreichste Sozialpolitikerin Deutschlands, hieß es in den letzten Jahren oft, sie »könne« nur Mittelschicht – so beispielsweise Elisabeth Niejahr in der *Zeit* [2011: 10]). Es wird zwar aus allgemeinen Steuermitteln finanziert, ist allerdings als Lohnersatzleistung konzipiert. Die Leistungshöhe liegt (bis zur Obergrenze von 1800 Euro) im Schnitt bei 65 bzw. 67 Prozent des Nettoeinkommens vor der Geburt des Kindes, der Mindestbetrag bei 300 Euro. Wer am Arbeitsmarkt erfolgreich war, darf sich also auf ein recht gutes Auskommen während der Auszeit freuen. Wer wenig verdient, ist klar im Nachteil. Obwohl das Gesetz ursprünglich vorsah, den Bezug von Arbeitslosengeld II und Sozialhilfe nicht anzurechnen und auch diesen Gruppen den Mindestbetrag auszuzahlen, ist diese Regelung den schwarzgelben Sparmaßnahmen zum Opfer gefallen. In der Folge profitiert von der Maßnahme vor allem die Mitte. Inzwischen kann man im Internet den regen Austausch zwischen reisefreudigen Jungeltern mitlesen, die mit ihren Neugeborenen auf Grand Tour gehen wollen. Wenn Mutter und Vater gleichzeitig Elternzeit nehmen und man den Jahresurlaub noch dazu rechnet, lässt sich immerhin ein sieben- bis achtmonatiges Sabbatical finanzieren. Das sind die kleinen Freiheiten des »Wickelvolontariats«, die sich nur einige wenige leisten können.

Die Eingemeindung der Mittelschicht in die Spendierzone des Sozialstaates hat über lange Zeit dafür gesorgt, dass Verteilungskonflikte, wie wir sie aus den USA oder England kennen, klein gehalten wurden. Zwar gibt es die genannte Kritik am Transferstaat auch bei uns, aber ein Staat, der die Mittelschicht als Nutznießer einbezieht, steht weniger in der Gefahr, als Umverteilungsmaschine wahrgenommen zu werden. Aber ob die Mittelschicht dauerhaft dem Wohlfahrtsstaat verbunden bleiben wird, lässt sich heute nicht abschließend beurteilen. Sehr wahrscheinlich gilt ihre Loyalität nicht dem Wohlfahrtsstaat *per se*, sondern vor allem einem Set besonders akzeptierter Leistungen. Als gegen Kritik weitgehend immun, ja sogar prinzipiell ausbauwürdig gelten jene, die man in irgendeiner Form mit dem Leistungsmantra verknüpfen kann. Ob bei Renten, Hartz-IV-Schonvermögen, Elterngeld, Deutschlandstipendien oder Bildungsgutscheinen: Mal sind es die Lebensleistung und die Erfolge der Älteren bei der Schaffung des kollektiven Wohlstands, mal die eigenverantwortlichen (aber staatlich kofinanzierten) Anstrengungen zur privaten Vorsorge, mal die Leistungen zur Sicherung des nationalen Nachwuchses, mal das zu fördernde Talent und die von ihm erwarteten Beiträge für die zukünftige Entwicklung, die als Legitimitätsformeln für einen veränderten Zuschnitt der Sozialpolitik herhalten müssen. Nicht nur spezifische Bedarfslagen motivieren staatliche Hilfeleistungen, sondern immer häufiger auch bestimmte ökonomistische Bewertungen im Hinblick auf mögliche »Erträge«, weshalb man in der Literatur auch vom »social investment state« spricht (Morel et al. 2011). In diesem werden Schutz- und Versorgungsansprüche entsprechend ihres produktiven Werts priorisiert: Welche »returns« bringt diese oder jene Leistung? Es geht dann darum, in Bereichen wie Bildungs-, Arbeitsmarkt- oder Sozialpolitik so umzusteuern, dass die gesellschaftlichen Produktivitätspotenziale (z. B. die Humankapitalressourcen oder das Arbeitsvermögen) effizienter gehoben werden. Sozialpolitik ordnet sich damit der gesamtgesellschaftlichen Produktivitätsorientierung unter. Selbst in der Migrationspolitik haben solche Einstellungen Tritt gefasst, ob es nun um legale Zuwanderung geht oder um Bleiberechtsregelungen (z. B. wenn das Aufenthaltsrecht für ganze Familien an die schulischen Leistungen der Kinder gekoppelt wird).

In anderen Bereichen agieren die politischen Akteure weitaus zögerlicher. Bei der Neubemessung der Hartz-IV-Sätze, die man als objektive und transparente Reaktion auf die Schelte des Bundesverfassungsgerichts verkauft hat, wurde nun zwar die Berechnungsgrundlage offengelegt, sie folgte jedoch haushaltspolitischen Vorgaben. Viel teurer sollte das Ganze nicht werden. Jeder, der ein wenig Ahnung von derartigen Bemessungsverfahren hat, weiß, wie viele Voreinstellungen zu Vergleichsgruppen, Warenkorb und Gewichtungsfaktoren die Endsumme manipulierbar halten und dass die Berechnung letztlich auf Wertentscheidungen beruht. Die fünf Euro, um die die Regelsätze erhöht wurden, haben allenfalls bei den üblichen Verdächtigen in Opposition und Sozialverbänden Erregung freigesetzt, bei der breiten Mittelschicht nicht.

All das ist durchaus symptomatisch. Die Verteidigung eines auf den Abbau der Armut fokussierten Sozialstaats ist nicht unbedingt die Sache der Mittelschicht, heute weniger denn je. Ihre politischen Protagonisten sind vielmehr dabei, die Grammatik wohlfahrtspolitischer Interventionen dergestalt zu beeinflussen, dass sich die Leistungsbilanz der Mittelschicht nicht weiter verschlechtert. Anders als im Thatcher-Großbritannien, wo das Sozialstaatshaus, das schon immer einigermaßen unbehaglich eingerichtet war, zurückgebaut wurde, ist die Mittelschicht in Deutschland dem Wohlfahrtsstaat nach wie vor verbunden – und zwar im ureigenen Interesse. Sie befindet sich immer noch in der Kernzone der staatlich organisierten Solidarität und möchte es angesichts unsicherer Marktlagen und krisenhafter Entwicklungen auch bleiben. Gleichzeitig stöhnen viele Mittelschichtler unter der Abgabenlast und der kalten Progression. In dieser Gemengelage sind die Spielräume der Solidarität begrenzt.

Die Kunst des politischen Gestaltens besteht darin, Menschen aus ihrem Vorgarten herauszuführen und in ein Gemeinwesen der wechselseitigen Verpflichtung und Verantwortung einzubinden. Deshalb wird auch zunehmend darüber diskutiert, dass es nicht reicht, »die politische Mentalität der Mitte [...] zu spiegeln, um dort Mehrheiten zu bekommen, sondern die Einstellungen hier nach den Maßstäben der sozialen Demokratie zu verändern und neu zu prägen« (Walter 2010: 76). Dies gilt vor allem für die großen Parteien. Kleine Parteien klammern sich viel stärker an die Interessen spezifischer Gruppen: Sie können sich mitunter auch gegen die Interessen der Mitte profilieren. Solidarität dagegen muss, wenn sie wirkungsvoll zum Einsatz kommen soll, eine bestimmte gesellschaftliche Breite haben, also ein Band zwischen den Privilegierten und den Bedürftigen, zwischen den geschützten und den Risikogruppen zu spannen wissen. Ansonsten bleibt sie Makulatur. Die gesellschaftliche Mitte, soweit sie von Statusangst und Unsicherheit beherrscht ist, wird für ein solches Projekt nicht ohne Weiteres zu gewinnen sein.

6. Für eine Politik der Lebenschancen

Wer sich mit offenen Augen und Ohren durch dieses Land bewegt, spürt, dass das Unbehagen an einer immer stärker auf Wettbewerb und Statuskonkurrenz ausgerichteten Gesellschaft wächst. Zwar gibt es die Wendigen, Durchsetzungsfähigen und Antriebsstarken, denen der erhöhte Druck nichts auszumachen scheint, aber es gibt auch die große Gruppe der Menschen, denen diese Entwicklung mehr und mehr zusetzt. Viele empfinden den sozialen Stress, den die jüngsten Veränderungen mit sich gebracht haben, zunehmend als belastend. Da sind die Klagen der älteren Arbeitnehmer, die sich eine Position in ihrem Unternehmen erarbeitet haben und deren Erfahrungswissen und Loyalität plötzlich nichts mehr wert sein sollen. Da ist die Krankenschwester, die am Ende des Arbeitstages erschöpft feststellt, dass der Druck immer größer wird, weil statt vier nur noch drei Kolleginnen die Station am Laufen halten müssen. Da ist der Lehrer, der trotz pädagogischer Leidenschaft an großen Klassen und schwierigen Schülern verzweifelt. Da ist die Frau, die sich zu lange auf den Haushalt beschränkt hat und nun nach der Scheidung einen Einstieg in den Arbeitsmarkt sucht. Da ist der Unternehmer, der von einem Partner in die Insolvenz gerissen wurde. Und schließlich ist da das ältere Ehepaar (sie mit Diabetes, er mit Rückenleiden), welches die wachsenden Gesundheitskosten kaum noch schultern kann.

Das alles sind Einzelschicksale, jedes für sich ist anders, doch sie haben einige Gemeinsamkeiten. Die Wichtigste ist der Verlust von Handlungsmöglichkeiten. Diese Menschen fühlen sich bedrängt, ausgesaugt, ermüdet, eingeengt, ausgegrenzt, verwaltet. Sie machen sich Sorgen, zweifeln daran, dass ihnen das Leben noch einmal gelingen wird. Sie bleiben mehr und mehr hinter den eigenen Ansprüchen zurück. Ihnen steht eine Gesellschaft gegenüber, in der es kaum Platz gibt für Resignation und Mutlosigkeit, die keine »Kultur des Scheiterns« kennt. Schlimmer noch: Sie schickt alle in die Aktivierung, predigt Eigenverantwortung und mobilisiert unentwegt; ganz so, wie es das Skript der Wettbewerbsgesellschaft verlangt. Die weniger Erfolgreichen sollen in gut Ausgebildete, Tüchtige und Tätige verwandelt werden. Jeder darf, jeder kann, jeder muss. Rentnern wird das aktive Altern schmackhaft gemacht, Arbeitnehmern die Erreichbarkeit rund um die Uhr, Studenten das durchgeplante und auf Marktgängigkeit ausgerichtete Studium. Von Leistungsbeziehern wird erwartet, dass sie sich in Maßnahmen weiterbilden lassen, mobil sind und den Umzug in eine andere Stadt oder Region nicht scheuen. Wie Wasser in einem Durchlauferhitzer sollen alle Moleküle der Gesellschaft auf Betriebstemperatur gebracht werden.

Es ist gut möglich, dass die Modebegriffe Leistungsbereitschaft und Erfolg größere Schatten werfen, als wir gemeinhin annehmen. Wo Erfolgsstreben die soziale Leittugend darstellt, wird Scheitern schnell zum Makel, zu einer illegitimen Lebensform, die immer weniger Anerkennung findet. Nichts ist falsch daran zu sagen, dass die Wiedereingliederung in den Arbeitsmarkt ein zentrales Ziel sozialpolitischer Interventionen sein sollte, weil Arbeit neben Einkommen eben auch Zugehörigkeit und Identität vermittelt; der Spießrutenlauf aus Wiedereingliederungsmaßnahmen und der Androhung von Sanktionen vermag allerdings oft nicht zu überzeugen. Auch diejenigen, die zwar im Erwerbsleben stehen, sich aber nicht als unbegrenzt robust empfinden und denen Selbstbehauptung nicht über alles geht, verspüren den zunehmenden Leidensdruck. Sie sind hin und her gerissen zwischen solidarischem Schulterschluss mit denen am Rande und dem Bestreben, selbst in die Leistungsklasse aufzusteigen. Unter den Angehörigen der Mittelschicht, im Spannungsfeld von Leistungsmantra und Prekarisierungsangst, zeigt sich die Ambivalenz dieser Entwicklungen besonders deutlich. Ihr Ideal mag ein durchtrainierter und fitter Gesellschaftskörper sein, in der Realität ist ihnen das Risiko des Scheiterns aber nicht fremd. Sobald die Politik einmal wieder Eigenverantwortung und Leistungswillen propagiert, ahnen sie, dass nicht jeder Muskel anzieht, wenn man ihm das entsprechende Kommando gibt. Vielen ist klar, dass Wettbewerb nicht die Lösung aller Probleme sein kann.

Ein postheroischer Sozialstaat?

Doch wie kann man diesen Sorgen und Verunsicherungen politisch begegnen? In der öffentlichen Diskussion wird oft ein Gegensatz zwischen Staat und Gesellschaft oder Staat und Markt aufgemacht. Erst jüngst hat Kurt Biedenkopf, ehemaliger Ministerpräsident des Freistaates Sachsen, ein Buch veröffentlicht, welches genau auf diese Alternative zielt. Sein Titel: *Wir haben die Wahl: Freiheit oder Vater Staat* (2011). Biedenkopf sieht (ganz in der Tradition der klassischen Sozialstaatskritik) den Staat immer expansiveren Ansprüchen der Gesellschaft ausgesetzt. Ein Mehr an Staat erscheint hier als das Gegenteil bürgerlicher Eigenverantwortung. Diese Tendenz, so Biedenkopf, unterminiere letztlich die freiheitlich demokratische Grundordnung.

Es ist höchste Zeit, den alten Gegensatz Staat vs. Markt zu überwinden. Der paternalistische und vormundschaftliche Staat auf der einen Seite, der Laissez-faire-Staat auf der anderen; Sozialismus hier, Raubtierkapitalismus da; Steuern rauf, Steuern runter: Das sind die alten Gräben, in denen es sich die politischen Akteure bequem gemacht haben. Wir brauchen jedoch Strategien, die Lebensrisiken ernst nehmen, dabei aber keine falsche Sicherheit versprechen. Will man solche Strategien entwickeln, muss man sich ein *postheroisches Verständnis* sozialstaatlicher Intervention aneignen. Der Sozialstaat muss und kann nicht der Held sein, der alle Probleme löst und den wir permanent bewundern; er darf überdies nicht immer sofort für alle

Fehler und Mängel verdammt werden. Etwas mehr Bodenhaftung und Augenmaß täten der Debatte gut, etwas weniger Aufgeregtheit auch. Wir brauchen eine offene Diskussion über die Ziele und Wertmaßstäbe unserer Gesellschaft. Erst dann kann man sich darüber verständigen, wie groß oder wie klein der Staat sein soll, darüber, wo er wuchert und wo er ausgebaut werden sollte. Natürlich gibt es nicht den einen Maßstab, an dem sich alle Institutionen ausrichten lassen. In der Praxis gilt es, ganz unterschiedliche Aspekte gegeneinander abzuwägen: Zusammenhalt und Effizienz, Gleichheit und Leistung, Produktivität und Teilhabe, Freiheit und Sicherheit. Gerade hier stehen wir vor größeren Aufgaben, als wir bislang geahnt haben. Die Unsicherheit, die uns aller Orten begegnet, verdankt sich nicht nur dem ängstlichen Blick in eine ungewisse Zukunft, sondern auch neuen Schieflagen, der gefühlten Ungerechtigkeit und dem Bruch des kollektiven Aufstiegsversprechens. In den Augen vieler Menschen wird die Gesellschaft mehr und mehr zu einer geneigten Ebene, auf der man zwar mit viel Mühe nach oben wandern, aber auch schnell ausrutschen und ohne Halt nach unten schlittern kann.

Wachstum als Wohlstandsgarant?

Welche Ziele könnten der Politik gegenwärtig als Kompass dienen? Die alte Schallplatte hat uns immer nur das Lied vom Wohlstand durch Wachstum präsentiert. Wachstum löst angeblich alle Probleme, vom Wachstum sollen alle Schichten profitieren. Dieser Nexus hat seine Glaubwürdigkeit verloren. Wir haben gesehen, dass Wachstum auch dazu führen kann, dass die Spitze sich radikal vom Rest abkoppelt. Noch grundlegender als bisher müssen wir daher die Frage stellen, ob ökonomisches Wachstum und allgemeiner Wohlstand wirklich ein Zwillingspaar bilden (Miegel 2010). Zudem gibt es begründete Zweifel daran, dass das Bruttoinlandsprodukt ein geeigneter Indikator für gesellschaftlichen Fortschritt ist: Wenn man mit dem Auto im Stau steht, wächst das Bruttoinlandsprodukt, weil mehr Benzin verbraucht wird. Kaum jemand würde das als Mehrung des gesellschaftlichen Wohlstands begreifen.

Außerdem ist der Zusammenhang zwischen ökonomischen Zuwächsen und Lebensqualität nicht linear, wir stoßen auf so etwas wie den abnehmenden »Grenznutzen« ökonomischer Wohlstandsgewinne. Das nach dem Ökonomen Richard Easterlin benannte »Easterlin-Paradox« besagt, dass Einkommensgewinne in wohlhabenden Ländern kaum noch zu größerem subjektiven Glück oder größerer Lebenszufriedenheit führen (Easterlin 1974). Doch wenn das Wachstum als (alleiniger) Maßstab für kollektives Wohlbefinden nicht mehr taugt, auf welche Alternativen können wir dann zurückgreifen, woran sollen wir uns orientieren? Vorschläge gibt es an dieser Stelle jede Menge. So hat etwa das Königreich Bhutan das Streben nach Effizienz, Produktivität und Profit *ad acta* gelegt, stattdessen wird dort das »Bruttonationalglück« gemessen – buddhistische Zufriedenheit statt Wachstumsfetisch. Um dem aktuellen Glücksniveau auf die Spur zu kommen, wird die Bevölkerung permanent zu Aspekten wie Wohlbefinden und ihrer Zufriedenheit in mehreren Bereichen befragt. Würde man diese Messapparatur auf Deutschland anwenden, stieße man vermutlich auf eine vergleichsweise hohe Lebenszufriedenheit, allerdings auch auf große Differenzen zwischen den gesellschaftlichen Schichten und auf jede Menge Zukunftssorgen. Als ausschließliche Zielgrößen für politisches Handeln taugen solche Maße allerdings nicht. Zwar kann das Glück der Menschen der Politik nicht egal sein, aber über gezielte Wohltaten die Zufriedenheit bestimmter Gruppen zu erhöhen, wäre der falsche Weg (Wagner 2009). Zudem ist bekannt, dass subjektives Glück nicht nur von politischen oder sozialen Faktoren abhängt, sondern auch von der Religiosität der Bevölkerung, schwer zu beeinflussenden Umweltfaktoren, kognitiven oder genetischen Aspekten und individuellen Erwartungshaltungen. Es gibt auch Diktaturen mit relativ glücklichen Bevölkerungen. Politik ist in erster Linie dafür verantwortlich, die institutionellen Bedingungen für individuelle Entfaltung und Entwicklung zu schaffen.

Amartya Sen, Joseph E. Stiglitz und Jean-Paul Fitoussi (2010) haben im Auftrag des französischen Präsidenten einen viel beachteten Bericht vorgelegt, in dem alternative Ansätze zur Messung des Wohlstands und der Lebensqualität präsentiert und verglichen werden. Die Autoren schlagen, zusätzlich zu den etablierten Maßen, eine Reihe weiterer Wohlstandsindikatoren vor, Instrumente zur Messung von Nachhaltigkeit, Einkommensentwicklung und -verteilung, von Konsum und Vermögen, Freizeitqualität und informellen Tätigkeiten. Auch Aspekte wie subjektives Wohlbefinden und Lebensqualität werden berücksichtigt. Was die Lebensqualität betrifft, gehen Sen, Stiglitz und Fitoussi davon aus, dass diese in erster Linie von den objektiven Lebensbedingungen und den Verwirklichungschancen der Menschen abhängt.

Der Nobelpreisträger Amartya Sen arbeitet schon lange am Konzept der »Verwirklichungschancen« (*capabilities*) und hat zahlreiche Publikationen dazu vorgelegt. Ihm geht es um die Freiheit der Menschen, ihre Lebenspläne so unbehindert wie möglich zu verfolgen und bestimmte Dinge zu erreichen. Im Gegensatz zu vielen normativen Theorien setzt er nicht einen Wert wie etwa die Gleichverteilung des Wohlstands als gesellschaftliche Zielgröße fest, sondern stellt individuelle Freiheiten der Lebensgestaltung in den Vordergrund. Die Hintergrundannahme ist, dass Menschen die Möglichkeit des selbstbestimmten Handelns als solche wertschätzen und dass sie eigene Lebensziele formulieren können und wollen. Freiheit wird als intrinsischer Wert verstanden. Was die gesellschaftlichen Bedingungen für die Verwirklichungschancen angeht, geht es sowohl um die Abwesenheit von Hindernissen für die eigene Entwicklung wie auch die Anwesenheit von Gelegenheiten zur Erreichung selbstdefinierter Ziele.

Auch wenn dieser Ansatz noch nicht bis ins letzte Detail ausgearbeitet sein mag, bietet er doch einige Anhaltspunkte für eine veränderte Logik der politischen Intervention. Die Qualität des sozialen Zusammenlebens bemisst sich, folgt man dieser Logik, daran, inwieweit die Verwirklichungschancen der Bürger maximiert werden, und dieses Kriterium lässt sich dann auch auf einzelne politische Maßnahmen anwenden. Weder Sozialtransfers noch Aktivierung sind per se gut oder schlecht, sie können nur anhand ihrer Effekte auf die Verwirklichungschancen beurteilt werden.

Zweifelsohne hat manches, was uns im letzten Jahrzehnt als ein Plus an Eigenverantwortung verkauft worden ist, diesen Namen nicht verdient. Die Betonung der individuellen Verantwortung fungierte oftmals als Legitimationslametta für Leistungseinschränkungen, welche zum Teil massive Auswirkungen auf die individuelle Lebensführung hatten. Deswegen sagen manche Kritiker, der reformierte Sozialstaat sei weniger neoliberal als vielmehr »neosozial« (Lessenich 2008). Die steuernde, kontrollierende und reglementierende Komponente wurde massiv gestärkt. Gewinne bei Autonomie und Freiheitsgraden sind kaum zu verzeichnen. Der Befähigungskult, der seit einigen Jahren grassiert, zielt zwar vermeintlich auf Handlungschancen, doch die Wege, diese zu erreichen, sind mit Zwängen gepflastert. Natürlich gibt all das manchen Menschen Auftrieb, es existieren jedoch größere Gruppen, die von der Sanktionsschraube unbeeindruckt bleiben, und Teile der Mittelschicht, die solche Zwänge als Zumutung und Bedrohung empfinden. Insbesondere bei letzteren droht die Gefahr, dass eher Ent- als Ermutigung die Folge ist.

Eine Leitidee: Lebenschancen maximieren

Betrachtet man die wesentlichen gesellschaftlichen Entwicklungen (die Öffnung der Einkommensschere, neue Unsicherheiten, die Chancenhortung auf den oberen Rängen der Sozialstruktur), dann erscheinen sozialpolitische Hebel der genannten Art kaum in der Lage, ihre Wirkung als Gegengifte zu entfalten. Es geht hier um mehr als nur um Zumutbarkeitsregeln und Sanktionsandrohungen. Angesichts der gegenwärtigen Herausforderungen muss die Politik Antworten auf die Frage finden, wie der permanent zunehmenden Unsicherheit, der Erosion des Leistungsprinzips und der Monopolisierung sozialer Chancen wirksam begegnet werden kann. Das Konzept der *Lebenschancen* könnte dabei eine wesentliche Leitidee sein. Ähnlich wie bei Sen geht es um den Aspekt der Verwirklichung und die Chancen für die individuelle Entwicklung. Lebenschancen stehen für eine offene Gesellschaft und Gelegenheiten für jeden Einzelnen: »Lebenschancen sind Möglichkeiten des individuellen Wachstums, der Realisierung von Fähigkeiten, Wünschen und Hoffnungen, und diese Möglichkeiten werden durch soziale Bedingungen bereitgestellt.« (Dahrendorf 1979: 50) Ist von Lebenschancen die Rede, muss die Frage der Chancengerechtigkeit immer mitgedacht werden.

Wenn Menschen Lebenschancen vorenthalten werden, ist das ein gravierender Eingriff in die individuelle Freiheit. Hoffnungen werden zerrieben, Träume zerplatzen, Enttäuschung macht sich breit. Solche Erlebnisse hinterlassen biografische Narben. Eine Politik, die sich einzig darauf verlässt, Menschen durch »Maßnahmen« zu motivieren, ohne zugleich Freiheiten der Lebensgestaltung bereitzustellen, kann nicht überzeugen. Chancen entstehen nicht (zumindest nicht allein) durch das Abstrampeln in der Aktivierung, sondern vielmehr durch einen gerechten Zugang zu Aufstiegsmöglichkeiten, und zwar von Kindesbeinen an. Viele Menschen fürchten sich vor den Mühlsteinen der

Sozialbürokratie, sie kennen (oder erahnen) die scharfe Grenze zwischen drinnen und draußen und sehen, wie schnell Türen zufallen können. Das macht viele von ihnen risikofeindlich, lässt sie am Alten und Bekannten festhalten. Es hat sich aber auch gezeigt, dass die Verunsicherung großer Teile der Bevölkerung problematische Folgen für den Zusammenhalt, die Demokratie und die Zivilgesellschaft haben kann. Angst ist immer ein schlechter Ratgeber und hat schädliche Folgen für die politische Kultur: schnell umschlagende Stimmungen, wachsende Anfälligkeit für Populismen jeder Couleur, zunehmender Fatalismus und erstickte Kreativität.

Die Idee der Lebenschancen ist mit den Wertvorstellungen breiter gesellschaftlicher Gruppen kompatibel. Wir wissen, dass innerhalb der Mittelschicht das Ideal der Chancengerechtigkeit großen Zuspruch findet, so dass hier Anknüpfungspunkte gegeben sind (Sachweh 2009). Das Konzept der Lebenschancen vermag weiterhin bestimmte Sorgen der Mittelschicht direkt anzusprechen, etwa die Angst, in eine Armutsspirale hineinzugeraten, oder den Frust, der mit Schließungen und Privilegien am oberen Ende der Sozialstruktur einhergeht. Für die unteren Schichten geht es zweifelsohne darum, Anschlüsse und Brücken zur etablierten Mitte herzustellen und Marginalisierung zu verhindern.

Befürworter einer an Lebenschancen ausgerichteten Politik finden sich im gesamten Parteienspektrum, bei Liberalen, Konservativen, Sozialdemokraten und Grünen. Das Konzept ist mit dem Wert Freiheit verknüpft, weil es am Individuum und seinen Handlungsmöglichkeiten ansetzt. Aus Sicht der *Liberalen* muss es daher darum gehen, eine Grundausstattung zu definieren, die die Menschen benötigen, um ihr Leben aktiv in die Hand zu nehmen. Wenn Freiheit nicht ausschließlich negativ definiert wird (also als Abwesenheit von Barrieren und Zwängen), verschiebt sich der Fokus auf die Voraussetzungen, die erfüllt sein müssen, damit Menschen sich entfalten können. Die

Idee der Lebenschancen ist auch anschlussfähig an ein *konservatives Verständnis* von Gesellschaftspolitik, das auf eine Balance von Freiheit und Sicherheit zielt. Für *Sozialdemokraten* sind Ideen wie Solidarität und Gerechtigkeit die Punkte, an denen man mit dem Konzept der Lebenschancen andocken kann. Staatliche Interventionen müssen letztlich daran gemessen werden, ob es gelingt, Schwächere und Bedürftige in die Lage zu versetzen, neue Chancen ergreifen und ein selbstbestimmtes Leben führen zu können. Für das postmaterialistische Milieu, das die *Grünen* ansprechen, ist der emanzipative Charakter des Lebenschancenkonzepts attraktiv. Selbst die Kommission für gesellschaftliche und soziale Fragen der Deutschen Bischofskonferenz hat neuerdings die Idee der Chancengerechtigkeit ins Zentrum ihrer Überlegungen gestellt und betrachtet die »Möglichkeit des Neubeginns« als grundlegendes christliches Prinzip:

> »Eine freie und gerechte Gesellschaft muss also jedem Einzelnen angemessene Chancen bieten und ihm – unter Absicherung der sozialen Risiken – ermöglichen, sich gemäß seiner Talente und Fähigkeiten entfalten und sein Leben gestalten zu können. Sie muss die Chance auf gesellschaftliche Teilhabe und Aufstieg bieten.« (Marx 2011: 3)

Der offene Charakter eines Begriffes kann allerdings auch ein Nachteil sein. Das gilt beispielsweise, wenn darunter ganz unterschiedliche Dinge verstanden werden oder der Begriff zu einer leeren Hülse verkommt. Um es noch einmal zu betonen: Beim Lebenschancen-Ansatz geht es um gesellschaftlich bereitgestellte Möglichkeiten individueller Entfaltung. Menschen sollen sich anhand ihrer Ziele und Wünsche verwirklichen und entwickeln können. Lebenschancen sind mehr als Behaglichkeit, Glück und Wohlbefinden, mehr als ein Ist-Zustand, sondern beziehen sich auf Potenziale und auf die Horizonte der Entwicklung in einem gesellschaftlichen Kontext. Menschen sollen die Möglichkeit haben, aus ihren Anlagen, Talenten und Neigungen etwas zu machen. Wie gesagt: Wer von Lebenschancen spricht, stellt damit gleichzeitig die Frage nach den gesellschaftlichen Bedingungen. So gesehen sind Lebenschancen das »Gegenteil von Todesfallen« (Ralf Dahrendorf), also das Gegenteil von Bildungsarmut, dauerhafter Ausgrenzung und Deprivation. Einem »Adel der Chancen« (Forst 2005: 24) darf keine Mehrheit mit beschränkten Optionen gegenüberstehen.

Lebenschancenpolitik – was ist das?

»Politik der Lebenschancen« bedeutet, dass die Gesellschaft ohne falschen Paternalismus dafür sorgen muss, dass möglichst alle Menschen in die Lage versetzt werden, ihr Leben autonom erfolgreich zu gestalten. Dazu ist zunächst eine robuste Grundsicherung notwendig, die verhindert, dass Risiken in Marginalisierung und Mutlosigkeit umschlagen. Außerdem gilt es sicherzustellen, dass Aufstiegskanäle offen bleiben und Phasen des Scheiterns oder des Abstiegs sich nicht als Einbahnstraßen erweisen. In diesem Bereich sind alle gefragt: Bildungspolitiker, Kommunen, sozialpolitische Institutionen, Schulen und Universitäten, Unternehmen und Personalabteilungen. Bei der Rekrutierung neuer Mitarbeiter sollten Menschen, deren Lebensläufe Umwege und Brüche verzeichnen, genauso gute Chancen haben wie Bewerber mit Teflonkarrieren. Wer einmal mit amerikanischen Kollegen in einer Auswahlkommission für eine Professur oder ein Stipendium gesessen hat, weiß, wie anders sie ticken: Oft ist man überrascht darüber, dass sie gerade die Kandidaten gut bewerten, die auf den ersten Blick keine sonderlich guten Karten zu haben scheinen. »Schauen Sie mal«, heißt es etwa, »der hat es geschafft, einen akademischen Abschluss zu erwerben, *obwohl* er erst mit zwölf in die USA gekommen ist und die Sprache nicht konnte.« Oder: »Dieser Bewerber hat drei Jahre seinen kranken Vater betreut und dennoch einen guten

Abschluss gemacht.« Blickt man so auf Biografien, kommt es nicht nur auf gute Noten an, sondern auch darauf, dass ein Werdegang Lebensenergie und Motivation erkennen lässt.

Der Bildungsbereich stellt natürlich das wichtigste »Reich der Chancen« dar. Bildungspolitiker und Lehrer sind soziale Fluglotsen: Sie entscheiden maßgeblich, wer abheben darf und wer am Boden bleiben muss. Vor allem Schulen können daher Orte der »Schicksalskorrektur« (Heribert Prantl) sein. Der Begriff der »Bildungsarmut« (Allmendinger 1999) ist inzwischen ein ganz selbstverständlicher Bestandteil unseres Wortschatzes. »Bildungsarm« nennen wir jene, die keinen formalen Bildungsabschluss oder geringe kognitive Kompetenzen aufweisen. Seit den PISA-Studien haben wir nicht nur gesicherte Erkenntnisse zum verbreiteten Mangel an wichtigen schulischen Fähigkeiten, sondern auch zum großen Gefälle zwischen Schülergruppen und Schultypen. Und wir wissen um den engen Zusammenhang zwischen sozialer Herkunft und Bildungserfolg. Wie materielle Armut ist schließlich auch die Bildungsarmut erblich: Wer in eine bildungsferne Familie hineingeboren worden ist, wird unabhängig von seinen Anlagen und Talenten mit höherer Wahrscheinlichkeit bildungsarm bleiben. Die Zahl der Bücher, die die Eltern im Regal stehen haben, korreliert hoch mit dem Bildungsabschluss der Kinder, ein Zusammenhang, der durch die frühe Aufteilung auf unterschiedliche Schultypen zementiert wird. Betrachtet man die PISA-Ergebnisse anderer Länder, zeigt sich, dass der Einfluss des Bildungsstands der Eltern auf die Lernleistung der Kinder nicht überall so stark ist wie hierzulande. Sicher: Das Elternhaus ist und bleibt ein wichtiger Ort des Lernens und der Sozialisation, doch wir müssen mehr für diejenigen tun, die hier benachteiligt sind. Bildungsverlierer darf es nicht geben. Die soziale Öffnung der Schulen und Universitäten ist insofern eine eminent wichtige Forderung. Es gilt, die Potenziale von Kindern weitaus besser zu fördern, als das im gegenwärtigen System der Fall ist, allerdings ohne dabei gleich in »Bildungspanik«

(Bude 2011) zu verfallen. Bildung darf nicht auf den Erwerb von Humankapital und marktgängigen Zertifikaten verkürzt werden, schließlich geht es hier immer auch um Teilhabe, um die Möglichkeit, Erfahrungen zu machen, Anregungen zu erhalten und soziale Kompetenzen zu erlangen.

Rezepte zur Chancenmehrung in der Bildung liegen auf dem Tisch, doch viele davon gelten als »heiße Eisen«. Zwar sind sich alle einig, dass Kinder und Jugendliche umfassende Förderung brauchen, doch sobald es konkreter wird, brechen Konflikte auf. Unstrittig ist die Bedeutung der frühkindlichen Entwicklung in den Kindertagesstätten, da diese ein Plus an Chancen garantiert. Kinder sollen dort nicht nur betreut, sondern entsprechend ihrer Neigungen und Begabungen in ihrer Entwicklung unterstützt werden. Notwendig ist dafür in erster Linie ein breites Angebot an Erfahrungsmöglichkeiten, nicht unbedingt eine Kita, die die Schule imitiert und auf die Aneignung eines Wissenskanons setzt. Was den Bereich der Sekundarstufe angeht, muss man ganz klar sagen: Die frühe Sortierung der Kinder auf unterschiedliche Schultypen gehört abgeschafft. Wir brauchen mehr gemeinsames Lernen. Ganztagsschulen sollten zur Grundversorgung gehören, außerdem muss die Förderinfrastruktur ausgebaut und mehr Geld in Personal investiert werden. Auch die Universitäten müssen ihre Türen öffnen und dadurch Orte sozialer Chancen werden: Der Hochschulzugang für Personen ohne (Fach-)Abitur wurde zwar erleichtert, dennoch ist der Anteil der »beruflich Qualifizierten« unter den deutschen Studenten immer noch verschwindend gering.

Im Bereich der Sozialbürokratie führt das Misstrauen der Behörden gegenüber den Bürgern dazu, dass die Bereitschaft, Verantwortung zu übernehmen und Risiken einzugehen, eher untergraben als ermuntert wird. Die Kontrolle, die bürokratische Überfrachtung, die kleinlichen Anrechnungsvorschriften, der Mangel an einfachen und klaren Regeln, die Verschlagwortung des sozialen Lebens (Ich-AG etc.) sind oft genau das Gegenteil einer auf Befähigung setzenden Sozialpolitik. Wenn man die Diskussionen um das Lohnabstandsgebot und die Arbeitsanreize verfolgt, sieht man zudem, in welche ideenlosen Reflexe die politischen Eliten eingeklemmt sind. Die entscheidenden Stellschrauben bleiben oftmals unberührt. Nicht zuletzt der wachsende Niedrigeinkommenssektor und die stagnierenden Löhne führen manche Argumente zum Lohnabstandsgebot zwischen Arbeitseinkommen und Transfereinkommen ad absurdum, und es gilt, die Lohnentwicklung wieder stärker an die allgemeine wirtschaftliche Dynamik und die Gewinnsteigerungen der Unternehmen anzunähern. Was die Veränderungen auf dem Arbeitsmarkt angeht, werden die sogenannten »dead end jobs« zunehmend zu einem Problem. Wenn Zeitarbeit, Minijobs und Befristungen keine Übergänge in die reguläre Beschäftigung darstellen, wenn sich dieses Arbeitsmarktsegment vergrößert und schließlich zur Falle wird, sind Gegenmaßnahmen dringend erforderlich. Flexibilisierung und Kostendruck dürfen nicht einseitig einer einzelnen Gruppe von Arbeitnehmern aufgehalst werden, die Verträge von Zeitarbeitern müssen denen der regulär Beschäftigten angeglichen werden. Wer größere Unsicherheit in Kauf nehmen muss, sollte nicht auch noch weniger Geld für die gleiche Arbeit bekommen. Hier scheinen sowohl Prinzipien der Gleichbehandlung und der Teilhabe wie auch der gleichen Verwirklichungschancen verletzt.

Beim Zusammenspiel von Arbeitsmarkt und sozialer Sicherung machen uns andere Länder vor, wie es gehen kann. Zwar ist das Kofferwort »Flexicurity« in Verruf geraten, weil es häufig zur argumentativen Aufhübschung von Deregulierungsmaßnahmen missbraucht wurde, doch die Verbindung von Flexibilisierung (*flexibility*) und Sicherheit (*security*) ist nach wie vor der zentrale Punkt. Wenn die Arbeitsmärkte immer flexibler werden und die Arbeitnehmer immer seltener auf tarifvertraglichen Schutz hoffen können, dann brauchen wir Maßnahmen, die darauf reagieren. Dabei geht es nicht nur um Fortbildung und aktive Arbeitsmarktpolitik, sondern auch um neuartige und effizientere Formen der sozialen Absicherung. Dass Arbeitgeber auf Flexibilität achten und die Sicherheit vernachlässigen, ist nicht überraschend. Doch genau deshalb ist hier der Staat gefragt. Wir schielen immer auf das arbeitslosenarme Dänemark, ein Land mit relativ schwachem Kündigungsschutz – Unternehmen können dort sehr einfach heuern und feuern –, übersehen dabei allerdings häufig, auf welche Weise der Staat die Menschen dort absichert. Die Arbeitslosenunterstützung ist so generös wie in keinem anderen europäischen Land: Dänen, die ihren Job verlieren, erhalten bis zu vier Jahre lang 90 Prozent ihres letzten Gehalts. Allerdings gibt es dabei Obergrenzen: Ein Ingenieur, der relativ gut verdient hat, bekommt beispielsweise nur 60 Prozent, während Menschen mit geringerem Einkommen einen höheren Lohnersatz bekommen. Das bedeutet: Gerade Personen in den untersten Lohngruppen haben im Notfall nur einen geringen Einkommensverlust zu verzeichnen. Diejenigen, die das höchste Arbeitslosigkeitsrisiko tragen, erhalten auch die höchsten Kompensationen. Und wer keinen Anspruch auf Mittel aus der Arbeitslosenversicherung hat, kann auf die steuerfinanzierte Sozialhilfe der Kommunen zurückgreifen. Genau diese Verbindung aus Flexibilität und Sicherheit hat den dänischen Arbeitsmarkt flott gemacht, nicht ein zum Fetisch gewordenes Lohnabstandsgebot. Aus vergleichenden Studien wissen wir, dass sich die Dänen im Hinblick auf Arbeitsplätze und soziale Sicherung besonders gut geschützt fühlen – trotz des deregulierten Arbeitsmarkts (Mau et al. 2011). Eine Verunsicherung, wie wir sie von Deutschlands Mittelschicht kennen, ist im nördlichen Nachbarland nicht auszumachen. Wo es gelingt, elegante Arrangements der Sicherheit zu konstruieren, erweitern sich die Lebenschancen der Menschen fast automatisch.

Nach Bildung und Arbeitsmarkt möchte ich einen weiteren Bereich erwähnen, der den Chancenhaushalt einer Gesellschaft entscheidend bestimmt: die private Überschuldung und der rechtliche Umgang mit diesem Phänomen. Die Zahl der überschuldeten Haushalte hat in den vergangenen Jahren deutlich zugenommen. Immer mehr Menschen, auch aus der Mittelschicht, sitzen in der Schuldenfalle (Institut für Finanzdienstleistungen e. V. 2010). Gescheiterte Unternehmer sind darunter, Menschen, die sich beim Immobilienkauf vertan haben, Männer und Frauen in Trennungssituationen mit plötzlich wachsenden Verbindlichkeiten. 2010 waren in mehr als 40 Prozent der Fälle Arbeitslosigkeit, Kurzarbeit oder gescheiterte Selbstständigkeit die Ursache der misslichen Lage (ebd.). Verschuldet sind insbesondere Alleinerziehende und Familien mit Kindern, die Schwierigkeiten haben, ihren alltäglichen Bedarf zu decken. Auch die rapide Zunahme des elektronischen Zahlungsverkehrs ist gefährlich, weil Menschen so schneller den Überblick über ihre Ausgaben verlieren. Der Kreditkartenkonsum und das Einkaufen via Internet sind die wichtigsten Praktiken des »Konsumiere jetzt und bezahle später«. Viele Experten und Initiativen setzen neben der Schuldnerhilfe auf finanzielle Bildung, in den USA spricht man von »financial literacy«, also von ökonomischen »Alphabetisierungskampagnen«. Überschuldung ist dabei nicht nur ein volkswirtschaftliches Problem, sie beschädigt nachhaltig die Lebensoptionen der Betroffenen und ihrer Angehörigen. Schulden bedeuten immer auch einen Mangel an sozialer Teilhabe, sie gehen oftmals mit gesundheitlichen Einschränkungen einher und führen zu Exklusion.

Der Überschuldungsreport des Instituts für Finanzdienstleistungen (iff), eine jährliche Studie zur Situation überschuldeter Haushalte in Deutschland, kommt zu dem Ergebnis, dass zwischen dem Ereignis, das die Überschuldung auslöst (Arbeitsplatzverlust, Erkrankung, Scheidung usw.), und dem Zeitpunkt, an dem die Betroffenen sich wirtschaftlich rehabilitiert haben und wieder auf eigenen Beinen stehen, im Schnitt 14 Jahre vergehen. Aus der Perspektive einer Politik der Lebenschancen betrachtet, ist das ganz eindeutig zu lang. Die Neuordnung der

Verbraucherinsolvenz vor mehr als zehn Jahren hat zwar kleine Verbesserungen gebracht, diese sind jedoch nicht ausreichend. Bis der Schuldner von der Restschuld befreit wird, muss er eine sechsjährige »Wohlverhaltensphase« durchstehen (früher betrug die Frist gar 30 Jahre), in anderen europäischen Ländern geht das deutlich schneller. Auch in den Vereinigten Staaten ermöglicht man den Menschen früher und unbürokratischer einen *fresh start*. Auch in Deutschland sollten wir das Verhältnis zwischen den berechtigten Interessen der Gläubiger und der schädigenden Wirkung anhaltender Verschuldung neu austarieren. Wir können es uns nicht leisten, Menschen dauerhaft in Situationen zu bringen, in denen sie keinerlei Entwicklungsperspektiven mehr haben. Daher brauchen wir eine schnellere Weichenstellung in Richtung Rehabilitation.

Der Lebenschancenkredit: Ein Vorschlag für die Praxis

In der Diskussion über Sozialleistungen kommen vor allem zwei Prinzipien zur Sprache, die Transfers rechtfertigen sollen: das Leistungs- bzw. Beitragsprinzip und das der Bedürftigkeit. Beitragsprinzip heißt: Wer von seinem Lohn oder Gehalt etwas in den großen Topf eingezahlt hat, bekommt im Falle von Krankheit, Arbeitslosigkeit oder im Alter etwas zurück. Dieses Prinzip kommt vor allem im Bereich der Sozialversicherungen zum Einsatz. Bedürftigkeitsprinzip bedeutet, dass der Staat Menschen in Form von Fürsorgeleistungen (etwa der Sozialhilfe) beispringt, wenn sie in Notsituationen geraten oder anderweitig ihren Bedarf nicht mehr decken können.

Angesichts der vorherrschenden Fokussierung auf diese beiden Prinzipien dürfen wir jedoch nicht vergessen, dass auch andere Modelle existieren, die den Zugang zu Leistungen bestimmen können. Eine ganz wichtige Alternative stellt zum Beispiel das Anrechtsprinzip dar. Nach dieser Logik haben alle Mitglieder einer Gemeinschaft (unabhängig von früheren Beiträgen oder akuten Notlagen) qua Zugehörigkeit einen Anspruch auf Unterstützung und Förderung. Wir kennen dieses Prinzip aus bestimmten Teilbereichen, man denke etwa an das Kindergeld: Der Staat garantiert Eltern hier ohne Vorbedingungen einen Anspruch auf finanzielle Transfers.

Diese universell orientierte Anrechtslogik kann man freilich auch sehr breit verstehen und an die Idee der Lebenschancen koppeln. Genau an diesem Punkt setzt ein Konzept an, das ich an dieser Stelle zur Diskussion stellen möchte: der *Lebenschancenkredit*. Der Lebenschancenkredit stellt Menschen einen bestimmten Geldbetrag zur Verfügung, über den sie mehr oder weniger frei verfügen können. Der Chancenkredit sollte für alle Bürger gleich hoch sein, unabhängig vom aktuellen Bedarf oder sonstigen Erwägungen. Denkbar ist eine Größenordnung zwischen 30 000 und 60 000 Euro. Allerdings sollte das Guthaben nur in bestimmten Bereichen verwendet werden, bei denen wir auch ausgehen können, dass sie unmittelbar auf die Lebenschancen Einfluss haben. Das Guthaben sollte von den Menschen genutzt werden, um sich weiterzubilden, neue soziale Risiken abzufedern oder Zeit für Pflege und Erziehung zu gewinnen. Da Menschen oft am besten wissen, wann und wofür sie Unterstützung brauchen, wird ihnen mit einem derartigen Anrechtskredit deutlich mehr Entscheidungsspielraum eingeräumt als bei konventionellen Transferprogrammen, allerdings sollte die letztliche Freigabe durch ein spezielles Beratungsgremium erfolgen. Der Lebenschancenkredit kann als neues sozialpolitisches Instrument auf der Grundlage des universellen Anrechtsprinzips verstanden werden.

Kredit heißt hier nicht, dass man die Summe nach einer bestimmten Zeit wieder tilgen muss, sondern ich verstehe den Begriff im Sinne von »etwas gut haben«, als Guthaben. Eine »Rückzahlung« erfolgt allenfalls darüber, dass man sich in der Gesellschaft entwickelt. Aus meiner Sicht sollte der Lebenschancenkredit ab dem 25. Lebensjahr (oder dem 18. Lebensjahr) abrufbar sein. Denkbar wäre auch eine Staffelung über den Lebenslauf, bei der zu Beginn jeder Lebensdekade ein fester Beitrag gutgeschrieben wird.

Wie gesagt, der Kredit ist universell, macht also keine Unterschiede zwischen den sozialen Gruppen. Das ist einerseits wichtig, um die Akzeptanz und die Finanzierungsbasis zu sichern, andererseits geht es hier nicht um die Frage aktueller Mangellagen. Auch wenn die Lebenschancen qua Geburt ungleich verteilt sind, so gibt es doch in fast jedem Lebenslauf prekäre Passagen und außergewöhnliche Herausforderungen, die sich durch einen Rückgriff auf den Kredit besser bewältigen ließen. Da wir heute nicht sagen können, wer den Kredit wirklich benötigen wird, ist der universelle Zuschnitt der einzig mögliche. In der Bilanz eines Lebens wird er für manche ganz entscheidend sein, für andere weniger, aber wichtig ist, dass alle dieses Anrecht genießen können. Und es wird letztlich auch so sein, dass einige Gruppen mit dem Kredit vor allem Bildungsrückstände ausgleichen werden, während andere ihn brauchen, um Auszeiten für Betreuungsaufgaben in der Familie zu finanzieren.

Die Idee des Lebenschancenkredits hat historische Vorläufer und lässt sich in unterschiedlichen Varianten denken. Der französische Rechtswissenschaftler Alain Supiot von der Universität Nantes schlug schon 1999 die Einführung sogenannter »Ziehungsrechte« (im Englischen spricht man von »social drawing rights«) vor. Supiot ging dabei von der Beobachtung aus, dass herkömmliche Sozialsysteme immer häufiger Lücken aufweisen. Sie basieren auf einem Modell, das eine Reihe relativ stabiler Statusgruppen vorsieht, sprich Beamte, Angestellte, Arbeiter und Freiberufler. Dass Menschen zwischen diesen Gruppen wechseln und dass es Übergangsphasen geben könnte, damit rechnet dieses System nicht. Unterbrechungen der »normalen« Erwerbsbiografie werden sozusagen »bestraft«.

Supiot will das traditionelle System mit einem neuen, flexibleren Modell ergänzen. Die Gemeinschaft soll Ressourcen bereitstellen, über die Menschen in Situationen, die aus der alten Logik herausfallen, selbstbestimmt verfügen können. Er denkt dabei nicht nur an prekäre Übergänge, sondern auch an Pausen vom Erwerbsleben, an freiwillige Fortbildungen, zivilgesellschaftliches Engagement, Sabbaticals, die Betreuung von Kindern oder die Pflege älterer Menschen. Das Konzept des Lebenschancenkredits weist in eine ähnliche Richtung, auch hier werden das Anrechtsprinzip und die Entscheidungsfreiheit der Individuen miteinander verknüpft. Gegenüber klassischen wohlfahrtsstaatlichen Transfersystemen nach dem Beitrags- oder Bedürftigkeitsprinzip hätte der Chancenkredit den Vorteil, dass er nicht an umständliche und zeitraubende Anspruchsprüfungen geknüpft wäre, die den bürokratischen Aufwand in die Höhe schrauben.

Die Idee einer solchen »Anrechtskultur« mag angesichts der aktuellen Diskussion ungewöhnlich, ja vielleicht sogar naiv klingen. Viele werden an dieser Stelle sofort Mitnahmeeffekte und eine Verschwendung öffentlicher Mittel wittern. Es dominiert die Befürchtung, Menschen könnten überfordert sein, wenn es darum geht, einen solchen Kredit mit Maß und Ziel einzusetzen. Irgendwo ist diese intuitive Reaktion allerdings paradox, wenn man bedenkt, dass gleichzeitig permanent an die Eigenverantwortung der Bürger appelliert wird.

Außerdem dürfen wir die Tatsache nicht länger ignorieren, dass das derzeitige System mit viel Geld und hohem administrativen Aufwand oft wenig erreicht. Zahllose Maßnahmen verpuffen ohne größere Wirkung, Steuersubventionen in Milliardenhöhe fließen Menschen zu, die sie gar nicht brauchen (und oft auch nicht wollen), man denke nur an das Ehegattensplitting. Folgt man der Logik der Lebenschancen, geht es überdies darum, eine neue Mentalität des Optimismus, des Mutes und des (Selbst-)Vertrauens zu schaffen, also das genaue Gegenteil der

Trostlosigkeit und Müdigkeit, die von der Gängelei, Kontrolle und Besserwisserei ausgehen, die die deutsche Sozialbürokratie derzeit noch allzu häufig kennzeichnen. Aus der Börsensprache kennen wir den Begriff des *venture capital*, also des Wagniskapitals, mit dem riskante Projekte finanziert werden. Auch der Lebenschancenkredit wäre eine Form des Wagniskapitals: Wir setzen darauf, dass die Menschen damit etwas Sinnvolles anstellen – und dass auf diesem Weg auch ein »Gewinn« für die Gesellschaft herausspringt. Hier geht es aber nicht um Rendite, sondern um Lebenschancen und damit auch Chancen für die Gesellschaft insgesamt.

Bildungschancen

Wie bereits angesprochen, sollten die Menschen die Mittel aus dem Lebenschancenkredit vor allem in drei Bereichen investieren: Bildung, Zeit und zur Abfederung sozialer Risiken. Beginnen wir mit der Bildung: Die Themen lebenslanges Lernen und Weiterbildung stehen schon seit Längerem weit oben auf der politischen Agenda. Die nach wie vor relativ hohe Arbeitslosigkeit unter älteren Menschen ist weniger einer »Altenphobie« der Unternehmen geschuldet als vielmehr veralteten Qualifikationen. Was in den sechziger oder siebziger Jahren gelehrt und gelernt wurde, ist heute oft nicht mehr gefragt. Wie fossiliert wirkt manches, was zu früheren Zeiten als à jour beworben wurde. Die Halbwertzeit des beruflichen und technischen Wissens wird immer kürzer, das gilt selbst für basale Kulturtechniken. Wer vor zehn Jahren als Einsiedler in den Bergen oder auf einer einsamen Insel verschwunden wäre, hätte heute große Schwierigkeiten, sich in der (Arbeits-)Welt zurechtzufinden. Wie ein Analphabet stünde er vor all den Touchscreens, Apps und anderen technologischen Innovationen.

Bildung und Qualifikation berühren jedoch auch die Frage

der Ungleichheit und damit die Lebenschancen ganz allgemein. Arbeitslosigkeit und soziale Exklusion drohen heute schließlich vor allem Ungelernten und Niedrigqualifizierten. Je höher die Qualifikation, desto höher das Einkommen, die Beschäftigungssicherheit und desto besser die Absicherung. Natürlich soll eine Erstausbildung zur vom Staat angebotenen Grundausstattung gehören, aber auch darüber hinaus ist Bildung unverzichtbar. Der Chancenkredit könnte Menschen in die Lage versetzen, Bildungsgüter nachzufragen, mit denen sich Defizite ausgleichen bzw. Kompetenzen aneignen lassen. Ungelernte bekämen erweiterte Möglichkeiten, einen (späteren) beruflichen oder schulischen Abschluss zu machen, Weiterbildungsangebote und Kurse für die eigene berufliche Entwicklung ließen sich finanzieren, Menschen könnten aber auch einfach neue Dinge lernen, seien es Sprachen oder die kompetente Bedienung eines Computers. Das bislang sehr beschränkte System der Bildungsgutscheine für Arbeitnehmer und Arbeitslose (heutzutage eine sogenannte Kann-Leistung der Bundesanstalt für Arbeit) ließe sich umfassend ausweiten auf alle Gruppen und Lebensphasen, je nach Ermessen der Bürger. Die Gesellschaft insgesamt könnte intellektuelle Potenziale, die derzeit oft brachliegen, weitaus effizienter ausschöpfen, was einen enormen Wissenssprung nach vorn auslösen würde. Eine Kultur des lebenslangen Lernens würde zudem die Anreize erhöhen, neue Bildungsangebote zu entwickeln. Für (Fach-)Hochschulen wäre es dann attraktiv, Berufstätige einzuladen und innovative Formen der Wissensvermittlung auszuprobieren. Menschen, denen heute noch Fortbildungsmaßnahmen von den Arbeitsagenturen diktiert werden, könnten aus einem breiteren Angebot auswählen und so ungewollten und ineffizienten Kursen und Schulungen ausweichen. Wir wissen, dass Menschen viel motivierter an Weiterbildungsmaßnahmen herangehen, wenn sie sich selbst dazu entschlossen haben, was auch positive Auswirkungen auf die Ergebnisse hat.

Lebenschancen als Zeitsouveränität

Der zweite große Bereich, in dem der Lebenschancenkredit neue Türen öffnen könnte, lässt sich unter dem Begriff der Zeitsouveränität fassen. Viele Menschen befinden sich heute in einer Situation, in der sie starre Arbeitszeiten und private Anforderungen permanent ausbalancieren müssen. Es entstehen als sehr belastend empfundene Vereinbarkeitsprobleme. Schaut man auf konkrete Lebensläufe, fällt auf, dass sich diese in unterschiedliche Belastungsphasen unterteilen lassen. Insbesondere in der sogenannten »rush hour« des Lebens, der Phase, in der Berufseinstieg und Familiengründung zusammenfallen, ist Zeit ein knappes Gut. Dieser Stresstest endet nachgewiesenermaßen für viele im Burn-out.

Gleichzeitig lässt sich beobachten, dass berufliche Aufstiege häufig mit Kinderlosigkeit einhergehen und dass Kinder vor allem bei Frauen zum Karrierekiller werden können. Mit ihrer eingeschränkten zeitlichen Verfügbarkeit und Flexibilität können Familienmütter (und zunehmend auch -väter) kaum mithalten. In der Arbeitswelt existiert mittlerweile eine Art Trennwand, die nicht länger in erster Linie zwischen Frauen und Männern verläuft, sondern zwischen Arbeitnehmern mit und ohne Kinder. Kein Wunder also, dass Familiengründungen häufig als Risiko empfunden werden und viele die zeitliche Verdichtung scheuen. Insbesondere Mittelschichtfamilien mit zeitlich unstandardisierten und ins Private hineinreichenden Berufsanforderungen sind hier im Nachteil. Noch schwieriger wird es, wenn bereits in dieser Phase Eltern gepflegt oder anderweitig betreut werden müssen (mehr als zwei Millionen Erwerbstätige haben in Deutschland Angehörige, die sie zu Hause pflegen). Vollzeitpflege und Erwerbsarbeit schließen sich jedoch tendenziell aus. Inzwischen hat auch die Bundesregierung erkannt, dass hier Handlungsbedarf besteht, und mit der Verabschiedung des Familienpflegezeitgesetzes im Oktober 2011 auf diese komplexe soziale Herausforderung reagiert. Danach können Arbeitnehmer bis zu zwei Jahre ihre Arbeitszeit reduzieren, um Angehörige zu pflegen. Verringert man beispielsweise seine Arbeitszeit um die Hälfte, werden weiterhin 75 Prozent des Lohns gezahlt, arbeitet man nach Abschluss der Pflegephase dann wieder voll, erhält man weiterhin 75 Prozent, und zwar für die Dauer der vorherigen Reduzierung. Genaugenommen handelt es sich um ein Modell, bei dem Arbeitszeit (aus Sicht der Arbeitgeber kostenneutral) verschoben wird. Allerdings haben die Arbeitnehmer gegenüber den Firmen nach wie vor keinen Rechtsanspruch auf Pflegezeit.

Der Chancenkredit würde es vielen erlauben, befristete Auszeiten zu finanzieren und somit Arbeit und Familie besser unter einen Hut zu bringen. Es sollte aber klar sein, dass dem Staat die Hauptrolle bei der Finanzierung der häuslichen Pflege und der Bereitstellung eines breiten Angebots an ganztägiger Kinderbetreuung zukommt. Die Mittel des Kredits sind als Ergänzung gedacht, nicht als Ersatz, können aber wirksam werden, wo heute noch große Lücken klaffen. Das Hauptanliegen ist eine bessere Abstimmung und flexiblere Gestaltung der gemeinsamen Verantwortung der Politik und der Familien.

Über erweiterte zeitliche Spielräume hinaus wäre es auch möglich, im Sinne eines Zeitkontos Betreuungszeiten einzukaufen, sich also bei Aufgaben im familiären Bereich begrenzt und befristet »vertreten« zu lassen. Ein krankes Kind, ein neuer, anstrengender Job oder eine Trennung können bestehende Arrangements ins Wanken bringen und ein Mehr an Unterstützung notwendig machen. Es geht hier nicht um die Finanzierung ganz normaler Babysitterjobs für den abendlichen Kinobesuch, eher schon um belastbare Betreuungsnetze, wenn die familiäre oder nachbarschaftliche Hilfe nicht mehr ausreicht. Ein bestimmtes Stundenkontingent für die Unterstützung im Haushalt oder bei der Kinderbetreuung wäre insbesondere für diejenigen, die sich dies bislang nicht leisten können, sehr attraktiv. Andererseits könnte man dadurch viele der jetzt schon geleisteten häuslichen Tätigkeiten in den Bereichen Pflege oder Kinderbetreuung aus der Illegalität herausholen und sowohl den Status wie auch das Einkommen der entsprechenden Beschäftigtengruppe nachhaltig verbessern.

Der Umgang mit Risiken

Ich habe oben bereits darauf hingewiesen: Die Entstandardisierung von Erwerbsmustern hat dazu geführt, dass die am Normalarbeitsverhältnis ausgerichteten Sozialversicherungen oft keinen wirksamen Schutz mehr bieten. Das Sozialstaatshaus hat unübersehbare Risse bekommen, an vielen Stellen ist es zu Wassereinbrüchen gekommen. Besonders betroffen sind davon die atypisch und diskontinuierlich Beschäftigten sowie (Solo-)Selbstständige. Auch in diesem Bereich könnte der Lebenschancenkredit helfen, wobei es mir ausdrücklich nicht darum geht, existierende Programme zu ersetzen oder ihre Anpassung an gesellschaftliche Veränderungen (den demografischen Wandel – Stichwort: Pflege – oder neue Familienmodelle) zu verzögern. Doch wir dürfen unsere Augen vor der Tatsache nicht verschließen, dass in einer flexibleren Arbeitswelt und einer bunteren sozialen Landschaft Angebote von der Stange nur noch für ein schrumpfendes Bevölkerungssegment passen. Sie sind zu klein, zu groß oder sitzen einfach schlecht. So fallen viele durchs Raster, andere sind schlichtweg überversorgt. Angesichts der zunehmenden Unübersichtlichkeit ist es wenig überraschend, dass die Politik zu permanentem Nachjustieren, zu einer Anpassung in Raten gezwungen ist, die der Entwicklung notgedrungen immer weiter hinterherhinkt.

Die Versorgungslücken, die sich beispielsweise schon heute bei der Alterssicherung auftun, haben viel mit atypischen Berufsbiografien zu tun. Das trifft vor allem Frauen, aber auch immer mehr Männer, die nicht durchgängig voll erwerbstätig waren. Ein Lebenschancenguthaben könnte hier helfen. Man könnte Mittel aus dem Kredit in Übergangsphasen oder prekären Zeiten nutzen, um weiterhin in Altersvorsorge zu investieren, oder das Geld (einschließlich der Zinsen) aufsparen und erst in Anspruch nehmen, wenn man das Rentenalter erreicht hat. Der Lebenschancenkredit wäre in diesem Sinne so etwas wie ein von der Seite gereichter Atemschlauch, um den Patienten Sozialstaat etwas munterer zu machen.

Ähnliches wäre auch in Bezug auf die Krankenversicherung denkbar: Eigentlich soll zwar niemand aus ihrem Schutz herausfallen, dennoch macht eine wachsende Zahl von Menschen mittlerweile diese leidvolle Erfahrung. Auch hier geht es vor allem um Übergänge zwischen abhängiger Erwerbsarbeit, Phasen der Arbeitslosigkeit und der Selbstständigkeit, zumal wenn dabei größere Einkommensschwankungen auftreten. Der Kredit könnte solche Falltüren versiegeln, da die Betroffenen weiterhin in der Lage wären, ihre Beiträge zu bezahlen.

Was weitere Verwendungsmöglichkeiten jenseits der drei angesprochenen Bereiche anbelangt, sind der Fantasie kaum Grenzen gesetzt. Bei einer Diskussion in Südtirol wies mich eine Unternehmerin darauf hin, das größte Problem junger Menschen mit einer Geschäftsidee bestehe darin, an Startkapital zu kommen. Tatsächlich sind Banken oft sehr zögerlich, wenn zwar eine Idee, aber keine Sicherheiten vorhanden sind. Hier käme dann der Chancenkredit ins Spiel. Insbesondere junge Frauen, so die Unternehmerin, hätten dann bessere Chancen, ihre Ideen zu realisieren.

Wie, was, wer?

Bei dem hier vorgeschlagenen Modell ist es natürlich von elementarer Bedeutung, dass die Menschen ihr Chancenguthaben nicht bereits früh ausgegeben oder einseitig in den Konsum investieren. Junge Menschen ahnen oft nicht, welche Risiken ihnen auf ihrem Lebensweg begegnen werden. Daher ist auch ein Stück Kontrolle notwendig. Im Gegensatz zu anderen Vorschlägen, die ich noch diskutieren werde, ist es eben nicht egal, wofür das Guthaben eingesetzt wird. Wir befinden uns an dieser Stelle auf dem schmalen Grat zwischen Freiheit und Bevormundung. Wie viel Vorschriften brauchen wir, damit die Hoffnungen, die mit diesem Instrument verbunden sind, auch wirklich aufgehen? Inwieweit können starre Vergaberegeln den erwarteten Freiheitsgewinn auch begrenzen? Wir benötigen also möglichst flexible Mechanismen und Instanzen, die über die Verwendung der Mittel entscheiden. Da der Kredit auch für kreative Ideen eingesetzt werden soll, so dass es unmöglich ist, sich bereits heute auf eine fixe Liste von legitimen Posten festzulegen, sind dabei seitens der »Kontrolleure« ebenfalls eine gewisse Experimentierfreudigkeit und Risikobereitschaft sowie Toleranz gefragt. Wie kann eine sanfte Kontrolle, die viel Entscheidungsspielraum bei den Menschen lässt, eine institutionelle Form erhalten? Zum Beispiel in Form eines Ombudsgremiums, das schnell und unbürokratisch über die Freigabe von Mitteln aus dem Chancenkredit entscheiden würde. Berufen könnte man in solche Gremien unter anderem pensionierte Sozialrichter, Mitarbeiter der freien Wohlfahrtspflege oder Vertreter der Zivilgesellschaft, denen auch eine beratende Funktion zukommen würde, um sicherzustellen, dass die Mittel vernünftig bewirtschaftet und ausgegeben werden.

Wie gesagt: Der Chancenkredit wäre auch ein riesiges soziales Experiment, wir können nicht endgültig absehen, wie (und mit welchem Erfolg) die Menschen das Geld einsetzen würden.

Insofern benötigen wir daher Pilotprojekte, die Bereitschaft zu institutionellem Lernen und den Mut, auch zunächst ungewöhnlich klingende Ideen zu unterstützen. Ich bin mir ziemlich sicher, dass die Mehrzahl der Empfänger die Ressourcen ganz bewusst einsetzen würde, um ihre Chancen zu maximieren.

Was den Kreis der Anspruchsberechtigten angeht, sollte das Modell so inklusiv wie möglich sein, allerdings müssen auch Zugangs- und Anspruchsregeln definiert werden. Natürlich sollten alle Deutschen sowie jene Ausländer anspruchsberechtigt sein, die von Kindesbeinen an im Land leben. Andere Regelungen könnte und müsste man für neu hinzuziehende Migranten treffen. Hier sollte die Daumenregel gelten: Je länger die Aufenthaltsdauer, desto größer der Anspruch auf den Lebenschancenkredit. Ähnlich wie beim Staatsbürgerschaftsrecht würde ein mehrjähriger Aufenthalt einen Anspruch begründen. Eine kürzere Aufenthaltsdauer könnte mit Abschlägen belegt werden, so dass nur ein anteiliges Guthaben gewährt wird. Wählt man ein Ansparmodell wie oben angedeutet, müsste für Zuwandernde die Gelegenheit bestehen, Anwartschaftszeiten aufzubauen und gleichberechtigt zu partizipieren. Da das Guthaben weder mitgenommen werden kann noch für andere Zwecke ausgegeben werden kann, wäre gesichert, dass es nicht jenseits der Grenzen »konsumiert« wird oder andere Mitnahmeeffekte entstehen.

Lebenschancenkredit versus garantiertes Grundeinkommen

Um die Konturen meines Vorschlags weiter zu schärfen, möchte ich ihn kurz zwei weiteren Modellen gegenüberstellen, die aktuell im Zusammenhang mit Flexibilisierung, zunehmender Ungleichheit und dem demografischen Wandel diskutiert werden: dem garantierten Grundeinkommen und der Sozialerbschaft.

Das bedingungslose Grundeinkommen erfreut sich quer durch das Parteienspektrum und die gesellschaftlichen Lager einiger Beliebtheit. Unternehmer wie Götz Werner, der Gründer der DM-Drogeriekette, setzen sich ebenso für dieses Konzept ein wie Thomas Straubhaar, der nicht gerade als linker Utopist bekannte Direktor des Hamburgischen WeltWirtschaftsInstituts. Wie der Lebenschancenkredit bricht auch das Modell des Grundeinkommens konsequent sowohl mit dem Bedarfs- als auch mit dem Beitragsprinzip. Es handelt sich sozusagen um einen »free lunch«, um einen Begriff Milton Friedmans zu zitieren. Die Idee sieht vor, dass die Gesellschaft allen Menschen ein monatliches Einkommen in existenzsichernder Höhe zur Verfügung stellt. Andere Einkommensarten werden nicht angerechnet, das Grundeinkommen ist als Sockelbeitrag gedacht. Wer nicht arbeiten möchte, weil ihm ein materiell eher karges Dasein genügt, wäre frei, Tätigkeiten nachzugehen, die ihm Freude machen. Was die Höhe des Grundeinkommens anbelangt, werden derzeit Beträge zwischen 700 und 1100 Euro im Monat diskutiert. Gleichzeitig entfiele eine ganze Reihe anderer Sozialleistungen wie Kindergeld oder Sozialhilfe, und der Verwaltungsapparat würde schlanker, so dass sich das Modell auf diesem Weg in einem gewissen Ausmaß selbst gegenfinanzieren würde.

Die Attraktivität der Idee liegt auf der Hand, schließlich würden die Menschen dadurch vom Zwang zur Erwerbstätigkeit befreit. Insgesamt wäre das System aber um ein Vielfaches teurer als der Lebenschancenkredit. 800 Euro monatlich für jeden Bundesbürger wären pro Einwohner 9600 Euro im Jahr, gerechnet auf 81,8 Millionen Menschen macht das knapp unter 785 Milliarden Euro jährlich. Im Verhältnis dazu wäre der Chancenkredit, wie wir später noch sehen werden, ein recht kleiner Posten im Staatshaushalt. Grundsätzlich lassen sich natürlich auch mit dem Grundeinkommen die Lebenschancen der Menschen erhöhen, das Konzept zielt allerdings eher auf Grundversorgung denn auf individuelle Entwicklung. Die Menschen wären zwar in der Lage, Konsumbedürfnisse zu befriedigen, ob sie mehr machen würden, ob sie zum Beispiel Ehrenämter übernehmen, ihre Kreativität ausleben oder etwas lernen würden, steht auf einem anderen Blatt.

Lebenschancenkredit versus Sozialerbe

Für Furore gesorgt hat auch das Konzept der »Stakeholder-Gesellschaft« von Bruce Ackerman und Anne Alstott von der Yale University (2001). Im deutschen Kontext wurde das Modell unter dem Begriff der »Teilhabegesellschaft« bekannt, da es in erster Linie darum geht, die Teilhabe aller Bürger am Wohlstand eines Landes zu gewährleisten (Grözinger et al. 2006). Die Menschen werden hier als Anteilseigner der Gesellschaft betrachtet. Ackerman und Alstott schlagen vor, allen volljährigen Staatsbürgern einen Betrag von 80 000 Dollar zur freien Verfügung bereitzustellen. Das Kapital wird angelegt, wenn der Empfänger 18 Jahre alt ist, ab dem 21. Lebensjahr kann es abgehoben werden. Wer eine Ausbildung oder ein Studium finanzieren möchte, darf es schon vorher in Anspruch nehmen. Finanziert werden soll das Ganze durch eine höhere Besteuerung von Erbschaften. Wie wir gesehen haben, steigt das Volumen der Erbmasse zwar Jahr für Jahr an, doch profitieren davon längst nicht alle Angehörigen der jüngeren Generation. Daher sei es, so Ackerman und Alstott, die Aufgabe der Gesellschaft, einen Ausgleich zu schaffen und dafür zu sorgen, dass alle faire Startchancen haben. Man spricht insofern auch von »Sozialerbe«.

Dass das Konzept auf soliden Füßen steht und seine Realisierung aus fiskalischer Sicht nicht utopisch ist, konnte auch für den deutschen Fall gezeigt werden (Grözinger et al. 2006). In der Anfangsphase soll es durch eine Reform der Erbschaftssteuer und eine temporäre Vermögenssteuer von 1,5 Prozent finanziert werden; in einigen Jahrzehnten könnte es dann als Transfer zwischen den Generationen funktionieren: Ein Teil der Erbmasse der Sozialerben von heute würde in einen Fond einbezahlt (wobei der Fond Vorrang vor allen anderen Erben hätte), so dass sich das System irgendwann selbst tragen würde (ein solches Modell wäre auch für den Lebenschancenkredit denkbar). Vorstellbar wäre dabei eine Art progressiver Erbschaftssteuer: Je mehr der Erblasser aus seinen Chancen gemacht hat, desto höher der Anteil, der in den Fond zurückfließt.

Ähnlich wie beim bedingungslosen Grundeinkommen stellt sich freilich auch hier die Frage, ob es der Gesellschaft wirklich egal sein kann, was die »Sozialerben« mit dem Geld anstellen, oder ob man die Verwendung des Erbes nicht an bestimmte Zwecke binden sollte. Dass die Mittel in Konsum oder Reisen fließen, ist schließlich ebenso wahrscheinlich wie Investitionen in Bildung. Wer hätte nicht mit Anfang zwanzig das Leben in vollen Zügen genossen, wenn er das entsprechende Kleingeld zur Verfügung gehabt hätte? Das Sozialerbe schafft zwar Freiräume; ob es Teilhabe und Chancen dauerhaft sichern kann, bleibt offen. Lothar Kuzydlowski (Kürzel »LLL« für Lotto, Lothar, Lamborghini) ist das mahnende Beispiel dafür, was passieren kann, wenn man schnell ans große Geld kommt. Zusammen mit seinem Bruder gewann der arbeitslose Teppichleger 1994 fast acht Millionen D-Mark und brachte diese in kurzer Zeit mit viel Wodka und einem »süßen« Leben durch. Fünf Jahre später starb er an Leberzirrhose. Es gibt nicht wenige Erben, denen das Geld zwischen den Fingern verrinnt und die am Ende mit leeren Taschen dastehen. Eine Aufzugfahrt in eine höhere Etage des Konsumtempels und ein paar gute Jahre, mehr bleibt dann manchmal nicht übrig.

Zur Finanzierung des Chancenkredits

Wie steht es nun um die Finanzierung des Lebenschancenkredits? Im Detail hängt das natürlich davon ab, für welche Variante man sich konkret entscheidet und wie hoch das Guthaben sein soll. Ein Vorteil der Idee ist aber unter anderem, dass man nicht mit einem *big bang* starten muss, sondern dass man klein (also mit bescheidenen Summen) anfangen, dann ausbauen und wachsen oder sich auf bestimmte Teilbereiche konzentrieren kann. Prinzipiell ist eine ganze Reihe sehr unterschiedlicher Realisierungsalternativen denkbar. Beginnen wir der Anschaulichkeit halber mit einem kleinen Rechenexempel: Zwischen 1991 und 2010 wurden in Deutschland 14 Millionen Kinder geboren. Nehmen wir einmal an, der Staat hätte seit 1991 für jeden dieser jungen Bürger ab der Geburt jährlich 1000 Euro auf ein Guthabenkonto eingezahlt, so hätte dies im Jahr 2010 insgesamt 14 Milliarden Euro gekostet. (Zum Vergleich: Die letzte Erhöhung des Kindergeldes um 20 Euro im Jahr 2010 schlägt jährlich mit 4,5 Milliarden Euro zu Buche.) Ein 1991 geborenes Kind hätte dann zum Zeitpunkt seines 20. Geburtstags (rechnet man einen dreiprozentigen Zins und Zinseszins mit) knapp unter 30 000 Euro auf dem Konto. Ab dem 20. Lebensjahr würde diese Summe auf dem Guthabenkonto stehen bleiben, ohne weitere staatliche Überweisungen. Erlaubt man die Auszahlung erst mit 25, wäre die Summe durch Verzinsung dann entsprechend höher (ca. 34 000 Euro) usw. Vermutlich würden die wenigsten Empfänger das Geld dann auf einen Schlag ausgeben, da es ja an bestimmte Zwecke gebunden ist und nicht direkt ausgezahlt werden kann, so dass ein weiteres Wachstum des Guthabens zu erwarten wäre (wer das Geld bis 45 nicht anrührt, verfügt dann über 60 000 Euro usw.).

Investitions- und Ansparmodelle dieser Art sind nicht gänzlich neu, Sparkassen bieten entsprechende Pläne für Kinder und Jugendliche schon seit Jahrzehnten an. Auch als sozialpolitisches Instrument werden sie bereits eingesetzt. In Großbritannien existiert für Kinder der sogenannte Child Trust Fund. Im Rahmen dieses von New Labour 2005 eingerichteten Programms verschickte die Regierung zum Zeitpunkt der Geburt (bzw. auch rückwirkend für alle seit 2002 geborenen Kinder) einen Voucher über 250 Pfund an die Eltern, die den Scheck auf ein speziell einzurichtendes Konto einzahlen sollten. Für das siebte Lebensjahr war eine zweite staatliche Zahlung vorgesehen. Zusätzlich können Eltern und andere Familienmitglieder jährliche Zahlungen bis zu einer bestimmten Höhe vornehmen, was vor allem von Großeltern genutzt wird. Das Geld kann erst mit Vollendung des 18. Lebensjahrs abgerufen werden und steht dem jungen Erwachsenen dann zur freien Verfügung, wobei die Zinserträge nicht besteuert werden. Das Modell gilt als sehr erfolgreich, auch wenn die Tories 2010 beschlossen, das Programm nicht zu verlängern. Existierende Konten laufen weiter, neue können aber nicht eingerichtet werden.

In diesem Fall wird Geld angespart, es gibt allerdings auch Zeitansparmodelle, die von ihrer Anrechtslogik her ähnlich wie der Lebenschancenkredit funktionieren. Typischerweise werden dabei von Unternehmen Zeitwert- oder Lebensarbeitszeitkonten eingerichtet, auf die Beschäftigte Zeitguthaben (Überstunden, Urlaubstage etc.) oder auch Teile ihrer Vergütung »einzahlen« können, um dann später davon Freistellungen, Betreuungszeiten, Weiterbildungsphasen oder Ähnliches zu finanzieren. In den Niederlanden wurden Zeitsparkonten sogar als allgemeines sozialpolitisches Instrument mit ebendieser Zielsetzung eingeführt (Wotschak 2006). Auf diese Konten können Beschäftigte je nach individueller Vereinbarung Teile ihres Lohns einzahlen; außerdem besteht die Möglichkeit, dort Arbeitgeberbeiträge oder Überstunden zu verbuchen. Die angesparte Summe kann dann für Erziehungs- und Pflegezeiten oder Phasen besonderer Belastung genutzt werden. Auch im Siebten Familienbericht des Bundesministeriums für Familie, Senioren, Frauen und Jugend wird die Einführung von »Optionszeiten« zur Gewinnung von Zeit für Bildung, Pflege und Erziehung gefordert (Allmendinger et al. 2006). Ein Vorschlag zur Finanzierung sieht vor, diese Leistung sozusagen als Vorschuss auf die Rente zu beziehen und sie dann später mit der Leistungshöhe zu verrechnen.

Ansparmodelle werden im luftleeren Raum vermutlich auf breite Zustimmung stoßen, das klingt langfristig, nachhaltig und damit vernünftig. Das abstrakte Modell ist freilich nur das eine, heikler wird es, wenn wir uns die Frage stellen, wo der Mammon denn eigentlich herkommen soll. Angesichts der Banken- und Staatsschuldenkrise und in Anbetracht der Tatsache, dass der Transferstaat in den letzten Jahrzehnten eher gezwungen war, seine Ausgaben zu kürzen, mag die Idee des Lebenschancenkredits wie ein weiterer naiver Vorschlag wirken, bei dem der Staat den Bürgern am Ende Geld aus der linken Tasche zieht, um es ihnen dann in die rechte zu stecken.

Ich möchte an dieser Stelle noch einmal ganz klar betonen, dass der Kredit nur eine Maßnahme im Rahmen einer insgesamt an der Idee der Lebenschancen orientierten Politik sein kann. Mir geht es hier also zunächst einmal um eine ganz neue Perspektive für die Sozialpolitik. Würde man diese allgemein auf die Mehrung von Lebenschancen hin ausrichten, gäbe es eine ganze Reihe institutioneller Stellschrauben, an denen man drehen könnte, ohne das dadurch unbedingt ein finanzieller Mehraufwand entstünde (man denke beispielsweise an die Sortierprozesse im Bildungswesen und bestimmte Regelungen, die den Arbeitsmarkt betreffen). Bei anderen Maßnahmen wiederum kann man sich nicht um die Kostenfrage drücken, und zu diesen zählt auch der Chancenkredit. Und somit wären wir schließlich auf dem verminten Gelände der Steuerpolitik angekommen.

Wir sind, von vielen Beobachtern zunächst unbemerkt, in eine zunehmend dramatische Verteilungskrise geraten, in der sich öffentliche Armut und (sehr ungleich verteilter) privater Reichtum gegenüberstehen. Viele politische Kräfte, auch Sozialdemokraten, gingen in den neunziger und nuller Jahren davon aus, dass steuerliche Entlastungen für besonders leistungsfähige Gruppen wichtig seien, damit diese ihr Potenzial (auch zum Nutzen der Gesellschaft) voll ausschöpfen können. Außerdem befürchtete man, dass sich »der bessergestellte Teil der Wählerschaft [...] den hohen Steuersätzen« ohnehin widersetzen würde (Giddens 2001: 108). So überrascht es nicht, dass Menschen mit sehr hohen Einkommen, Erben sowie die Bezieher von Einkünften aus Vermögen heute sehr viel besser dastehen als vor zwei oder drei Jahrzehnten. Für diese Gruppen ist es wesentlich leichter geworden, sich staatlichen Solidaritätszumutungen zu entziehen und sich durch Zugangsbarrieren vor Konkurrenz zu schützen. Die lange Zeit vorherrschende Entlastungsideologie und die wachsenden Ungleichgewichte, die sich auf Wettbewerbsmärkten notwendigerweise ergeben, haben letztlich die Chancengerechtigkeit in der Gesellschaft unterminiert (Crouch 2011: 71 f.). Es wäre sicher vermessen zu glauben, man könne in modernen westlichen Staaten eine Situation der totalen Chancengleichheit herstellen, in der alle Menschen bei der Geburt oder mit 18 Jahren von derselben Linie aus ins Leben starten. Es wird immer Familien geben, die ihren Kindern dabei mehr mit auf den Weg geben können als andere. Dennoch müssen wir uns heute die Frage stellen, wie wir der wachsenden Chancenungleichheit begegnen können, und ganz ohne Umverteilung und eine Reform des Steuersystems wird das nicht gehen. Zu überlegen wäre insofern, wo Geld eingesammelt werden könnte, ohne dass dadurch wiederum die Lebenschancen anderer gravierend beschnitten werden.

Aktuell liegen angesichts der Banken- und Staatsschuldenkrise bereits Vorschläge für eine Neugestaltung des Steuersystems und zur Erschließung zusätzlicher Geldquellen für den Staatshaushalt auf dem Tisch. Sie reichen von der Einführung einer Finanztransaktionssteuer über die Reichensteuer bis hin zu Wohlstandsabgaben (also einer Art einmaliger Steuer auf Vermögen) (für Letzteres plädieren Rhodes/Stelter [2011] von der

Boston Consulting Group). Gerade vor dem Hintergrund einer Politik der Lebenschancen sollte man dabei zwei Punkte beachten: *Erstens* werden Erwerbseinkünfte hierzulande viel höher besteuert als Kapitaleinkommen. *Zweitens* ist Deutschland im internationalen Vergleich eben kein Hochsteuerland, die gesamtwirtschaftliche Steuerquote ist eher niedrig. Gerade was die vermögensbezogenen Steuern auf Erbschaften, Grundbesitz, Schenkungen, Kapitaleinkünfte oder bewertbares Eigentum allgemein anbelangt, liegt die Bundesrepublik laut einer Erhebung der OECD auf Platz 20 von 24 Ländern.

Ein konkreter Ansatzpunkt könnte in unserem Zusammenhang (ähnlich wie beim beschriebenen Konzept des Sozialerbes) die Erbschaftssteuer sein. Gewiss, in der Öffentlichkeit gibt es große Vorbehalte gegen die Erbschaftssteuer (oder gar ihre Erhöhung), weil der Staat hier in innerfamiliäre Transfers eingreift. Eine große Mehrheit der Bevölkerung findet es gerecht, wenn Eltern ihr Vermögen an den Nachwuchs weitergeben, ohne dass der Fiskus davon allzu viel abzweigt (Schrenker/Wegener 2007). Zudem liegt es in einem gewissen Ausmaß durchaus im Interesse der Allgemeinheit, Anreize für die langfristige Bildung von Vermögen und damit für ökonomisches Engagement und eine Steigerung der Produktivität zu setzen. (Wobei man natürlich noch einmal zwischen Produktiv- und Geldvermögen bzw. Immobilien differenzieren könnte.)

Tatsächlich fristen Erbschafts- und Schenkungssteuer in Deutschland derzeit ein Mauerblümchendasein. Sie werden gelegentlich sogar als »Bagatellsteuern« bezeichnet, weil sie deutlich weniger als ein Prozent des gesamten Steueraufkommens ausmachen, was im internationalen Vergleich gering ist, wenn man sich einmal Länder wie Frankreich, die USA, Belgien, die Niederlande oder die OECD insgesamt anschaut. Die FDP hat sogar dafür plädiert, die Erbschaftssteuer ganz abzuschaffen, weil Erhebungskosten und Einnahmen in keinem sinnvollen Verhältnis mehr stünden.

Wenn man jedoch die Lohnentwicklung der letzten Jahrzehnte sowie die Tatsache bedenkt, dass die Vermögenseinkünfte insgesamt viel stärker gestiegen sind als die Erwerbseinkommen und dass dieser Trend sich im Zeitalter der großen Erbschaften noch verstärken wird, muss die Frage erlaubt sein, warum die Mittelabschöpfung über die Einkommenssteuer so selbstverständlich ist, während die Erbschaftssteuer beinahe so etwas darstellt wie ein Tabu. Tatsächlich empfiehlt die OECD seit einiger Zeit, die Steuerlast von der Erwerbsarbeit auf Vermögen, Schenkungen und eben Erbschaften zu verschieben. Auch unter Ökonomen ist dieser Vorschlag populär (Whaples 2006), da entsprechende Steuern als relativ effizient gelten. Manche Autoren sind gar dafür, Erbschaften und Schenkungen in Zukunft wie ganz normale Einkommen zu behandeln und entsprechend zu besteuern. Ein derart hoher Satz gilt derzeit zwar als politisch nicht durchsetzbar, doch schon eine moderate Erhöhung und ein leichtes Absenken der Freibeträge würden die Staatseinnahmen deutlich vergrößern und auch Spielraum für die Einführung des Chancenkredits schaffen. Kucken wir uns die Zahlen konkret an: In Deutschland werden bereits heute jährlich Vermögen im Wert von 200 Milliarden Euro vererbt, eine Summe, die bis 2020 um weitere 100 Milliarden steigen könnte. Abgeschöpft wurden davon im Jahr 2011 etwa 4,2 Milliarden Euro, also gerade einmal zwei Prozent der Erbmasse. Würde man den effektiven Steuersatz auf zehn oder 15 Prozent erhöhen (was die wenigsten Erben in Bedrängnis bringen oder arm machen würde), käme der Fiskus auf Mehreinnahmen von 16 bzw. 26 Milliarden, ein Betrag, der die in der Beispielrechnung genannte Summe für den Lebenschancenkredit übersteigt. Würde man zusätzlich die Vermögenssteuer zumindest für sehr große Vermögen wieder einführen, hätte man noch größere Spielräume, um einen substanziellen Zugewinn an Lebenschancen zu finanzieren.

Gerade indem man eine Erhöhung der Erbschaftssteuer explizit mit dem Lebenschancenkredit verknüpft, könnte man möglicherweise mehr Akzeptanz für eine solche Politik schaffen. Immerhin käme durch den universellen Anspruch auf der Habenseite für jeden ja etwas hinzu: Ein nennenswertes Guthaben, das man abrufen könnte, wenn man es wirklich braucht (was bei einer Erbschaft oft nicht der Fall ist), und das sich, zumindest ideell, mit einer später vielleicht zu entrichtenden Erbschaftssteuer verrechnen ließe. Wer einmal einen solchen Kredit zur Erweiterung seiner individuellen Optionen und Lebenschancen von der Gesellschaft bereitgestellt bekommen hat, ist vermutlich eher bereit, auf einen Teil seines Erbes zu verzichten oder vom selbst zu hinterlassenden Vermögen etwas zurückzugeben. Leistungsfähige und Vermögende könnten den erhaltenen Kredit so an die Gesellschaft zurückgeben. Man kann sich das Modell, wenn es erst einmal in Gang gekommen ist, als dauerhaften Kreislauf vorstellen.

Natürlich sind weitere Finanzierungsmöglichkeiten denkbar. Das Ehegattensplitting beispielsweise, das insbesondere einkommensstarke Paare mit einem Hauptverdiener bevorteilt, gilt schon länger als unzeitgemäß. Experten sind sich einig, dass die über 20 Milliarden Euro, die dieses Instrument jährlich kostet, weit besser angelegt wären, wenn man damit Familien mit Kindern fördern würde. Auch andere sogenannte »ehe- und familienpolitische Leistungen« sind in ihrem Zuschnitt und ihrer Verteilungswirkung kritisch zu sehen: So handelt es sich etwa beim Kindergeld und bei dem Kinderfreibetrag um Leistungen für alle Gruppen, ob nun mit großem oder mit kleinem Einkommen. Sie schlagen inzwischen mit über 34 Milliarden Euro jährlich zu Buche: Für das erste und zweite Kind gibt der Staat mehr als 2200 Euro jährlich. Über 25 Jahre hinweg summiert sich das auf über 55 000 Euro pro Kind, mit Zinseszins gar noch viel mehr. Eine Möglichkeit bestünde darin, das Kindergeld nur an Eltern auszuzahlen, die es auch wirklich nötig haben (also die unteren 60 Prozent in der Hierarchie der Einkommensbezieher), vor allem, wenn mehrere Kinder versorgt werden müssen. Dasselbe gilt für den Kinderfreibetrag, der optional von Besserverdienern in Anspruch genommen werden kann. Für Menschen mit einem Jahreseinkommen von 150 000 Euro oder mehr sind diese Leistungen ein netter Zuschuss, die Lebenschancen des Nachwuchses tangieren sie freilich kaum. Selbst in der Mittelschicht gibt es mittlerweile Elterninitiativen wie die Deutsche Stiftung Kindergeld, die sich diesem Gießkannenprinzip entgegenstellen und ein einkommensabhängiges Kindergeld fordern. Sie rufen daher dazu auf, einen Teil für Bildungs- und Betreuungseinrichtungen sowie bedürftige Kinder zu spenden. Wenn manche Menschen schon heute bereit sind, auf Geld zu verzichten, fänden möglicherweise auch entsprechende staatliche Eingriffe Akzeptanz. Der Leser fragt sich womöglich an dieser Stelle: Warum soll der Chancenkredit allen zur Verfügung stehen, der Empfängerkreis des bislang universellen Kindergelds jedoch eingeschränkt werden? Der wesentliche Grund besteht darin, dass das Kindergeld als Zuschuss zu den laufenden Kosten und zur Deckung des aktuellen Bedarfs gedacht ist, doch tatsächlich brauchen nicht alle Familien das Geld. Es kann also durchaus sinnvoll sein, die Deutschen nicht flächendeckend damit zu beglücken. Der Lebenschancenkredit hingegen ist in die Zukunft gerichtet, er sollte allen zustehen. Jeder kann von den Wechselfällen des Lebens betroffen sein oder im Laufe seines Lebens besondere Belastungen erfahren, weshalb der Zugriff auf den Kredit nicht von vornherein auf eine bestimmte Gruppe begrenzt werden kann.

Für eine Gesellschaft der Lebenschancen

Wenn es richtig ist, dass Gesellschaften (gemessen an Wohlstand, Kreativität und Zufriedenheit) dann besonders erfolgreich sind, wenn sie zwar Ungleichheit zulassen, zugleich aber verhindern, dass diese ins Unermessliche steigt, liegt die Herausforderung genau hier: Wie viel Ungleichheit ist möglich, ohne die Chancengleichheit ernsthaft zu beschädigen? Wann wird eine ungleiche Gesellschaft zur Pfründegesellschaft? Und wie können Lebenschancen in einer zunehmend ungleichen Gesellschaft gesichert werden? Unsere gesamte soziale Ordnung beruht auf dem Glauben an die Leistungs- und Chancengerechtigkeit. Die Menschen sind keinesfalls für eine pauschale Nivellierung der Einkommen und Vermögen, sie halten Ungleichheit jedoch nur dann für gerechtfertigt, wenn alle eine faire Chance haben, sich zu entfalten und voranzukommen (Schrenker/Wegener 2007: 11). Wenn dieses Prinzip – etwa durch die Entstehung und den Ausbau von Vermögensdynastien – ausgehöhlt wird, ist es insofern ein Gebot der Fairness, hier für Ausgleich zu sorgen. Wenn wir hingegen zulassen, dass Leistung und Status sich zunehmend entkoppeln, schadet das der Gesellschaft und damit uns allen. Frust wäre vorprogrammiert, die ökonomische und letztlich auch die politische Ordnung würde massiv an Legitimität einbüßen. Daher geht es heute einmal mehr um die Balance zwischen Ungleichheit und Chancengerechtigkeit, darum, dass Ungleichheiten nicht aushärten und die Abstände zwischen den Schichten nicht unüberbrückbar werden.

Die alte Einsicht, dass ein funktionierender Markt von gesellschaftlichen Voraussetzungen zehrt, die er selbst nicht erzeugen kann, gilt nach wie vor. Wir alle sind im letzten Jahrzehnt Zeugen von Exzessen und massiven Fällen von Marktversagen geworden, vor allem im Zuge der Finanz- und Immobilienkrise. Auch im Hinblick auf die soziale Ungleichheit und die Verteilung von Chancen in der Gesellschaft lässt sich ein solches Marktversagen konstatieren. Märkte können vieles, aber wenn man sie immer weiter dereguliert, bringen sie nun einmal soziale Polarisierung und Exklusion hervor. Nach allem, was wir wissen, tendieren Gesellschaften mit wachsender Ungleichheit zur Schließung, nicht zur Offenheit. Wenn wir hier nicht gegensteuern, wird dies am Ende das effiziente Funktionieren der Märkte selbst beeinträchtigen.

Es geht aber nicht nur um den Markt. Es geht ebenso um die emanzipatorischen Elemente, die der Idee der Chancengerechtigkeit innewohnen. Zu glauben, der Chancenkredit allein könne den Trend zu mehr Ungleichheit umkehren, wäre naiv – dafür ist das Umverteilungsvolumen nicht groß genug. Um grundlegend umzusteuern, wäre ein Bündel weiterer Maßnahmen mit größerer Eingriffstiefe notwendig, etwa eine gerechtere Beteiligung der Arbeitnehmer an den Unternehmensgewinnen oder eine Erhöhung des Spitzensteuersatzes.

Eines kann der Lebenschancenkredit allerdings leisten: Er würde dafür sorgen, dass die Menschen über zusätzliche Angebote und erweiterte Optionen verfügen. Gerade in einer Situation, in der der Sozialstaat die Bürger häufig bevormundet und sie mit allzu strikten Regeln gängelt, ist die Logik hinter dem Anrechtsprinzip und dem Chancenkredit auf ein selbstbestimmtes Leben ausgerichtet. Der Freiheitsbegriff, der darin steckt, geht über formale Garantien und die Abwesenheit von Zwang weit hinaus: Er zielt, ganz im Sinne Ralf Dahrendorfs, auf soziale Chancen, darauf, alle Menschen mit Ressourcen auszustatten, die ihnen den Umgang mit Unsicherheiten und Risiken erleichtern. Und er zielt darauf, dass jede und jeder die Möglichkeit bekommt, sich individuell zu entwickeln. Ein solcher Lebenschancenkredit wäre eine moralische Offensive für den Anspruch eines jeden Bürgers auf ein gelingendes Leben. Würde dieses Polster, wie vorgeschlagen, vor allem durch die Beiträge besonders wohlhabender Gruppen finanziert, wären Lebenschancen endlich wieder fairer verteilt.

Es ist in der deutschen öffentlichen Diskussion üblich geworden, neue Ideen und Perspektiven im Bereich der Sozial- und Gesellschaftspolitik in Bausch und Bogen abzulehnen. Die Scheu des politischen Personals vor grundlegenden Veränderungen ist durchaus verständlich, werfen sie doch selten bereits innerhalb der aktuellen Legislaturperiode Erträge ab. Zudem lauern im politischen Prozess hinter jeder Ecke Vetospieler. Starke Interessengruppe setzen ihre Lobbyisten in Bewegung, um Veränderungen zu boykottieren. Doch wenn es gelänge, die Idee der Lebenschancen in den Mittelpunkt politischer Bemühungen zu stellen, ließen sich womöglich einige Skeptiker mitnehmen und überzeugen. Es ergäbe sich eine Chance, das liberale Verständnis von Anrechten, Chancengerechtigkeit und einer offenen Gesellschaft weit attraktiver erscheinen zu lassen, als es sich in den letzten Jahrzehnten darstellte. Die Verkürzung einer funktionierenden Gesellschaft auf den Markt, den Wettbewerb und das Lied von den Leistungsträgern hat ausgedient. In diesem Sinne braucht es Anrechte auf Lebenschancen, mit denen es gelingen kann, Unsicherheiten zu begegnen, Chancen zu erweitern und Ungerechtigkeiten abzubauen. Denn nur eine Gesellschaft der Chancen ist eine mutige Gesellschaft, die offen und optimistisch in die Zukunft blickt.

Literatur

Ackerman, Bruce A./Anne Alstoff 2001: Die Stakeholder-Gesellschaft. Ein Modell für mehr Chancengleichheit. Frankfurt am Main/New York: Campus.

Aichinger, Hans 1958: Sozialpolitik als Gesellschaftspolitik. Von der Arbeiterfrage zum Wohlfahrtsstaat. Reinbek bei Hamburg: Rowohlt.

Albert, Matthias/Klaus Hurrelmann/Gudrun Quenzel (Hrsg.) 2010: *Jugend 2010. 16. Shell Jugendstudie.* Frankfurt am Main: Fischer Taschenbuch Verlag.

Alesina, Alberto/Rafael DiTella/Robert MacCulloch 2004: Happiness and Inequality: Are Europeans and Americans Different? Journal of Public Economics 88 (9-10): 2009-2042.

Allmendinger, Jutta 1999: Bildungsarmut: Zur Verschränkung von Bildungs- und Sozialpolitik. Soziale Welt 50 (1): 35-50.

Allmendinger, Jutta 2010: Verschenkte Potenziale. Lebensverläufe nicht erwerbstätiger Frauen. Frankfurt am Main/New York: Campus.

Allmendinger, Jutta/Johannes Giesecke/Dirk Oberschachtsiek 2011: Unzureichende Bildung. Folgekosten für die öffentlichen Haushalte. Eine Studie des Wissenschaftszentrums Berlin für Sozialforschung im Auftrag der Bertelsmann Stiftung. Gütersloh: Bertelsmann Stiftung.

Allum, Percy 1995: State and Society in Western Europe. Cambridge: Polity.

Alscher, Mareike/Dietmar Dathe/Eckhard Priller/Rudolf Speth 2009: Bericht zur Lage und zu den Perspektiven des bürgerschaftlichen Engagements in Deutschland. Berlin: Bundesministerium für Familie, Senioren, Frauen und Jugend.

Ambrasat, Jens/Martin Groß 2010: Strukturierte Individualisierung. Die diversifizierenden Reproduktionsmechanismen der Mittelklassen. In: Nicole Burzan/Peter A. Berger (Hrsg.): Dynamiken (in) der gesellschaftlichen Mitte. Wiesbaden: VS Verlag, 291-311.

Anderson, Benedict 1983: Imagined Communities: Reflections on the Origin and Spread of Nationalism. New York: Verso.

Anger, Christina/Axel Plünnecke/Susanne Seyda 2007: Bildungsarmut – Auswirkungen, Ursachen, Maßnahmen. Aus Politik und Zeitgeschichte 28: 39-45.

Aristoteles 2003: Politik. München: dtv (Übersetzung von Olof Gigon).

Bagnasco, Arnaldo (Hrsg.) 2008: Ceto medio. Perché e come occuparsene. Una ricerca del Consiglio italiano per le Scienze Sociali. Bologna: Il Mulino.

Banerjee, Abhijit V./Esther Duflo 2008: What is Middle Class about the Middle Classes around the World. Journal of Economic Perspectives 22 (2): 3-28.

Barro, Robert J. 1999: Determinants of Democracy. Journal of Political Economy 107 (6): 158-182.

Bauman, Zygmunt 2009: Gemeinschaften. Auf der Suche nach Sicherheit in einer bedrohlichen Welt. Frankfurt am Main: Suhrkamp.

Bearman, Peter 2005. Doormen. Chicago: University of Chicago Press.

Beck, Ulrich 1986: Die Risikogesellschaft. Auf dem Weg in eine andere Moderne. Frankfurt am Main: Suhrkamp.

Beck, Ulrich/Angelika Poferl (Hrsg.) 2010: Große Armut, großer Reichtum: Zur Transnationalisierung sozialer Ungleichheit. Berlin: Suhrkamp.

Becker, Gary S. 1981: A Treatise on the Family. Cambridge: Harvard University Press.

Beckert, Jens 2010: Are We Still Modern? Inheritance Law and the Broken Promise of Enlightenment. Max Planck Institut für Gesellschaftsforschung: MPIfG Working Paper 10/7.

Beise, Marc 2009: Die Ausplünderung der Mittelschicht. Alternativen zur aktuellen Politik. München: Deutsche Verlags-Anstalt.

Berger, Ulrike/Claus Offe 1984: Das Rationalisierungsdilemma der Angestelltenarbeit. In: Claus Offe (Hrsg.): »Arbeitsgesellschaft«: Strukturprobleme und Zukunftsperspektiven. Frankfurt am Main/New York: Campus, 271-290.

Bertelsmann Stiftung 2010: Soziale Gerechtigkeit in der OECD. Wo steht Deutschland? Gütersloh: Bertelsmann Stiftung.

Biedenkopf, Kurt 2011: Wir haben die Wahl: Freiheit oder Vater Staat. Berlin: Propyläen Verlag.

Bishop, Bill 2008: The Big Sort: Why the Clustering of Like-Minded America is Tearing Us Apart. Boston: Houghton Mifflin Harcourt.

Bjornskov, Christian/Axel Dreher/Justina A.V. Fischer/Jan Schnellenbach 2009: On the Relation Between Income Inequality and Happiness: Do Fairness Perceptions Matter? Working Paper 027. Chair for Economic Policy, University of Hamburg.

Blair, Tony/Gerhard Schröder 1999: Der Weg nach vorne für Europas Sozialdemokraten. Blätter für deutsche und internationale Politik 7: 887-896.

Blossfeld, Hans-Peter 2007: Linked Lives in Modern Societies. The Impact on Social Inequality of Increasing Educational Homogamy and the Shift Towards Dual-earner Couples. In: Stefani Scherer/Reinhard Pollak/Gunnar Otte/Markus Gangl (Hrsg.): From Origin to Destination. Trends and Mechanisms in Social Stratification Research. Frankfurt am Main/New York: Campus, 275-291.

Bögenhold, Dieter/Uwe Fachinger 2010: Mikro-Selbständigkeit und Restrukturierung des Arbeitsmarktes – Theoretische und empirische Aspekte zur Entwicklung des Unternehmertums. In: Andrea D. Bührmann/Hans J. Pongratz (Hrsg.): Prekäres Unternehmertum. Unsicherheiten von selbstständiger Erwerbstätigkeit und Unternehmensgründung. Wiesbaden: VS Verlag, 65-86.

Böhnke, Petra 2005: Teilhabechancen und Ausgrenzungsrisiken in Deutschland. Aus Politik und Zeitgeschichte 37: 31-36.

Böhnke, Petra 2010: Hoher Flug, tiefer Fall? Abstiege aus der gesellschaftlichen

Mitte und ihre Folgen für das subjektive Wohlbefinden. In: Nicole Burzan/ Peter A. Berger (Hrsg.): Dynamiken (in) der gesellschaftlichen Mitte. Wiesbaden: VS Verlag, 231-368.

Böhnke, Petra 2011: Gleichheit und Sicherheit als Voraussetzung für Lebensqualität. WSI Mitteilungen 4: 163-170.

Bohulskyy, Yan/Marcel Erlinghagen/Friedrich Scheller 2011: Arbeitszufriedenheit in Deutschland sinkt langfristig. Duisburg: Institut Arbeit und Qualifikation. IAQ-Report, Nr. 2011-03.

Bolte, Karl M. 1966: Deutsche Gesellschaft im Wandel. Band 1 (mit Beiträgen von Dieter Kappe, Katrin Aschenbrenner, Friedhelm Neidhardt). Opladen: Leske Verlag.

Bolte, Karl M. 1990: Soziale Ungleichheit in der Bundesrepublik im historischen Vergleich. In: Peter A. Berger/Stefan Hradil (Hrsg.): Lebenslagen – Lebensläufe – Lebensstile (Sonderband der Sozialen Welt 7). Göttingen: Schwartz & Co, 27-50.

Bolte, Karl M./Stefan Hradil 1988: Soziale Ungleichheit in der Bundesrepublik Deutschland. Opladen: Leske + Budrich.

Bourdieu, Pierre 1987: Die feinen Unterschiede. Kritik der gesellschaftlichen Urteilskraft. Frankfurt am Main: Suhrkamp.

Brandolini, Andrea 2010: On the Identification of the »Middle Class«. Konferenzpapier: »Inequality and the Status of the Middle Class: Lessons from the Luxembourg Income Study«, Universität Luxemburg: 28.-30. Juni 2010.

Bröckling, Ulrich 2007: Das unternehmerische Selbst. Frankfurt am Main: Suhrkamp.

Brunkhorst, Hauke 1997: Solidarität unter Fremden. Frankfurt am Main: Fischer.

Bude, Heinz 2008: Die Ausgeschlossenen. Das Ende vom Traum einer gerechten Gesellschaft. München: Carl Hanser Verlag.

Bude, Heinz 2011: Bildungspanik. Was unsere Gesellschaft spaltet. München: Carl Hanser Verlag.

Buss, David M. 1994: The Evolution of Desire: Strategies of Human Mating. New York: Basic Books.

Bühler-Ilieva, Evelina 2006: Einen Mausklick von mir entfernt – Auf der Suche nach Liebesbeziehungen im Internet. Marburg: Tectum-Verlag.

Caldeira, Teresa 1996: Fortified Enclaves: The New Urban Segregation. Public Culture 8 (2): 303-328.

Castel, Robert 2009: Die Wiederkehr der sozialen Unsicherheit. In: Robert Castel/Klaus Dörre (Hrsg.): Prekarität, Abstieg, Ausgrenzung. Die soziale Frage am Beginn des 21. Jahrhunderts. Frankfurt am Main/New York: Campus, 21-34.

Castel, Robert/Klaus Dörre (Hrsg.) 2009: Prekarität, Abstieg, Ausgrenzung. Die soziale Frage am Beginn des 21. Jahrhunderts. Frankfurt am Main/New York: Campus.

Chauvel, Luis 2006: Les Classes moyennes à la dérive. Paris: Le Seuil.
Cline, Foster W./Jim Fay 1990: Parenting with Love and Logic: Teaching Children Responsibility. Colorado Springs: Pinon Press.
Collado, Emanuel 2010: The Shrinking Middle Class: Why America is Becoming a Two-Class Society. Bloomington: iUniverse.
Conley, Dalton 2009: Elsewhere, U. S. A. How We Got from the Company Man, Family Dinners, and the Affluent Society to the Home Office, Blackberry Moms, and Economic Anxiety. New York: Pantheon Books.
Crouch, Colin 2011: Das befremdliche Überleben des Neoliberalismus. Berlin: Suhrkamp.
Crowder, Kyle D. 2000: The Racial Context of White Mobility: An Individual-level Assessment of the White Flight Hypothesis. Social Science Research 29 (2): 223-257.

Dahrendorf, Ralf 1961: Deutsche Richter. Ein Beitrag zur Soziologie der Oberschicht. In: Ders. (Hrsg.): Gesellschaft und Freiheit. München: Piper, 176-196.
Dahrendorf, Ralf 1979: Lebenschancen. Anläufe zur sozialen und politischen Theorie. Frankfurt am Main: Suhrkamp.
Dahrendorf, Ralf 1992: Der moderne soziale Konflikt. Essay zur Politik der Freiheit. Stuttgart: Deutsche Verlags-Anstalt.
Dahrendorf, Ralf 1999: Whatever Happened to Liberty? New Statesman 6 (September): 25-27.
Dallinger, Ursula 2011: Prekäre Mitte? Sozialstaat und Mittelschicht im internationalen Vergleich. Zeitschrift für Sozialreform 57 (1): 83-110.
De Luca, Claudio 2010: Mittelschicht von Hartz IV kaum betroffen. Berechnungen des Bonner IZA. Capital, 17.2.2010.
De Swaan, Abram 1988: In Care of the State: Health Care, Education and Welfare in Europe and the USA in the Modern Era. New York: Oxford University Press.
DGB (Deutscher Gewerkschaftsbund) 2008: Verteilungsbericht des DGB. Aufschwung und Wachstum durch höhere Tariflöhne und Privatkonsum stärken. Berlin: DGB-Bundesvorstand.
Diewald, Martin 2010: Ungleiche Verteilungen und ungleiche Chancen. Zur Entwicklung sozialer Ungleichheiten in der Bundesrepublik. In: Frank Faulbaum/Christof Wolf (Hrsg.): Gesellschaftliche Entwicklungen im Spiegel der empirischen Sozialforschung. Schriftenreihe der ASI-Arbeitsgemeinschaft Sozialwissenschaftlicher Institute. Wiesbaden: VS Verlag, 11-38.
Diewald, Martin/Stephanie Sill 2004: Mehr Risiken, mehr Chancen? Trends in der Arbeitsmarktmobilität seit Mitte der 1980er Jahre. In: Olaf Struck/Christoph Köhler (Hrsg.): Beschäftigungsstabilität im Wandel? Empirische Befunde und theoretische Erklärungen für West – und Ostdeutschland. München/Mering: Hampp, 39-62.
DIW Berlin 2010: SOEP Monitor 2010: Zeitreihen zur Entwicklung ausgewählter Indikatoren zu zentralen Lebensbereichen.

Dorbritz, Jürgen 2005: Kinderlosigkeit in Deutschland und Europa – Daten, Trends und Einstellungen. Zeitschrift für Bevölkerungswissenschaft 4: 359-407.
van Dyk, Silke/Stephan Lessenich 2008: Unsichere Zeiten. Die paradoxale »Wiederkehr« der Unsicherheit. Mittelweg 36 (5): 13-45.

Easterlin, Richard A. 1974: Does Economic Growth Improve the Human Lot? In: Paul A. David/Melvin W. Reder (Hrsg.): Nations and Households in Economic Growth: Essays in Honor of Moses Abramovitz. New York: Academic Press, 89-125.
Easterly, William 2001: The Middle Class Consensus and Economic Development. Journal of Economic Growth 6 (4): 317-335.
Ebbinghaus, Bernhard (Hrsg.) 2011: The Varieties of Pension Governance. Pension Privatization in Europe. Oxford: Oxford University Press.
Ehrenberg, Alain 2011: Das Unbehagen in der Gesellschaft. Berlin: Suhrkamp.
Ehrenreich, Barbara 1989: Fear of Falling. The Inner Life of the Middle Class. New York: Pantheon.
Ehrenreich, Barbara 2006: Qualifiziert und arbeitslos. Eine Irrfahrt durch die Bewerbungswüste. München: Kunstmann.
Engler, Wolfgang 1992: Die zivilisatorische Lücke. Versuche über den Staatssozialismus. Frankfurt am Main: Suhrkamp.
English, Gundula 2001: Jobnomaden. Wie wir arbeiten, leben und lieben werden. Frankfurt am Main/New York: Campus.
Enste, Dominik H./Vera Erdmann/Tatjana Kleineberg 2011: Mythen über die Mittelschicht. Wie schlecht steht es wirklich um die gesellschaftliche Mitte? München: Roman Herzog Institut.
Erlinghagen, Marcel 2005: Die mobile Arbeitsgesellschaft und ihre Grenzen. Zum Zusammenhang von Arbeitsmarktflexibilität, Regulierung und sozialer Sicherung. In: Martin Kronauer/Gudrun Linne (Hrsg.): Flexicurity: Die Suche nach Sicherheit in der Flexibilität. Berlin: edition sigma, 31-52.
Erlinghagen, Marcel 2008: Self-Perceived Job Insecurity and Social Context: A Multi-Level Analysis of 17 European Countries. European Sociological Review 24 (2): 183-197.
Erlinghagen, Marcel 2010: Zunehmende Angst vor Jobverlust trotz gleichbleibender Beschäftigungsstabilität. Informationsdienst Soziale Indikatoren (ISI) 44: 1-4.
Esping-Andersen, Gøsta 1990: The Three Worlds of Welfare Capitalism. Cambridge: Polity.
Evers, Adalbert/Helga Nowotny 1987: Über den Umgang mit Unsicherheit: die Entdeckung der Gestaltbarkeit. Frankfurt am Main: Suhrkamp.
Ewald, François 1993: Der Vorsorgestaat. Frankfurt am Main: Suhrkamp.

Fligstein, Neil 2008. Euroclash. The EU, European Identity and the Future of Europe. Oxford: Oxford University Press.

Forst, Rainer 2005: Die erste Frage der Gerechtigkeit. Aus Politik und Zeitgeschichte 37: 24-31.
Frank, Robert 2009: Richistan. Eine Reise durch die Welt der Megareichen. Frankfurt am Main: Fischer.
Frank, Robert H. 2007: Falling Behind. How Rising Inequality Harms the Middle Classes. Berkeley/Los Angeles/London: University of California Press.
Frank, Robert H. 2011: The Darwin Economy. Liberty, Competition, and the Common Good. Princeton: Princeton University Press.
Frank, Robert H./Philip J. Cook 2010: The Winner-Take-All Society: Why the Few at the Top Get So Much More Than the Rest of Us. London: Virgin Books.
Frantz, Klaus 2000: Gated Communities in the USA – A New Trend in Urban Development. Espace Populations Sociétés 1: 101-113.
Frick, Joachim R./Markus M. Grabka 2009: Gestiegene Vermögensungleichheit in Deutschland. DIW Wochenbericht 4: 54-67.
Frick, Joachim R./Markus M. Grabka/Richard Hauser 2010: Die Verteilung der Vermögen in Deutschland. Berlin: edition sigma.
Friedman, Debra/Michael Hechter/Satoshi Kanazawa 1994: A Theory of the Value of Children. Demography 31 (3): 375-104.
Friedrichs, Jürgen/Sascha Triemer 2008: Gespaltene Städte? Soziale und ethnische Segregation in deutschen Großstädten. Wiesbaden: VS Verlag.
Frommert, Dina 2008: Zur Evaluation der Bildungskampagne »Altersvorsorge macht Schule«. Deutsche Rentenversicherung 3: 327-342.

Galbraith, John K. 1958: The Affluent Society. Boston: Houghton Mifflin Co.
Gallie, Duncan/Serge Paugam/Sheila Jacobs 2003: Unemployment, Poverty and Social Isolation: Is There a Vicious Circle of Social Exclusion? European Societies 5 (1): 1-32.
Gans, Herbert J. 1995: The War Against the Poor: The Underclass and Antipoverty Policy. New York: Basic Books.
Geiger, Theodor 1930: Panik im Mittelstand. Die Arbeit. Zeitschrift für Gewerkschaftspolitik und Wirtschaftskunde 7 (10): 637-654.
Geiger, Theodor 1949: Die Klassengesellschaft im Schmelztiegel. Köln/Haben: Verlag Gustav Kiepenheuer.
Geiger, Theodor 1972 [1932]: Die soziale Schichtung des deutschen Volkes. Darmstadt: Wissenschaftliche Buchgesellschaft.
Geiger, Theodor 1987 [1932]: Kritik der Reklame. Wesen – Wirkungsprinzip – Publikum. Soziale Welt 38 (4): 471-492.
Geißler, Rainer 1996: Kein Abschied von Klasse und Schicht. Gefahren der deutschen Sozialstrukturanalyse. Kölner Zeitschrift für Soziologie und Sozialpsychologie 48 (2): 319-338.
Geißler, Rainer 2006: Bildungschancen und soziale Herkunft. Archiv für Wissenschaft und Praxis der sozialen Arbeit 4: 34-49.

Giddens, Anthony 1998: Jenseits von Links und Rechts: Die Zukunft radikaler Demokratie. Frankfurt am Main: Suhrkamp.
Giddens, Anthony 2001: Die Frage der sozialen Ungleichheit. Frankfurt am Main: Suhrkamp.
Giesecke, Johannes/Roland Verwiebe 2009: Wachsende Lohnungleichheit in Deutschland. Qualifikations- und klassenspezifische Determinanten der Entlohnung zwischen 1998 und 2006. Berliner Journal für Soziologie 19 (4): 531-555.
Giesecke, Johannes/Jan P. Heisig 2010: Destabilisierung und Destandardisierung, aber für wen? Die Entwicklung der westdeutschen Arbeitsplatzmobilität seit 1984. Kölner Zeitschrift für Soziologie und Sozialpsychologie 62 (3): 403-435.
Glatzer, Wolfgang/Jens Becker/Roland Bieräugel/Geraldine Hallein-Benze/ Oliver Nüchter/Alfons Schmid 2008: Wahrnehmung von Reichtum in der Bevölkerung und Rekrutierung und Entlohnung von Spitzenmanagern. In: Lebenslagen in Deutschland. Armuts- und Reichtumsberichterstattung der Bundesregierung. Der dritte Armuts- und Reichtumsbericht der Bundesregierung. Bundesministerium für Arbeit und Soziales: 42-44.
Glatzer, Wolfgang/Jens Becker/Roland Bieräugel/Oliver Nüchter/Alfons Schmid 2009: Reichtum im Urteil der Bevölkerung. Akzeptanzprobleme und Spannungspotentiale in Deutschland. Opladen/Farmington Hills: Verlag Barbara Budrich.
Goebel, Jan/Joachim R. Frick/Markus M. Grabka 2009: Preisunterschiede mildern Einkommensgefälle zwischen West und Ost. In: DIW Wochenbericht 76 (51-52): 888-894.
Goebel, Jan/Martin Gorning/Hartmut Häußermann 2010: Polarisierung der Einkommen. Die Mittelschicht verliert. In: DIW Wochenbericht 77 (24): 2-8.
Goldthorpe, John H./John Lockwood 1971: Der »wohlhabende« Arbeiter in England. München: Goldmann.
Gottschall, Karin 1999: Freie Mitarbeit im Journalismus. Zur Entwicklung von Erwerbsformen zwischen selbständiger und abhängiger Beschäftigung. Kölner Zeitschrift für Soziologie und Sozialpsychologie 51 (4): 635-654.
Gottschall, Karin/Manuela Schwarzkopf 2010: Irreguläre Arbeit in Privathaushalten. Rechtliche und institutionelle Anreize zu irregulärer Arbeit in Privathaushalten in Deutschland. Bestandsaufnahme und Lösungsansätze. Arbeitspapier 217, 1-78. Düsseldorf: Hans-Böckler-Stiftung.
Grabka, Markus M. 2011: Probleme und Herausforderungen des »Modells Deutschland« am Beispiel der Mittelschicht. In: Auslandsbüro der Konrad-Adenauer-Stiftung in Frankreich (Hrsg.): Der deutsche Weg aus der Krise. Wirtschaftskraft und Strukturschwächen des »Modells Deutschland«. Paris: 76-93.
Grabka, Markus M./Joachim R. Frick 2008: Schrumpfende Mittelschicht. Anzeichen einer dauerhaften Polarisierung verfügbarer Einkommen? DIW Wochenbericht 75 (10): 101-108.

Groh-Samberg, Olaf 2009: Sorgenfreier Reichtum: Jenseits von Konjunktur und Krise lebt nur ein Prozent der Bevölkerung. In: DIW Wochenbericht 76 (35): 590-597.
Groh-Samberg, Olaf/Florian R. Hertel 2010: Abstieg aus der Mitte? Zur langfristigen Mobilität von Armut und Wohlstand. In: Nicole Burzan/Peter A. Berger (Hrsg.): Dynamiken (in) der gesellschaftlichen Mitte. Wiesbaden: VS Verlag, 138-157.
Groß, Martin 2001: Auswirkungen des Wandels der Erwerbsgesellschaft auf soziale Ungleichheit. In: Peter Berger/Dirk Konietzka (Hrsg.): Die Erwerbsgesellschaft. Neue Ungleichheiten und Unsicherheiten. Opladen: Leske + Budrich, 119-155.
Groß, Martin 2009: Markt oder Schließung? Zu den Ursachen der Steigerung der Einkommensungleichheit. Berliner Journal für Soziologie 19 (4): 499-530.
Grözinger, Gerd/Michael Maschke/Claus Offe 2006: Die Teilhabegesellschaft. Modell eines neuen Wohlfahrtsstaates. Frankfurt am Main/New York: Campus.

Hacker, Jacob S. 2006: The Great Risk Shift: The Assault on American Jobs, Families, Health Care and Retirement – And How You Can Fight Back. Oxford: Oxford University Press.
Hacker, Jacob S./Paul Pierson 2010: Winner-Take-All Politics. How Washington Made the Rich Richer – And Turned Its Back on the Middle Class. New York: Simon & Schuster Paperbacks.
Haesler, Aldo 2011: Das letzte Tabu. Ruchlose Gedanken aus der Intimspähre des Geldes. Stuttgart/Wien: Verlag Huber Frauenfeld.
Hakim, Catherine 2010: Erotic Capital. European Sociological Review 26 (5): 499-518.
Hannerz, Ulf 1996: Transnational Connections. Culture, People, Places. London: Routledge.
Harrison, Bennett/Barry Bluestone. 1988: The Great U-Turn. New York: Basic Books.
Hartmann, Michael 2002: Der Mythos von den Leistungseliten. Spitzenkarrieren und soziale Herkunft in Wirtschaft, Politik, Justiz und Wissenschaft. Frankfurt am Main/New York: Campus.
Hartmann, Michael 2007: Eliten und Macht in Europa. Ein internationaler Vergleich. Frankfurt am Main/New York: Campus.
Hassel, Anke/Christof Schiller 2010: Der Fall Hartz IV. Wie es zur Agenda 2010 kam und wie es weiter geht. Frankfurt am Main/New York: Campus.
Haupt, Heinz-Gerhard/Goeffry Crossick 1998: Die Kleinbürger. Eine Sozialgeschichte des 19. Jahrhunderts. München: C. H. Beck.
Hauser, Richard 1997: Vergleichende Analyse der Einkommensverteilung und der Einkommensarmut in den alten und neuen Bundesländern 1990 bis 1995. In: Irene Becker/Richard Hauser (Hrsg.): Einkommensverteilung und Ar-

mut. Deutschland auf dem Weg zur Vierfünftel-Gesellschaft? Frankfurt am Main/New York: Campus, 63-82.

Hauser, Richard/Holger Stein 2001: Die Vermögensverteilung im vereinten Deutschland. Frankfurt am Main/New York: Campus.

Heekerens, Hans-Peter 2010: Die Auswirkung frühkindlicher Bildung auf Schulerfolg – eine methodenkritische Bestandsaufnahme. Zeitschrift für Soziologie der Erziehung und Sozialisation 30 (3): 311-325.

Heitmeyer, Wilhelm (Hrsg.) 2009: Deutsche Zustände. Folge 8. Frankfurt am Main: Suhrkamp.

Heitmeyer, Wilhelm (Hrsg.) 2010: Deutsche Zustände. Folge 9. Berlin: Suhrkamp.

Heitmeyer, Wilhelm (Hrsg.) 2011: Deutsche Zustände. Folge 10. Berlin: Suhrkamp.

Helbig, Marcel 2010: Neighborhood does matter! Soziostrukturelle Nachbarschaftscharakteristika und Bildungserfolg. Kölner Zeitschrift für Soziologie und Sozialpsychologie 62 (4): 655-679.

Helmbrecht, Michael 2005: Erosion des Sozialkapitals? Eine kritische Diskussion der Thesen Robert D. Putnams. Bielefeld: Transcript.

Henninger, Annette/Karin Gottschall 2007: Freelancers in Germany`s Old and New Media Industry: Beyond Standard Patterns of Work and Life? Critical Sociology 33 (1-2): 43-71.

Herrmann, Ulrike 2010: Hurra, wir dürfen zahlen. Der Selbstbetrug der Mittelschicht. Frankfurt am Main: Westend.

Hirschmann, Albert O./Michael Rothschild 1973: The Changing Tolerance for Income Inequality in the Course of Economic Development. The Quarterly Journal of Economics 87 (4): 544-566.

Hofmann, Michael/Dieter Rink 1999: Das Problem der Mitte. Mittelstands- und Mittelschichtentwicklung im Osten Deutschlands. In: Wolfgang Glatzer/Ilona Ostner (Hrsg.): Deutschland im Wandel: Sozialstrukturelle Analysen. Opladen: Leske + Budrich, 149-168.

Hohendanner, Christian 2009: Befristet Beschäftigte – öffentlicher Dienst unrühmlicher Spitzenreiter. In: Gewerkschaft Erziehung und Wissenschaft (Hrsg.): Bildung ist Mehrwert. Tarif- und Besoldungsrunde 2009. Frankfurt am Main, 41-45.

Höhn, Charlotte/Andreas Ette/Kerstin Ruckdeschel 2006: Kinderwünsche in Deutschland. Konsequenzen für eine nachhaltige Familienpolitik. Stuttgart: Robert Bosch Stiftung.

Hondrich, Karl O. 1997: Differenz und Integration: Die Zukunft moderner Gesellschaften. In: Stefan Hradil (Hrsg.): Verhandlungen des 28. Kongresses der Deutschen Gesellschaft für Soziologie in Dresden 1996. Frankfurt am Main/New York: Campus, 298-308.

Hondrich, Karl O. 2001: Der Neue Mensch. Frankfurt am Main: Suhrkamp.

Honneth, Axel 2011: Verwilderungen des sozialen Konflikts. Anerkennungskämpfe zu Beginn des 21. Jahrhunderts. Max Planck Institut für Gesellschaftsforschung: MPIfG Working Paper 11/4.

Hopkins, Ed 2008: Inequality, Happiness and Relative Concerns: What Actually is their Relationship? Journal of Economic Inequality 6: 351-372.
Hradil, Stefan/Holger Schmidt 2007: Angst und Chancen. Zur Lage der gesellschaftlichen Mitte aus soziologischer Sicht. In: Herbert-Quandt-Stiftung (Hrsg.): Zwischen Erosion und Erneuerung. Die gesellschaftliche Mitte in Deutschland. Ein Lagebericht. Frankfurt am Main: Societäts-Verlag, 163-234.
Huinink, Johannes (2012): Bevölkerung. In: Steffen Mau/Nadine Schöneck (Hrsg.): Handwörterbuch zur Gesellschaft Deutschlands. Wiesbaden: VS Verlag.
Hurrelmann, Klaus 1988: Schulische »Lernarbeit« im Jugendalter. Zur Verbindung von theoretischem und praktischem Lernen. Zeitschrift für Pädagogik 34 (6): 761-780.
Hürtgen, Stefanie 2008: Prekarität als Normalität: Von der Festanstellung zur permanenten Erwerbsunsicherheit. Blätter für deutsche und internationale Politik 4: 113-119.

Illouz, Eva 2007: Cold Intimacies. The Making of Emotional Capitalism. Cambridge/Malden: Polity Press.
Inglehart, Ronald 1977: The Silent Revolution: Changing Values and Political Styles among Western Publics. Princeton: Princeton University Press.
Institut für Demoskopie Allensbach 2007: Altersvorsorge in Deutschland. Allensbach.
Institut für Finanzdienstleistungen e. V. 2010: iff-Überschuldungsreport 2010. Hamburg.
ISG (Institut für Sozialforschung und Gesellschaftspolitik) 2011: Überprüfung der These einer »schrumpfenden Mittelschicht« in Deutschland. Expertise für das Bundesministerium für Arbeit und Soziales. Bonn.

Janowitz, Klaus M. 2006: Prekarisierung. Sozialwissenschaften und Berufspraxis 29 (2): 335-341.
Judt, Tony 2010: Dem Land geht es schlecht. Ein Traktat über unsere Unzufriedenheit. München: Carl Hanser Verlag.

Kaelble, Hartmut 2007: Sozialgeschichte Europas. 1945 bis zur Gegenwart. München: C. H. Beck.
Kaufmann, Franz-Xaver 2003: Sicherheit: Das Leitbild beherrschbarer Komplexität. In: Stephan Lessenich (Hrsg.): Wohlfahrtsstaatliche Grundbegriffe. Historische und aktuelle Diskurse. Frankfurt am Main/New York: Campus, 73-104.
Kenworthy, Lane 2011: Is winner-take-all bad or good for the middle classes? Evidence from baseball. ⟨http://lanekenworthy.net/2011/01/11/is-winner-take-all-bad-or-good-for-the-middle-class-evidence-from-baseball⟩ (Zugriff 20. 4. 2011).
Knötig, Nora 2010: Schließungsprozesse innerhalb der bildungsbürgerlichen

Mitte. In: Nicole Burzan/Peter A. Berger (Hrsg.): Dynamiken (in) der gesellschaftlichen Mitte. Wiesbaden: VS Verlag, 331-354.
Köcher, Renate 2009 (Hrsg.): Allensbacher Jahrbuch der Demoskopie, 2003-2009. Die Berliner Republik. Berlin/New York: Walter de Gruyter.
Köcher, Renate 2010: Minenfeld Sozialpolitik. Frankfurter Allgemeine Zeitung, 22.12.2010: 5.
Koehn, Peter H./James N. Rosenau 2002: Transnational Competence in an Emergent Epoch. International Studies Perspectives 3 (2): 105-127.
Kracauer, Siegfried 1971 [1929]: Die Angestellten. Aus dem neuesten Deutschland. Frankfurt am Main: Suhrkamp.
Kramer, Melanie 2010: Aufstieg aus der Mitte? In: Nicole Burzan/Peter A. Berger (Hrsg.): Dynamiken (in) der gesellschaftlichen Mitte. Wiesbaden: VS Verlag, 249-268.
Kreyenfeld, Michaela 2010: Uncertainties in Female Employment Careers and the Postponement of Parenthood in Germany. European Sociological Review 26 (3): 351-366.
Kriesi, Hanspeter/Edgar Grande 2004: Nationaler politischer Wandel in entgrenzten Räumen. In: Ulrich Beck/Christoph Lau (Hrsg.): Entgrenzung und Entscheidung. Frankfurt am Main: Suhrkamp, 402-420.
Kronauer, Martin 2002: Exklusion. Die Gefährdung des Sozialen im hoch entwickelten Kapitalismus. Frankfurt am Main/New York: Campus.
Kuznets, Simon 1955: Economic Growth and Income Inequality. The American Economic Review 45 (1): 1-28.

Lamping, Wolfram 2009: Verbraucherkompetenz und Verbraucherschutz auf Wohlfahrtsmärkten: Neue Herausforderungen an eine sozialpolitische Verbraucherpolitik. Verbraucherpolitik zwischen Markt und Staat. Vierteljahresheft zur Wirtschaftsforschung 3: 44-62.
Lamping, Wolfram/Markus Tepe 2009: Vom Können und Wollen der privaten Altersvorsorge. Individuelle Determinanten der Inanspruchnahme der Riester-Rente. Zeitschrift für Sozialreform 55 (4): 409-430.
Landes, David 1998: The Wealth and Poverty of Nations. New York: Norton.
Landmann, Juliane 2012: Auf dem Weg zu einer modernen Arbeitsmarktpolitik. Policy Brief 2012/1. Gütersloh: Bertelsmann Stiftung.
Lederer, Emil 1912: Die Privatangestellten in der modernen Wirtschaftsentwicklung. Tübingen: J. C. B. Mohr (Paul Siebeck).
Lengfeld, Holger/Tuuli-Marja Kleiner 2007: Arbeitsmarktflexibilisierung und soziale Ungleichheit in Deutschland. Stand und Perspektiven der Forschung. Hagener Arbeitsberichte zur Soziologischen Gegenwartsdiagnose 01/2007.
Lengfeld, Holger/Jochen Hirschle 2009: Die Angst der Mittelschicht vor dem sozialen Abstieg. Eine Längsschnittanalyse 1984-2007. Zeitschrift für Soziologie 38 (3): 79-399.
Lepsius, M. Rainer 1979: Soziale Ungleichheit und Klassenstrukturen in der Bundesrepublik Deutschland. In: Hans-Ulrich Wehler (Hrsg.): Klassen in

Lessenich, Stephan 2008: Die Neuerfindung des Sozialen. Der Sozialstaat im flexiblen Kapitalismus. Bielefeld: transcript.

Lessenich, Stephan 2009: »Neue Mitte«: das Ende der Planwirtschaft. In: Robert Castel/Klaus Dörre (Hrsg.): Prekarität, Abstieg, Ausgrenzung. Die soziale Frage am Beginn des 21. Jahrhunderts. Frankfurt am Main/New York: Campus, 259-268.

Liebig, Stefan/Jürgen Schupp 2008: Immer mehr Erwerbstätige empfinden ihr Einkommen als ungerecht. DIW Wochenbericht 31: 434-440.

Limmer, Ruth/Heiko Rüger 2010: Job Mobilities and Quality of Life. In: Norbert F. Schneider/Beate Collet (Hrsg.): Causes and consequences of Job-Related Spatial Mobility in Cross-National Comparison. Opladen: Barbara Budrich Verlag, 263-288.

Lommel, Michael 2011: Im Wartesaal der Möglichkeiten. Lebensvarianten in der Postmoderne. Köln: Herbert von Halem.

Luhmann, Niklas 1968: Vertrauen. Ein Mechanismus der Reduktion gesellschaftlicher Komplexität. Stuttgart: Lucius & Lucius.

Lutz, Burkhard 1984: Der kurze Traum immerwährender Prosperität: Eine Neuinterpretation der industriell-kapitalistischen Entwicklung im Europa des 20. Jahrhunderts. Frankfurt am Main/New York: Campus.

Malthus, Thomas R. 1803: An Essay on the Principle of Population. London: J. Johnson.

Manske, Alexandra 2007: Prekarisierung auf hohem Niveau. Eine Feldstudie über Alleinunternehmer in der IT-Branche. München: Mering.

Marx, Karl 1867: Das Kapital. Kritik der politischen Ökonomie. Hamburg: Verlag von Otto Meissner.

Marx, Reinhard 2011: Chancengerechte Gesellschaft. Leitbild für eine freiheitliche Ordnung. Vorstellung des Impulstextes der Kommission für gesellschaftliche und soziale Fragen der Deutschen Bischofskonferenz am 27. Juni 2011 in Berlin.

Mau, Steffen 1994: Der demographische Wandel in den neuen Bundesländern – Familiengründung nach der Wende: Aufschub oder Verzicht? Zeitschrift für Familienforschung 3: 197-220.

Mau, Steffen 1998: Soziale Sicherung und Sicherheitsempfinden. Anmerkungen zu einem Zusammenhang und einigen sozialpolitischen Folgen. Zeitschrift für Sozialreform 44 (8): 593-611.

Mau, Steffen 2002: Solidarität und Gerechtigkeit. Zur Erkundung eines Verhältnisses. In: Stefan Liebig/Holger Lengfeld (Hrsg.): Interdisziplinäre Soziale Gerechtigkeitsforschung. Zur Verknüpfung normativer und empirischer Perspektiven. Frankfurt am Main/New York: Campus, 153-179.

Mau, Steffen 2003: The Moral Economy of Welfare States. Britain and Germany Compared. London/New York: Routledge.

Mau, Steffen 2004: Moralökonomie: Eine konzeptionelle Bestimmung aus ungleichheitssoziologischer Sicht. In: Peter Berger/Volker H. Schmidt (Hrsg.): Welche Gleichheit, welche Ungleichheit? Grundlagen der Ungleichheitsforschung. Opladen: VS Verlag für Sozialwissenschaften, 165-190.

Mau, Steffen 2007: Transnationale Vergesellschaftung. Die Entgrenzung sozialer Lebenswelten. Frankfurt am Main/New York: Campus.

Mau, Steffen/Uta Gielke 1996: Ost-West-Paarungen. Ein kleiner Exkurs zur Mesalliance zwischen Ostfrauen und Westmännern. Der Alltag. Die Sensation des Gewöhnlichen 74: 13-24.

Mau, Steffen/Denis Huschka 2010: Who is who? Die Sozialstruktur der Soziologie-Professorenschaft in Deutschland. Kölner Zeitschrift für Soziologie und Sozialpsychologie 62 (4): 751-766.

Mau, Steffen/Jan Mewes/Nadine Schöneck 2011: Die Produktion sozialer Sicherheit. Beschäftigungssicherheit, Einkommenssicherung und gesundheitliche Versorgung in ländervergleichender Perspektive. Berliner Journal für Soziologie 21 (2): 175-202.

Mau, Steffen/Roland Verwiebe/Nana Seidel/Till Kathmann 2007: Innereuropäische Wanderungen. Die Wanderungsmotive von Deutschen mit mittleren Qualifikationen. BIOS. Zeitschrift für Biographieforschung, Oral History und Lebensverlaufsanalysen 20 (2): 214-232.

McKinsey & Company 2008: Deutschland 2020. Zukunftsperspektiven für die deutsche Wirtschaft. Frankfurt am Main.

Merkel, Wilma/Stefanie Wahl 1991: Das geplünderte Deutschland. Bonn: Institut für Wirtschaft und Gesellschaft.

Mewes, Jan/Steffen Mau (2012): Unravelling Working Class Welfare Chauvinism. In: Stefan Svallfors (Hrsg.): Contested Welfare States: Welfare Attitudes in Europe and Beyond. Stanford: Stanford University Press, 119-157.

Middle Class Task Force 2010: Annual Report of the White House on the Middle Class. Vice President of the United States. ⟨http://ww.whitehouse.gov/sites/files/microsites/100226-annual-report-middle-class.pdf⟩ (Zugriff 12.05.2011).

Miegel, Meinhard 2005: Epochenwende. Gewinnt der Westen die Zukunft? Berlin: Propyläen Verlag.

Miegel, Meinhard 2010: Exit. Wohlstand ohne Wachstum. Berlin: Propyläen Verlag.

Morel, Nathalie/Bruno Palier/Joakim Palme 2011 (Hrsg.): Towards a Social Investment State. Ideas, Policies, Challenges. Bristol: Policy Press.

Münch, Richard 2011: Akademischer Kapitalismus. Berlin: Suhrkamp.

Münkler, Herfried 2010: Mitte und Maß. Der Kampf um die richtige Ordnung. Berlin: Rowohlt.

Münkler, Herfried 2011: Sicherheit und Risiko. Spiegel Online ⟨http://www.spiegel.de/spiegel/0,1518,753623,00.html⟩ (Zugriff 31.03.2011).

Murphy, Kevin M./Andrei Schleifer/Robin Vishny 1989: Industrialization and the Big Push. Journal of Political Economy 97 (5): 1005-1026.

Nassehi, Armin 2010: Mein Abend mit Sarrazin. Warum eine Münchner Diskussion im Desaster endete. Ein Erklärungsversuch. In: Die Zeit: 41 (07.10.2010).

Neckel, Sighard 2001a: Deutschlands gelbe Galle. Eine Wissenssoziologie des teutonischen Neides. In: Hans M. Enzensberger/Karl M. Michel/Ingrid Karsunke/Tilman Spengler (Hrsg.): Kursbuch 143 »Die Neidgesellschaft«. Berlin: Rowohlt, 2-10.

Neckel, Sighard 2001b: »Leistung« und »Erfolg«. Die symbolische Ordnung der Marktgesellschaft. In: Eva Barlösius/Hans-Peter Müller/Steffen Sigmund (Hrsg.): Gesellschaftsbilder im Umbruch. Soziologische Perspektiven in Deutschland. Opladen: Leske + Budrich, 245-265.

Neckel, Sighard 2005: »Gewinner – Verlierer«. In: Stephan Lessenich/Frank Nullmeier (Hrsg.): Deutschland – eine gespaltene Gesellschaft? Frankfurt am Main/New York: Campus, 353-371.

Neckel, Sighard 2008a: Die gefühlte Unterschicht. Vom Wandel der sozialen Selbsteinschätzung. In: Rolf Lindner/Lutz Musner (Hrsg.): Unterschicht. Kulturwissenschaftliche Erkundungen der »Armen« in Geschichte und Gegenwart. Freiburg/Berlin/Wien: Rombach (Edition Parabasen), 19-40.

Neckel, Sighard 2008b: Flucht nach vorn. Die Erfolgskultur der Marktgesellschaft. Frankfurt am Main/New York: Campus.

Neckel, Sighard 2010: Refeudalisierung der Ökonomie. Zum Strukturwandel kapitalistischer Wirtschaft. Max Planck Institut für Gesellschaftsforschung: MPIfG Working Paper 10/6.

Neugebauer, Gero 2007: Politische Milieus in Deutschland. Die Studie der Friedrich Ebert Stiftung. Bonn: J. H. W. Dietz Nachf.

Niejahr, Elisabeth 2011: Die Bürgerliche. Ursula von der Leyen war der sozialpolitische Star der Regierung. Jetzt heißt es: Sie versteht die Armen nicht. Die Zeit 19 (5.5.2011): 10.

Noll, Heinz-Herbert/Stefan Weick 2011: Schichtzugehörigkeit nicht nur vom Einkommen bestimmt. Informationsdienst Soziale Indikatoren (ISI) 45: 1-7.

Nolte, Paul/Dagmar Hilpert 2007: Wandel und Selbstbehauptung. Die gesellschaftliche Mitte in historischer Perspektive. In: Herbert-Quandt-Stiftung (Hrsg.): Zwischen Erosion und Erneuerung. Die gesellschaftliche Mitte in Deutschland. Ein Lagebericht. Frankfurt am Main: Societäts-Verlag, 11-101.

Nullmeier, Frank 2002: Auf dem Weg zu Wohlfahrtsmärkten? In: Werner Süß (Hrsg.): Deutschland in den neunziger Jahren. Politik und Gesellschaft zwischen Wiedervereinigung und Globalisierung. Opladen: Leske + Budrich, 269-281.

OECD 2008: Mehr Ungleichheit trotz Wachstum. Fact Sheet Deutschland. Paris: OECD.

OECD 2011: Divided We Stand. Why Inequality Keeps Rising? Paris: OECD.

Offe, Claus 1998: Demokratie und Wohlfahrtsstaat: Eine europäische Regimeform unter dem Stress der europäischen Integration. In: Wolfgang Streeck

(Hrsg.): Internationale Wirtschaft, nationale Demokratie. Herausforderungen für die Demokratietheorie. Frankfurt am Main/New York: Campus, 99-136.

Offe, Claus/Susanne Fuchs 2001: Schwund des Sozialkapitals? Der Fall Deutschland. In: Robert D. Putnam (Hrsg.): Gesellschaft und Gemeinsinn. Sozialkapital im internationalen Vergleich. Gütersloh: Bertelsmann Stiftung, 417-514.

Park, Robert E./Ernest W. Burgess/Roderick D. McKenzie 1925: The City. Chicago: University of Chicago Press.

PEW, Global Attitudes Project 2007: Global Opinion Trends 2002-2007: A Rising Tide lifts Mood in the Developing World ⟨http://pewglobal.org/files/pdf/257.pdf⟩ (Zugriff 9.7.2011).

Pollak, Reinhard 2010: Kaum Bewegung, viel Ungleichheit. Eine Studie zu sozialem Auf- und Abstieg in Deutschland. Berlin: Heinrich Böll Stiftung. Schriften zu Wirtschaft und Soziales. Band 5.

Pratt, Andy C. 2000: New Media, the New Economy and New Spaces. Geoforum 31: 425-436.

Pressman, Steven 2007: The Decline of the Middle Class. An International Perspective. Journal of Economic Issues XLI (1): 181-200.

Pressman, Steven 2009: Public Policies and the Middle Class throughout the World in the Mid 2000s. Luxembourg Income Study Working Paper Series, Working Paper No. 517.

Putnam, Robert D. 1995: Bowling Alone: America's Declining Social Capital. In: Journal of Democracy 6 (1): 65-78.

Putnam, Robert D. 2000: Bowling Alone: The Collapse and Revival of American Community. New York: Simon & Schuster.

Putnam, Robert (Hrsg.) 2001: Gesellschaft und Gemeinsinn. Sozialkapital im internationalen Vergleich. Gütersloh: Bertelsmann Stiftung.

Quiring, Manfred 2010: Russischer Traumjob – Beamtin statt Prostituierte. Welt Online 24.8.2010 ⟨http://www.welt.de/politik/ausland/article9173366/Russischer-Traumjob-Beamtin-statt-Prostituierte.html⟩ (Zugriff 20.5.2011).

Rawls, John 1975: Eine Theorie der Gerechtigkeit. Frankfurt am Main: Suhrkamp.

Reimer, David/Reinhard Pollak 2010: Educational Expansion and Its Consequences for Vertical and Horizontal Inequalities in Access to Higher Education in West Germany. European Sociological Review 26 (4): 415-430.

Rhodes, David/Daniel Stelter 2011: Back to Mesepotamia. The Looming Threat of Debt Restructuring. The Boston Consulting Group.

Rickens, Christian 2011: Ganz oben: Wie Deutschlands Millionäre wirklich leben. Köln: Kiepenheuer und Witsch.

Ritschl, Albrecht/Mark Spoerer 1997: Das Bruttosozialprodukt in Deutschland nach den amtlichen Volkseinkommens- und Sozialproduktstatistiken 1901 – 1995. Jahrbuch für Wirtschaftsgeschichte 2: 11-37.

Rosa, Hartmut 2005: Beschleunigung. Die Veränderung der Zeitstrukturen in der Moderne. Frankfurt am Main: Suhrkamp.

Rosa, Hartmut 2006: Wettbewerb als Interaktionsmodus. Kulturelle und sozialstrukturelle Konsequenzen der Konkurrenzgesellschaft. Leviathan. Zeitschrift für Sozialwissenschaft 34 (1): 82-104.

Runciman, Walter G. 1966: Relative Deprivation and Social Justice: A Study of Attitudes to Social Inequality in Twentieth-Century Britain. London: Routledge.

Ruppenthal, Silvia/Heiko Rüger 2010: Räumliche Mobilität in Zeiten beruflicher Unsicherheit. In: Hans-Georg Soeffner (Hrsg.): Unsichere Zeiten. Herausforderungen gesellschaftlicher Transformationen. Verhandlungen des 34. Kongresses der Deutschen Gesellschaft für Soziologie in Jena 2008. Wiesbaden: VS Verlag (CD-Rom).

Sachweh, Patrick 2009: Deutungsmuster sozialer Ungleichheit. Wahrnehmung und Legitimierung gesellschaftlicher Privilegierung und Benachteiligung. Frankfurt am Main/New York: Campus.

Sachweh, Patrick/Christoph Burkhardt/Steffen Mau 2009: Wandel und Reform des deutschen Sozialstaats aus der Sicht der Bevölkerung. WSI Mitteilungen 11: 612-618.

Sarrazin, Thilo 2010: Deutschland schafft sich ab. Wie wir unser Land aufs Spiel setzen. München: Deutsche Verlags-Anstalt.

Sauer, Lenore/Andreas Ette 2007: Auswanderung aus Deutschland. Wiesbaden: VS Verlag.

Schäfer, Claus 2004: Die Lohnquote – ein ambivalenter Indikator für soziale Gerechtigkeit und ökonomische Effizienz. Sozialer Fortschritt – unabhängige Zeitschrift für Sozialpolitik 2: 45-52.

Schäfer, Claus 2010: Zukunftsgefährdung statt Krisenlehren – WSI-Verteilungsbericht 2010. WSI-Mitteilungen 12: 636-645.

Schelsky, Helmut 1953: Wandlungen der deutschen Familie in der Gegenwart. Stuttgart: Enke.

Schimank, Uwe 2002: Das zwiespältige Individuum. Opladen: Leske + Budrich.

Schimank, Uwe 2011a: Nur noch Coping: Eine Skizze postheroischer Politik. Zeitschrift für Politikwissenschaft 21 (3): 455-463.

Schimank, Uwe 2011b: Wohlfahrtsgesellschaften als funktionaler Antagonismus von Kapitalismus und Demokratie. Ein immer labilerer Mechanismus. Max Planck Institut für Gesellschaftsforschung: MPIfG Working Paper 11/2.

Schneider, Norbert F./Ruth Limmer/Kerstin Ruckdeschel 2002: Mobil, flexibel, gebunden. Beruf und Familie in der modernen Gesellschaft. Frankfurt am Main/New York: Campus.

Schneider, Norbert F./Jürgen Dorbritz 2011: Wo bleiben die Kinder? Der niedrigen Geburtenrate auf der Spur. Aus Politik und Zeitgeschichte, 10-11: 26-34.

Schöneck, Nadine M./Steffen Mau/Jürgen Schupp 2011: Gefühlte Unsicherheit. Deprivationsängste und Abstiegssorgen der Bevölkerung in Deutschland. SOEPPaper Nr. 428, DIW Berlin.

Schrenker, Markus/Bernd Wegener 2001: Was ist gerecht? Ausgewählte Ergebnisse aus dem International Social Justice Project 1991-2007. Arbeitsbericht 105, Humboldt Universität zu Berlin.

Schröder, Christoph 2011: Einkommensungleichheit und Homogamie. In: IW-Trends – Vierteljahresschrift zur empirischen Wirtschaftsforschung aus dem Institut der deutschen Wirtschaft Köln, 38 (1): 67-79.

Schultheis, Franz/Berthold Vogel/Michael Gemperle (Hrsg.) 2010: Ein halbes Leben. Biographische Zeugnisse aus einer Arbeitswelt im Umbruch. Konstanz: UVK.

Schultz, Erika/Gert Wagner/James Witte 1993: Gegenwärtiger Geburtenrückgang in Ostdeutschland lässt mittelfristig einen »Babyboom« erwarten. Diskussionspapier Nr. 83, DIW Berlin.

Schupp, Jürgen 2010: Aspekte sozialer Ungleichheit in Deutschland. In: Zeitschrift für Wirtschaftspolitik 59 (1): 6-22.

Schwalbach, Joachim 2009: Vergütungsstudie 2009. Berlin: Humboldt Universität zu Berlin.

Schwarzer, Ralf 1987: Stress, Angst und Hilflosigkeit. Stuttgart: Kohlhammer.

Seidl, Rebecca 2008: Gated Communities. Untersuchung der Wohnform und Verbreitung in Deutschland. Diplomarbeit: Hochschule für Wirtschaft und Umwelt Nürtingen – Geislingen.

Sen, Amartya 1985: Commodities and Capabilities. Amsterdam: North-Holland.

Sennett, Richard 1998: Der flexible Mensch. Die Kultur des neuen Kapitalismus. Berlin: Berlin Verlag.

Sennett, Richard/Jonathan Cobb 1993: The Hidden Injuries of Class. New York: W. W. Norton & Company.

Simmel, Georg 1992 [1908]: Soziologie. Untersuchungen über die Formen der Vergesellschaftung (Gesamtausgabe Band 11). Frankfurt am Main: Suhrkamp.

Skopek, Jan/Florian Schulz/Hans-Peter Blossfeld 2009: Partnersuche im Internet. Bildungsspezifische Mechanismen bei der Wahl von Kontaktpartnern. Kölner Zeitschrift für Soziologie und Sozialpsychologie 61 (2): 183-210

Sloterdijk, Peter 2010: Die nehmende Hand und die gebende Seite. Berlin: Suhrkamp.

Smith, Adam 1974 [1776]: Über den Wohlstand der Nationen. Eine Untersuchung über seine Natur und seine Ursachen. München: C. H. Beck.

Smith, Adam 1994 [1759]: Theorie der ethischen Gefühle. Hamburg: Meiner.

Solga, Heike 2008: Wie das deutsche Schulsystem Bildungsungleichheiten verursacht. WZBrief Bildung 01/2008. Berlin: Wissenschaftszentrum Berlin für Sozialforschung ⟨http://www.wzb.eu/sites/default/files/publikationen/wzbrief/wzbriefbildung200801_solga.pdf⟩ (Zugriff 12.05.2011).

Solga, Heike 2009: Meritokratie – die moderne Legitimation ungleicher Bildungschancen. In: Heike Solga/Justin Powell/Peter A. Berger (Hrsg.): Soziale Ungleichheit. Klassische Texte der Sozialstrukturanalyse. Frankfurt am Main/New York: Campus, 63-72.

Sombart, Werner 1992 [1913]: Liebe, Luxus und Kapitalismus. Über die Entstehung der modernen Welt aus dem Geist der Verschwendung. Berlin: Verlag Klaus Wagenbach.

Spieß, Katharina/Henning Lohmann/Christoph Feldhaus 2009: Der Trend zur Privatschule geht an bildungsfernen Eltern vorbei. In: DIW Wochenbericht 38: 640-647.

Statistisches Bundesamt (2008): Datenreport 2008. Bonn: Bundeszentrale für politische Bildung.

Stephens Jr., Melvin 2004: Job Loss Expectations, Realizations, and Household Consumption Behavior. The Review of Economics and Statistics 86 (1): 253-269.

Stern, Volker 2011: Die Mitte im Zugriff des Fiskus. In: Wirtschaftsdienst 9: 521-525.

Stiglitz, Joseph/Amartya Sen/Jean Paul Fitoussi 2010: Mismeasuring Our Lives. New York: The New Press.

Streeck, Wolfgang 2011: Volksheim oder Shopping Mall? Die Reproduktion der Gesellschaft im Dreieck von Markt, Sozialstruktur und Politik. Max Planck Institut für Gesellschaftsforschung: MPIfG Working Paper 11/5.

Stutzer, Alois/Bruno S. Frey 2008: Stress That Doesn't Pay: The Commuting Paradox. Scandinavian Journal of Economics 110 (2): 339-366.

Supiot, Alain 1999: Au delà de l'emploi. Paris: Flammarion. Englische Übersetzung (2001): Beyond Employment. Changes in Work and the Future of Labour Law in Europe. Oxford: Oxford University Press.

Therborn, Göran 1997: Europas künftige Stellung – das Skandinavien der Welt? In: Stefan Hradil/Stefan Immerfall (Hrsg.): Die westeuropäischen Gesellschaften im Vergleich. Opladen: Leske + Budrich, 573-602.

Traub, James 2007: The Measures of Wealth. The New York Times Magazine 14. 10. 2007: 22.

Tversky, Amos/Daniel Kahneman 1991: Loss Aversion in Riskless Choice: A Reference Dependent Model. Quarterly Journal of Economics 106: 1039-1061.

Veblen, Thorstein 1993 [1899]: Theorie der feinen Leute. Eine ökonomische Untersuchung der Institutionen. Frankfurt am Main: Fischer.

Vogel, Berthold 2007: Die Staatsbedürftigkeit der Gesellschaft. Hamburg: Hamburger Edition.

Vogel, Berthold 2009: Wohlstandskonflikte. Soziale Fragen, die aus der Mitte kommen. Hamburg: Hamburger Edition.

Vogel, Berthold 2011: Mittelschicht zwischen Abstiegsängsten und hoher Belastung. In: Wirtschaftsdienst 8: 507-510.

Vogl, Joseph 2010: Das Gespenst des Kapitals. Zürich: diaphanes.

Voß, Günter/Hans J. Pongratz 1998: Der Arbeitskraftunternehmer. Eine neue Grundform der Ware Arbeitskraft? Kölner Zeitschrift für Soziologie und Sozialpsychologie 50 (1): 131-158.

Wagner, Gert G. 2009: Zufriedenheitsindikatoren – Keine einfachen Zielwerte für die Politik. Wirtschaftsdienst 89 (12): 796-800.

Wagner, Gert G. 2011: Die »Mittelschicht« dominiert weiter: Die mittleren Erwerbseinkommen schwächeln zwar, die anderen aber auch. Wirtschaftsdienst 91 (8): 510-514.

Walter, Franz 2010: Vorwärts oder abwärts? Zur Transformation der Sozialdemokratie. Berlin: Suhrkamp.

Watson, William 1964: Social Mobility and Social Class in Industrial Communities. In: Max Gluckman (Hrsg.): Closed Systems and Open Minds: The Limits of Naivety in Social Anthropology. Edinburgh: Oliver and Boyd, 129-157.

Weber, Max 1920: Gesammelte Aufsätze zur Religionssoziologie. Bd. 1. Tübingen: J. C. B. Mohr.

Weber, Max 1985 [1922]: Wirtschaft und Gesellschaft. Tübingen: J. C. B. Mohr.

Weiß, Manfred/Corinna Preuschoff 2006: Gibt es einen Privatschuleffekt? In: Manfred Weiß (Hrsg.): Evidenzbasierte Bildungspolitik: Beiträge der Bildungsökonomie. Berlin: Duncker & Humblot, 55-72.

Wemhoff, Clemens 2009: Melkvieh Mittelschicht. Wie die Politik die Bürger plündert. München: Redline.

Werding, Martin/Marianne Müller 2007: Globalisierung und gesellschaftliche Mitte. Beobachtungen aus ökonomischer Sicht. In: Herbert-Quandt-Stiftung (Hrsg.): Zwischen Erosion und Erneuerung. Die gesellschaftliche Mitte in Deutschland. Ein Lagebericht. Frankfurt am Main: Societäts-Verlag, 104-161.

Whaples, Robert 2006: Do Economists' Agree on Anything? Yes! The Berkeley Electronic Press. Economists' Voice 3 (9): Article 1. ⟨http://www.bepress.com/ev/vol3/iss9/art1⟩ (Zugriff 18.7.2011).

Wilkinson, Richard/Kate Pickett 2009: The Spirit Level: Why Equality is Better for Everyone. Harmondsworth: Penguin.

Wilson, Dominik/Racula Dragusanu 2008: The Expanding Middle: The Exploding World Middle Class and Falling Global Inequality. Goldman Sachs Global Economic Paper No. 170.

Wotschack, Philip 2006: Lebenslaufpolitik in den Niederlanden – Gesetzliche Optionen zum Ansparen längerer Freistellungen: »verlofspaarregeling« und »levensloopregeling«. WZB Discussion Paper SP I 2006-115, Berlin.

Wotschack, Philip/Franziska Scheier/Philipp Schulte-Braucks/Heike Solga 2011: Mehr Zeit für Weiterbildung. Neue Wege der betrieblichen Arbeitszeitgestaltung. WZB Discussion Paper SP I 2011-501, Berlin.

Zapf, Wolfgang/Sigrid Breuer/Jürgen Hampel 1987: Individualisierung und Sicherheit. Untersuchungen zur Lebensqualität in der Bundesrepublik Deutschland. München: C. H. Beck.

Zapf, Wolfgang/Steffen Mau 1993: Eine demographische Revolution in Ostdeutschland? Dramatischer Rückgang der Geburten, Eheschließungen und Scheidungen. Informationsdienst Soziale Indikatoren (ISI) 10, Juli: 1-5.

Zimbardo, Phillip G. 1973: A Field Experiment in Autoshaping. In: Colin Ward (Hrsg.): Vandalism. London: Architectural Press, 85-90.

Danksagung

Dieses Buch ist mit Unterstützung einer ganzen Reihe von Personen entstanden. Auskunft, Anregung und Beratung habe ich durch Markus Grabka und Olaf Groh-Samberg erfahren. Susanne Balthasar, Jan Mewes und Lena Laube haben mir Feedback gegeben und mir geholfen, manchen Gedanken klarer zu fassen. Jürgen Schupp hat mich auf Material hingewiesen, welches ich ohne ihn vermutlich übersehen hätte. Ich bedanke mich weiterhin für die vielen Kommentare, die ich bei Vorträgen erhalten habe, so bei den Marienburger Klausurgesprächen in Südtirol, am Institut für Soziologie der Universität Wien, am Wissenschaftszentrum Berlin für Sozialforschung (WZB) im Rahmen seiner Social Inequality Lecture Series und an der Universität Bielefeld. Djubin Pejouhandeh, Christin Muth und Susanna Kowalik haben mich über weite Wegstrecken bei Recherchearbeiten, der Erstellung des Manuskripts und notwendigen Korrekturen unterstützt. Ganz besonders möchte ich Heinrich Geiselberger vom Suhrkamp Verlag danken. Dank auch an Harry Olechnowitz und Maria Koettnitz, die mich zum Schreiben dieses Buches angeregt und seine generelle Anlage entscheidend mit beeinflusst haben. Schließlich danke ich meiner Familie, also Susanne, Gustav und Bennet, die mich mit jeder Menge Ablenkung und produktiver Unruhe unterstützt haben.

Quellen und Daten

Für einzelne Daten und Interviewpassagen habe ich auf zwei empirische Studien zurückgegriffen. Erste Quelle ist das gemeinsam mit Peter Taylor Gooby (University of Kent) geleitete Projekt »Shifting Paradigms of Social Justice« (2006-2009), welches von der Anglo-German Foundation im Rahmen der Forschungsinitiative »Creating Sustainable Growth in Europe« unterstützt wurde (Mitarbeiter: Christoph Burkhardt). Das Projekt umfasste eine repräsentative Umfrage (»Gerechtigkeit im Wohlfahrtsstaat 2007«, 1000 repräsentativ befragte Personen ab 16 Jahren, CATI, durchgeführt von IPSOS) und sechs Fokusgruppen mit je zehn Teilnehmern in Köln und Hamburg zu den Themen Wohlfahrtsstaat, Gerechtigkeit und Migration. Zweite Quelle ist ein durch die Fritz Thyssen Stiftung und gemeinsam mit Roland Verwiebe (Universität Wien) durchgeführtes Forschungsprojekt zur Arbeitsmigration deutscher Facharbeiter innerhalb Europas (Mitarbeiter: Nana Seidel, Till Kathmann). Im Rahmen dieses Projekts wurden Interviews mit deutschen Auswanderern und Auswanderungswilligen geführt.

Inhalt

Vorwort 7

1. Mittelschicht: Leben in der Komfortzone 13
Mittelstand und Mittelschicht 13 – Massenwohlstand und die Expansion der Mitte 19 – Die gesicherte Mitte 24 – Die Vermessung der Mitte 27 – Die Mitte als gesellschaftlicher Entwicklungsmotor? 38 – Die Stabilitätszone der Mitte 45

2. Erschütterungen der Mitte 47
Der kurze Traum des dauerhaften Aufstiegs 49 – Die Ungleichheitsschere öffnet sich 51 – Die schrumpfende Mitte 59 – Refeudalisierung sozialer Ungleichheit? 67 – Die Vermögensgesellschaft und die Erbengeneration 77 – Die Flexibilisierung der Märkte und die neue Spaltung der Mitte 83 – Freiwillige Unsicherheit? 90 – Ohne Netz und doppelten Boden? 92 – Verunsicherungsdynamiken 95

3. Statuspanik: Reale Gefahr oder falscher Alarm? 97
Das Sicherheitsparadox 98 – Statusängste und Wohlstandssorgen 105 – Deklassierungsrisiken 111 – Wahrgenommene Kanäle des Aufstiegs 114 – Ungleichheit und Statusstress 120 – Die Abstände nach oben und der Tunnel-Effekt 124 – Die Mittelschicht und das abgehängte Prekariat 129

4. Die Mühen der Selbstbehauptung 132
Praktiken des *Coping* 133 – Sozialpathologien unsicherer Märkte 138 – Eigenverantwortung und private Vorsorge 144 – Partnerwahl unter Ungewissheit 148 – Lebensstau: Zwischen Beruf und Familie 154 – Die Crux mit der Bildung 159 – Stadtquartiere und Einkommensgrenzen 162 – Mobilität und Wanderung als Statusprojekte 169 – Optimierungsprobleme 175

5. Neue Kälte in der Mitte? 177
Pegelstände der Solidarität 179 – Konflikte der Solidarität 181 – Entfremdungen 185 – »Ansteckungsgefahren« von unten 188 – Sozialangst und die Vereisung des sozialen Klimas 192 – Die Selbstverteidigung der Mitte 195 – Individualisierung, Privatisierung und Solidarität 199 – Der Sozialstaat als Robin Hood? 203

6. Für eine Politik der Lebenschancen 209
Ein postheroischer Sozialstaat? 211 – Wachstum als Wohlstandsgarant? 212 – Eine Leitidee: Lebenschancen maximieren 216 – Lebenschancenpolitik – was ist das? 219 – Der Lebenschancenkredit: Ein Vorschlag für die Praxis 225 – Bildungschancen 229 – Lebenschancen als Zeitsouveränität 231 – Der Umgang mit Risiken 233 – Wie, was, wer? 235 – Lebenschancenkredit versus garantiertes Grundeinkommen 236 – Lebenschancenkredit versus Sozialerbe 238 – Zur Finanzierung des Chancenkredits 240 – Für eine Gesellschaft der Lebenschancen 247

Literatur 251
Danksagung 271
Quellen und Daten 272